신어 2024

신어 2024

1판 1쇄 발행 2025년 12월 30일

지 은 이 | 남길임·송현주·백미경·이수진·현영희·강범일·안진산·남궁설·이준
펴 낸 이 | 김진수
펴 낸 곳 | 한국문화사
등　　록 | 제1994-9호
주　　소 | 서울시 성동구 아차산로49, 404호(성수동1가, 서울숲코오롱디지털타워3차)
전　　화 | 02-464-7708
팩　　스 | 02-499-0846
이 메 일 | hkm7708@daum.net
홈페이지 | http://hph.co.kr

ISBN 979-11-6919-373-3 03710

오류를 발견하셨다면 이메일이나 홈페이지를 통해 제보해주세요.
소중한 의견을 모아 더 좋은 책을 만들겠습니다.

신어 2024

남길임 · 송현주 · 백미경 · 이수진 · 현영희
강범일 · 안진산 · 남궁설 · 이준

한국문화사

❖ 머리말

"언어는 항상 그것을 기록한 어떤 기록보다 더 위대하고, 더 풍부하며, 더 복잡하다."

비단 신어 연구자뿐만 아니라 언어를 연구하는 누구에게나 큰 울림을 주는 이 명언은 신어 연구의 대표적 고전인 Algeo(1993)에서 인용된 말이다. Algeo(1993)에서는 제이 차 세계 대전 발발 직후 사회의 급격한 변화를 반영하는 신어를 30여 년간(1944~1976) 수집해 온 미국의 한 학회(American Speech)와 브리태니커 백과사전의 신어사전을 비교하면서 신어의 생성과 사멸의 본질을 논의한다. 2024년도 신어 자료집을 출판하는 이 시점에 이 연구가 의미 있게 다가오는 것은 Algeo(1993)의 두 사전의 비교 결과이다. 유사한 시기에 신어 수집이라는 유사한 목적 아래에 간행된 두 사전의 기록에서 중복된 신어는 거의 없다! 이 놀라운 결과는 단지 한 학회와 상업적 사전 계열에서 활용한 출처나 수집 방법론의 차이를 의미하는 것 이상이다.

한 시대의 언어 공동체가 새로이 사용하기 시작한 형태나 새로운 의미를 모두 완벽하게 모을 수 있을까? 이것이 다소 이상적이라 하더라도, 어떤 자료와 도구, 방법론을 활용하는 것이 그 이상적인 목표에 좀 더 가까이 갈 수 있을까? 지난 2020년 이후 매년 신어 자료집을 출간해 온, 『신어 2024』 집필진의 궁극적인 목표이자 관심사이기도 하다. 연도별 신어 자료집이라는 시간적 기준과 한계 내에서 개인 연구자들이 겪는 가장 큰 어려움은 일정한 시간과 연구 인력의 한계 내에서 양적으로나 질적으로 일정 수준 이상의 언어 현실을 포착하는 일일 것이다.

올해 신어 자료집에서 의미 있는 시도는 신어 수집의 효율성을 높이기 위해 생성형 AI를 도입한 것이다. 연구진들은 기존의 말뭉치 분석과 거대 언어모델(이하 LLM), 인간 전문가의 협업 모델을 2024년 신어 수집에 한국 최초로 적용하고 그 결과물을 이 책에 담았다. 기획 주제에서는 신어 탐지에서부터 최초 출현일 파악, 정의문 생성 등에서 신어 작업의 고단함이나 인간의 주관성과 부주의함을 보완하는 장치로서 LLM 활용의 의의와 한계를 담고 있다. 저빈도를 특성으로 하는 신어는 고빈도 패턴에 익숙한 LLM에게도 도전적인 과제인 동시에 인간의 인지와 유사하거나 인지적 능력을 능가하는 LLM의 성능을 평가하기에도 훌륭한 대상이다.

올해 신어 자료집의 또 하나의 특성은 기존 절대 빈도 중심의 목록을 보완하기 위해, 네이버 인 링크와 아웃 링크 신문 각각 87개, 400여 개의 기사 빈도 목록을 추가로 제공한 것이다. 주지하는 바와 같이 말뭉치의 빈도는 객관적 기준이 될 수 있으나 말뭉치의 빈도 자체도 언어를 완벽하게 반영하지 못한다는 한계가 있다. 신어를 수집하고 연구할수록 말뭉치와 빈도의 한계에 대해 절감하는 일이 많다. 현재의 신어 탐지와 연구가 말뭉치 언어학의 정교함과 재현 가능성에도 도전하는 연구가 되기를 희망해 본다.

올해 신어 역시 해당 언어가 가장 풍부한 적기에 신어를 수집하고자 하는 연구자들의 사명감으로 이 책이 완성되었다. 2024년의 언어 현상을 그대로 담고자 하는 연구자들의 노력과 시간이 각자의 연구와 책을 활용하는 다른 연구자에게도 의미 있는 결실이 되기를 바라며, 고생해 주신 연구진들의 열정과 노고에 깊은 감사의 뜻을 전한다. 또 『신어 2020』 이래로 출판의 의도를 이해하시고 출판을 수락해 주신 한국문화사의 김진수 사장님과 조정흠 부장님, 편집을 맡아 주신 유동근 대리님께도 깊은 감사의 인사를 드린다.

저자들의 뜻을 모아 남길임 씀.

❖ 차례

Ⅲ. 2024년 이전 신어

Ⅳ. 기획 주제 | 신어 탐지의 패러다임 전환: 말뭉치, LLM, 인간 전문가의 협업

Ⅴ. 부록: 찾아보기

Ⅰ. 개관

1. 서론

2. 2024년 신어 수집 및 분석

1. 서론

신어의 조사는 변화하는 언어 현실을 가장 먼저 포착하고 기록하는 일이다. 언어는 고정된 체계가 아니라 사회적 · 문화적 변화에 따라 지속적으로 변동하는 생명체이며, 신어는 이러한 변화에 대한 가장 빠른 신호로, 언어가 변화하는 모습을 보여 준다. 또한, 신어는 한 사회의 정치적, 경제적, 사회적 관심과 갈등 등 시대정신을 반영하므로, 언어학을 넘어 사회학, 문화 연구, 미디어학의 기초 자료가 된다. 따라서 신어는 언어와 사회가 변화하는 방향성과 속도, 어휘 차원에서의 언어 창조성의 원리를 실증적으로 파악하는 데 필수적인 기반 자료가 된다.

타 언어권의 신어 조사와 구분되는 한국어 신어 조사의 특성 중 하나는 최초 출현 연도를 기준으로 매년 신어 자료집을 발간한다는 것이다. Rey(1976)에서는 신어의 기준을 세 가지, 즉 시간적 기준, 심리 언어학적 기준, 사전학적 기준으로 설명하고 있지만 이때 '시간적 기준'을 어느 시점부터 한정해야 할지는 연구에 따라 다르고 상대적이다. 언중이 특정 신어를 새롭다고 판단하는 심리 언어학적 기준 또한 매우 주관적이어서 신어의 판별에서는 가능한 한 객관적이고 합리적인 기준이 적용될 필요가 있다. 따라서 대중 매체 최초 출현일을 중심으로 한 현대 한국어 신어 조사는 현재의 웹 언어를 확인함으로써 현대 신어 추출에서 객관적인 시기의 기준과 증거를 토대로 한다는 의의가 있다.

이 책은 1994년부터 시작되어 온 연도별 신어 자료집의 2024년도 신어 자료집으로, 2023년 7월부터 2024년 6월까지 나타난 신어를 수집하고, 이들의 형태와 의미 등을 분석한 것이다. 이 중 1994년부터 2019년까지의 신어 조사는 국립국어원에서 수행되었고, 2020년 이후부터 현재까지는 연세대학교 남길임 교수 연구 팀과 경북대학교 언어정보연구센터에서 매년 신어 조사 사업을 지속하고 있다. 이러한 결과물은 우리 학계의 연구자뿐만 아니라 신어에 관심을 가진 대중이 한국어와 한국 문화, 한국 사회를 이해하는 데 기초 자료로 활용되고, 인공 지능 학습 등 다양한 응용 분야에서 요구되는 기반 자료를 제공하는 데 기여할 수 있을 것이다. 또한 웹의 역동성과 불안정성을 극복함으로써 당대의 언어를 분석하고 가장 정확하고 풍부한 결과를 보장할 수 있을 것이다.

2020년 이래 본 연구 팀에서는 국립국어원의 신어 수집 방식을 가능한 유지하되, 매체와 도구의 변화에 대응하기 위해 매년 새로운 신어 연구 방법론을 개발 · 적용하고 있다. 올해의 경우, 한국어 신어 탐지의 최초의 시도로 신어 후보군 탐지에서부터 최초 출현일의 파악, 미시 구조 기술 등 여러 단계에서 LLM을 활용하여 LLM과 인간 전문가의 협업 가능성을 타진해 보았다는 점에서 의의가 있다. 2024년 신어의 조사와 기술상의 특징은 다음과 같다.

첫째, 올해의 가장 중요한 특성은 『신어 2024』의 조사를 위해 말뭉치, LLM, 사전학 전문가의 협업 모형을 적용한 점이다.[1] 신어 판별과 더불어, 신어의 정의문, 설명문, 용례 생성에도 OpenAI의 GPT-4o(API, temperature=0.2)를 활용하여 신어 조사 작업의 생산성과 효율성을 높이고자 하였다. LLM의 활용 과정에서 신어의 전형적인 사용 맥락을 제공하는 것이 매우 중요한데, 예를 들어, LLM은 "가을이 되면서 {환절통} 때문에 두통과 피로감을 호소하는 사람들이 많아졌다."라는 용례를 통해 "계절이 바뀌는 시기에 신체가 적응하지 못해 발생하는 통증이나 불편함을 느끼는 증상."과 같은 정의문 도출에 상당 부분 도움을 받을 수 있다. 그러나 여전히 LLM의 판별 및 집필 결과에는 상당수의 오류 사례가 포함되어 있으며, 실제 연구 생산성을 위한 활용의 단계에서 인간 전문가의 엄밀한 판단이 중요하다는 점도 확인되었다.[2] 본 연구 팀은 이러한 한계를 고려하여 신어 판별 및 집필 단계에 LLM을 도입하되 보조적으로만 활용하였으며, 기존 사전학 전문가의 작업과 검수 절차를 그대로 유지하였다.[3]

둘째, 2024년 신어의 탐지와 기술에서는 5대 중앙 일간지(조선일보, 중앙일보, 동아일보, 한겨레, 경향신문)와 서울신문, 국민일보, 한국일보, 세계일보, 문화일보, 매일경제, 한국경제 등 12개 언론사의 기사문을 신어 수

1 연구진은 『신어 2023』의 목록을 대상으로 실험한 LLM의 한국어 신어 판별 능력 평가를 통해, RAG(Retrieval-Augmented Generation) 기법과 프롬프트 엔지니어링이 인간 연구자가 놓친 신어 총 43개를 추가적으로 수집할 수 있음을 확인한 바 있다. 이 연구는 올해의 기획 주제로 본서의 Ⅳ부에 포함되어 있다.

2 예컨대 '갓무직'은 "근무 조건이 좋은 사무직."(갓무직←갓(god)+사무직(事務職))의 의미로 사용되고 있으나, LLM은 "직업이 없는 상태에서 신의 축복을 받은 것처럼 여겨지는 사회적 상태."(갓(god)+무직(無職))로 풀이하는 환각 현상(hallucination)을 보였다.

3 『신어 2024』의 신어 판별 및 집필을 위한 LLM 프롬프트는 V부의 부록에 수록하였다.

집을 위한 기본 자료로 삼았다. 또한, 신어의 최초 출현 날짜를 확인하기 위해 <네이버 뉴스>에 인 링크(in-link)로 연결된 콘텐츠 제휴 언론사 87개의 검색 결과를 활용하였다.[4] 이를 통해 수집된 2024년 신어의 수는 총 406개이며, 이전의 조사에서 미처 포착하지 못하였던 신어 2개를 추가로 수록하였다. 또한 연구자들과 대중들이 국립국어원에서 발간한 결과물과 본 연구 팀의 결과물을 함께 비교하고 연구할 수 있도록 2012년부터 도입된 온라인 기사문을 대상으로 한 웹 크롤링 방식을 유지하였다. 다만, 2020년부터의 신어 조사는 주요 일간지를 중심으로 자료가 한정되었는데 올해의 경우 12개 주요 종합 일간지에 실린 기사문을 수집하여 신어를 수집하기 위한 기본 자료로 삼았다. 올해 신어 추출을 위해 수집한 전체 기사의 수는 12개 주요 종합 일간지 기사 330,450개로, 94,128,401어절이다.[5]

셋째, 올해 신어의 빈도 조사는 기존의 절대 빈도 중심 목록의 한계를 극복하기 위해 기사 빈도 목록도 별도로 제공하였다. 즉 기존 절대 빈도 목록과 더불어 네이버 인 링크(in-link)와 아웃 링크(out-link) 기사 빈도의 정보를 포함하여 총 세 가지의 빈도 정보를 함께 제시하였다. 이는 세 가

4 2025년 10월 15일 기준 〈네이버 뉴스〉의 인 링크 언론사는 총 87개로, 종합지 10개, 방송/통신 14개, 경제지 11개, 인터넷 뉴스 8개, IT 뉴스 5개, 매거진 14개, 전문지 10개, 지역지 12개, 사진 뉴스 3개가 포함되어 있다.
https://news.naver.com/main/officeList.naver

5 이는 2019년까지 수행해 온 국립국어원의 신어 조사에서 130여 개의 네이버 뉴스 매체를 대상으로 한 것과는 차이가 있다. 더 많은 뉴스 매체와 더 많은 장르를 수집하는 것이 물론 더 신뢰성 있는 결과를 보장할 것이겠지만, 개인 연구자 집단이 1년이라는 한정된 기간 동안 분석할 수 있는 최대한을 한정할 필요가 있기 때문이다. 실제로 연구 팀은 자체 연구 과정에서 12개의 안정된 온라인 신문 매체를 활용하는 것이 이전 130개의 신문 말뭉치를 통한 추출과 비교하여 양적, 질적으로 큰 문제가 없었음을 확인한 바 있는데 뉴스의 종류와 양, 뉴스를 넘어선 다양한 말뭉치의 활용 등은 지속적으로 논의되어야 할 과제이다.

지 빈도가 각기 다른 특성과 의의가 있다는 전제 하에 말뭉치와 빈도의 한계를 보완하기 위한 방법이다. 첫 번째 절대 빈도 목록은 신어 조사의 대상 자료인 12개 주요 종합 일간지에서 추출한 단어 빈도이다. 이는 정적 말뭉치에서 추출한 재현 가능한 빈도로, 세 가지 빈도 정보 중 가장 균일하고 안정적인 분석 결과를 제공한다. 그다음으로, 최초 출현 날짜 확인에 활용한 <네이버 뉴스> 인 링크의 기사 빈도와 그 외 아웃 링크의 기사 빈도를 각각 수집함으로써 보다 다양한 출처에 기반해 신어의 사용 양상을 관찰하고자 하였다. 전자인 인 링크 기사의 경우 비교적 안정된 87개의 기사 빈도를 제공하며, 후자의 경우, 주간지나 월간지, 전문지, 각 단체나 협회의 기관지, 칼럼 등 소규모 매체에서 기사 빈도를 수집함으로써 가장 넓은 범위에서 신어의 출현 · 확산 · 정착 양상을 고찰할 수 있다는 장점이 있다.[6] 본서의 부록에서는 ㄱ) 12개 주요 일간지의 단어 빈도, ㄴ) 87개 인 링크 콘텐츠 제휴 언론사의 기사 빈도, ㄷ) 400여 개 아웃 링크 소규모 매체의 기사 빈도를 제시하며, 이를 통해 신어 사용 양상에 대한 상호 보완적인 통찰을 제공하고자 한다.

넷째, 본 연구 팀에서는 2020년부터 적용해 왔던 신어 선정의 포괄성을 유지하였다. 이전의 국립국어원에서 수행한 신어 조사 보고서에는 정치적으로 민감한 어휘, 부정적인 의미를 포함한 고유명, 차별적인 표현 등은 최종적으로 배제되었다. 그러나 본 연구 팀은 신어에 대한 규범적 관점보다는 당대에 사용된 어휘를 수집하고 기록한다는 관점에서 이들 어휘를 임의로 배제하지 않고 모두 실었다. 이는 현재 사용되고 있는 신어라면 역

6 인 링크 외, 아웃 링크 언론사는 400여 개로 추정된다. 이들 아웃 링크 언론사에는 '경주한수원축구단', '대한씨름협회' 등 각종 단체나 협회의 기관지를 비롯해, '가톨릭프레스'와 같은 종교 신문 등 소규모 언론 매체가 다수 포함되어 있다.

사적 기록물로서 보존하고, 신어 사용자에게는 정확한 정보를 제공할 필요가 있다는 점을 고려한 것이다. 다만, 혐오와 차별의 의미를 갖는 신어의 경우에는 예년과 같이 "차별 및 비하하는 의미가 포함되어 있으므로 사용에 주의가 필요하다."라는 문구를 추가하였다.

이 책의 구성은 다음과 같다. I부의 1장은 서론이며, 2장에서는 2024년 신어 수집 및 분석에 대한 전반적인 내용을 소개할 것이다. 2.1에서는 2024년 신어 조사에 대한 개관으로 신어 수집 대상과 과정 등의 방법을 소개하고, 2.2에서는 2024년 신어에 대한 형태적 특성을 조어법, 원어 등을 중심으로 살펴보며, 2.3에서는 2024년 신어의 의미적 특성을 살펴본다.

II부에서는 2024년 신어를 사전 형식으로 보였다. 1장은 '일러두기'로 신어의 '수집 원칙'과 '제시 원칙'을 제시하고, 2장에서 2024년 신어 406개를 사전 형식으로 기술하였다. 신어 표제어, 원어, 뜻풀이, 용례 등을 1994년 이래 신어 자료집의 방식과 동일하게 제시함으로써 신어에 관심을 가진 독자들이 일관된 방식으로 해마다 출현하는 신어의 형태와 의미 등을 연구할 수 있도록 하였다.

III부에서는 2024년 신어를 수집하는 과정에서 발견한 2024년 이전 신어, 즉 기간 외 신어 2개를 사전 형식으로 제시하였다. Ⅳ부는 신어 연구에 대한 특집 논문으로, '말뭉치, LLM, 인간 전문가의 협업을 통한 한국어 신어의 탐지'를 주제로 한 연구이다. 『신어 2023』의 신어 목록을 대상으로 하여, 절차적 투명성과 재현 가능성을 점검하고, 인간 전문가와 LLM의 협업을 통한 신어 탐지의 가능성을 탐색하고자 하였다.

Ⅴ부는 부록으로 2024년 신어를 '단어 빈도순', '네이버 인 링크 빈도순', '네이버 아웃 링크 빈도순'으로 목록을 제시하였으며, 신어 판별 및 집필을 위한 LLM 프롬프트를 수록하였다. 또한 신어를 쉽게 찾아볼 수 있도록

'가나다순', '단어 빈도순', '역순', '의미 영역 순'으로 정리하였다.

앞으로도 신어는 끊임없이 생산, 확산, 소멸될 것이다. 이러한 신어 생명성에 대한 연구는 매년 꾸준히 신어가 수집되고 기록될 때 유의미한 성과를 도출할 수 있을 것이다. 이를 위해 연세대학교 남길임 교수 연구 팀과 경북대학교 언어정보연구센터는 앞으로도 매년 신어 수집과 연구 방법론을 최신화하고, 신어를 쉽고 정확하게 기술하기 위한 노력을 계속할 것이다.

2. 2024년 신어 수집 및 분석

2.1. 2024년 신어 조사 개관

2024년 신어는 전통적인 수작업 중심의 신어 수집 및 분석 방식에서 벗어나 거대언어모델(LLM)을 활용한 자동화 프로세스를 본격적으로 도입하였다. 2023년 신어에서는 블로그라는 새로운 매체를 탐색하고 신어 형성 패턴 분석을 통해 수집의 정확도를 높이는 데 주력하였다면, 2024년에는 인공 지능 기술을 활용하여 신어 후보군의 추출 · 정제 · 판별 과정을 체계화하고 효율화하는 데 초점을 맞추었다. 특히 OpenAI의 GPT-4o(API, temperature=0.2) 모델을 활용한 자동 판별 시스템과 RAG(Retrieval-Augmented Generation) 기술을 통한 뜻풀이 생성 실험을 통해 인간-AI 협업 방식의 신어 연구 가능성을 탐색하였다.

2024년 신어 수집 과정은 2023년과 마찬가지로 신어 수집을 위한 [말뭉치 구축], [신어 후보 어휘 추출], [어휘 평가], [신어 목록 확정 및 작성]의 4단계로 구성되어 있다. 다만, 2024년에는 신어 후보 어휘 추출 단계와 어휘 평가 단계에서 인간의 작업을 보완하는 LLM이 적극적으로 활용되었다는 차별점을 가지며, 이 두 단계에서의 인간-AI 협업 과정을 상세히 소개하고자 한다.

먼저 **[신어 후보 어휘 추출 단계]**에서는 기존의 확률 기반 명사 추출과 형태소 분석을 통한 체언 및 용언류 추출 방식을 유지하되, 두 가지 자동화 작업이 추가되었다. 첫째, NLP 기술을 활용한 배제 목록 기반 자동 정제 작업으로, 문자 기반 배제 목록(특수 기호), 사전 기반 배제 목록(『표준국어대사전』 등), 문법 정보 기반 배제 목록(활용형, 굴절형 등)을 적용하여 신어가 아닌 후보군을 1차적으로 걸러 냈다. 둘째, 2002년부터 2022년까지 축적된 『신어 DB』를 활용한 신어 패턴 분석 작업으로, 기존 신어들의 형성 패턴을 N-gram 방식으로 분석하고 이를 패턴화하여 신어 후보군에 가중치를 부여하는 방식을 도입하였다. 이를 통해 패턴이 일치하는 신어 후보에는 가중치를 부여함으로써, 패턴 분석의 정확도를 높이는 효과를 얻었다.

[어휘 평가 단계]에서는 기존의 연구자 평가 방식을 기본적으로 유지하되, 일부 과정에서 자동화와 LLM 활용을 통해 효율성을 높였다. 먼저 <우리말샘> 표제어와의 형태 일치 여부를 확인하고, <네이버 뉴스>를 통해 최초 출현 시기를 자동으로 검토(2023. 7. 1. ~ 2024. 6. 30.)함으로써 작업의 편리성을 확보하였다. 신어 판별 작업은 이전과 마찬가지로 인간 연구자가 수행하였으나, 2024년에는 GPT-4o의 판별 결과를 참고 자료로 활용하였다. 즉, GPT-4o에게도 동일한 신어 후보군을 제시하여 신어 여부를 판별하도록 한 후, 그 결과를 인간 연구자가 검토하는 방식으로 진행하였다. 다만 최종적인 신어 판별은 인간 전문가의 판단을 따랐으며, 연구자가 신어 지위를 확인하고 개인어, 임시어, 고유명 등의 배제어 목록을 작성하

였다. 또한 자동 추출 과정에서 누락될 수 있는 신어를 보완하기 위하여 계열어 등을 중심으로 추가 수집 작업을 병행하였다. 이러한 과정을 통해 2024년 신어 수집에서는 자동화를 통한 효율성 향상과 전문가 판단을 통한 정확성 확보를 동시에 추구하였다.

2024년 신어 조사에서는 빈도 정보 제시 방식을 다각화하여 신어 사용 양상을 보다 입체적으로 파악하고자 하였다. 기존의 단순 빈도 집계 방식을 넘어, 12개 주요 일간지 말뭉치에서 추출한 절대 빈도와 함께 네이버 뉴스 인 링크 87개 언론사의 기사 단위 빈도, 그리고 아웃 링크 약 400개 매체의 기사 빈도를 각각 산출하여 제공하였다. 이러한 다층적 빈도 분석은 각기 다른 특성과 의의를 지닌다. 12개 일간지 기반의 절대 빈도는 일정한 규모의 말뭉치에서 도출된 안정적이고 재현 가능한 수치를 제공한다. 네이버 뉴스 인 링크 언론사들의 기사 빈도는 주류 언론에서의 신어 사용 빈도를 보여 주며, 아웃 링크 매체들의 기사 빈도는 전문 매체, 지역 언론, 기관 발행물 등 다양한 층위에서 신어가 어떻게 수용되고 확산되는지를 포착한다. 이러한 삼원적 빈도 체계를 통해 신어의 생성부터 확산, 정착에 이르는 전 과정을 다면적으로 관찰할 수 있게 되었다.

신어 수집의 범위와 관련하여, 2024년 조사에서도 언어 사용의 실제를 있는 그대로 기록한다는 원칙을 견지하였다. 2020년 이후 본 연구 팀은 특정 유형의 어휘를 사전 검열하여 제외하는 방식에서 탈피하여, 실제 언론에 출현한 모든 신어를 수집 대상에 포함시켰다. 여기에는 사회적 논란의 대상이 될 수 있는 정치 관련 용어, 특정 인물이나 집단을 지칭하는 표현, 사회적 갈등을 반영하는 어휘들도 포함된다. 이는 신어가 단순히 언어적 현상이 아니라 해당 시대의 사회적 담론과 갈등을 반영하는 중요한 문화적 기록이라는 인식에 기반한다. 단, 명백히 차별적이거나 혐오를 조장하는 표현의 경우, 주의 문구를 뜻풀이에 명시하여 무비판적 수용을 경계하도록 하였다.

2024년 신어 수집에서는 LLM을 신어 추출 및 판별뿐만 아니라 뜻풀이 생성 과정에서도 실험적으로 도입하여 인간-AI 협업의 가능성을 탐색하였다. 신어 판별 과정에서 인간 전문가와 GPT-4o의 판단이 상당한 차이를 보였으며, 이는 신어 연구에서 전문가의 언어 직관과 어휘 평가가 여전히 핵심적인 역할을 한다는 점을 확인시켜 주었다. LLM은 많은 경우 신어 여부를 명확히 판단하지 못하거나 인간 전문가와 다른 결론에 도달하였는데, 이는 신어가 가진 맥락 의존성, 문화적 함의, 미묘한 의미 변화 등을 포착하는 데 있어 인간 전문가의 판단이 필수적임을 보여 준다. LLM이 생성한 뜻풀이는 인간 연구자가 참조용으로 활용하였으며, 최종적인 뜻풀이 작성은 전문가가 직접 수행하였다. 이러한 실험 결과는 LLM이 신어 연구의 효율성을 높이는 보조 도구로서는 유용할 수 있으나, 최종적인 신어 판별과 어휘 정보 기술에서는 전문가의 직접적인 개입과 질적 평가가 반드시 필요함을 시사한다.

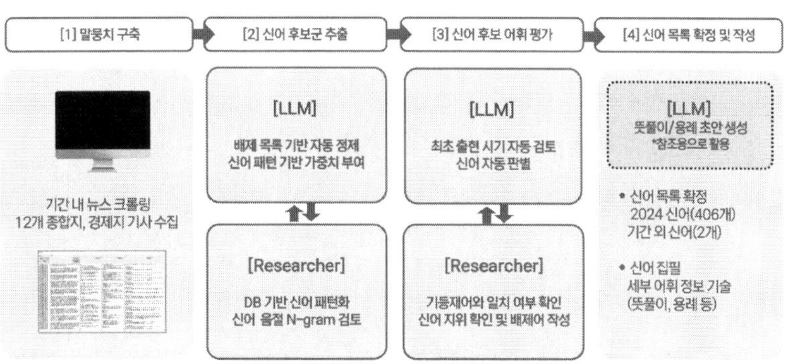

<그림 1> <2024년 신어>의 수집 과정

위 그림은 2024년 신어의 수집 과정을 크게 4단계로 간략하게 보인 것이다. 기본적인 단계 구조는 2023년과 동일하나, 신어 후보 어휘 추출 단계와 어휘 평가 단계에서 NLP 기술과 LLM을 활용한 자동화 및 보완 작업이 추가되었다는 점, 신어 작성 단계에서 자동 생성된 뜻풀이와 용례를 참조하였다는 점이 특징이다. 특히 1단계의 배제 목록 기반 자동 정제와 2단계의 신어 패턴 기반 가중치 부여는 연구자의 수작업 부담을 줄이고 보다 체계적인 신어 후보군 선별을 가능하게 하였다. 3단계에서는 인간 연구자와 LLM이 각각 신어 여부를 판별하여 그 결과를 비교 · 분석함으로써, 향후 인간-AI 협업 방식의 신어 연구 가능성을 탐색하였다.

(1) 2024년 신어의 수집 대상 및 과정

ㄱ. 신어 수집을 위한 말뭉치 구축
- 일정 기간 및 매체 내의 뉴스 크롤링
- 12개 주요 종합지 및 경제지 기사문 수집

ㄴ. 신어 후보 어휘 추출(LLM-인간 협업)
- LLM 주도 작업
  확률 기반 명사 추출, 형태소 분석을 통한 체언 및 용언류 추출
  배제 목록 기반 자동 정제(특수 기호, 고유어, 활용형/곡용형, 기존 사전 등)
  신어 패턴 기반 신어 후보군 가중치 부여
- 인간 주도 작업
  신어 패턴화 및 음절 N-gram 수작업 검토
- 12개 주요 종합지 및 경제지 기사문 분석 → 총 454,940항목 추출

ㄷ. 신어 후보 어휘 평가(LLM-인간 협업)
- LLM 주도 작업
  〈네이버 뉴스〉 최초 출현 시기 자동 검토: 2023. 7. 1. ~ 2024. 6. 30.

신어 판별

- 인간 연구자 주도 작업

〈우리말샘〉 표제어와의 형태 일치 여부 확인

신어 지위 확인 및 배제어 목록 작성: 개인어, 임시어, 고유명 등 배제

- 계열어 중심으로 추가 수집 → 총 14항목

ㄹ. 신어 목록 확정 및 작성

- 2024년 신어 406개 수집
- 2020년 ~ 2023년 누락 신어 2개 추가
- 세부 어휘 정보 기술: 뜻풀이, 용례 등

2.2. 2024년 신어 분석: 형태적 특성

2024년에 조사된 신어는 단어와 구(句)를 포함하여 모두 406개로 전년도 대비 수집 신어의 규모가 상승하였다. 코로나19가 사회적으로 큰 영향력을 미치던 시기에 수집된 2020년 신어의 경우 코로나 관련 신어가 폭발적으로 생산됨에 따라 전체 수집 신어의 총량 역시 증가하였다면, 2024년 신어 수집량의 변화는 이러한 특정 사회 · 문화적 사건으로 인한 것이 아니라, 신어 수집 방법의 변화에 기인하는 것으로 보인다. 2024년에는 LLM을 활용한 신어 후보군의 자동 추출과 정제, NLP 기술을 활용한 배제 목록 기반 자동 정제, 그리고 기존 신어 DB(2002~2022)의 패턴 분석을 통한 가중치 부여 방식을 도입함으로써 보다 체계적이고 효율적인 신어 수집이 가능해졌다. 특히 배제 목록 기반 자동 정제를 통해 비신어를 1차적으로 걸러 내고, 신어 패턴 분석을 통해 패턴에 일치하는 신어 후보군과 불일치하는 신어 후보군을 구분하여 처리함으로써 수집의 정확도와 포괄성을 동시에 높일 수 있었다.

수집된 신어의 형태를 분석해 보면, 전년도와 마찬가지로 특정 패턴을 가진 신어들이 활발하게 생성되고 있음을 알 수 있다. 예를 들어, '-플레이션(구독플레이션, 스트림플레이션, 투어플레이션)', '-족(김모족, 보더리스족, 어싱족, 예스족)', '-법(예타완박법, 채상병법, 한우법, 해풍법)', '-템(간판템, 비추템, 저축템, 전투템, 캐리오버템)', '-깡(테무깡, 박스깡, 알리깡)'처럼 다양한 조어 방식의 패턴이 분석되었다. 이러한 다양한 조어 방식의 패턴은 신어 수집 방법론 개선, 특히 패턴 기반 가중치 부여 시스템 구축의 중요한 근거가 되었다.

2024년 신어의 형태적 특성을 알아보기 위해 단어 및 구 유형, 품사, 조어법, 어종 유형을 분석하였다. 먼저, 최근 5년간 신어의 단어/구 유형을 제시하면 아래와 같다.

<표 1> 최근 5년간 신어의 단어/구 유형

수집 기간	구	단어		합계
		명사	기타 품사	
2020년	342 (84.4)	63 (15.6)	-	405 (100)
2021년	172 (57.0)	126 (41.7)	4 (1.3)	302 (100)
2022년	160 (51.4)	148 (47.6)	3 (1.0)	311 (100)
2023년	186 (51.0)	177 (48.5)	2 (0.5)	365 (100)
2024년	196 (48.3)	202 (49.7)	8 (2.0)	406 (100)

위 표에서 보듯이 2024년에는 단어 210개(51.7%), 구 196개(48.3%)로 단

어와 구 단위 신어가 거의 비슷한 비율로 수집되었다[7]. 최근 5년간의 추이를 살펴보면, 2020년 코로나19 시기를 제외하고 2021년부터 단어 신어의 비율이 꾸준히 증가하는 경향을 보이고 있다. 2024년에는 처음으로 단어 신어가 51.7%를 차지하여 전년도 49.0%에서 소폭 증가하였는데, 이는 수집 방법의 변화, 특히 형태소 분석과 패턴 기반 추출 방식의 정교화가 단어 단위 신어 포착에 더욱 효과적이었던 것으로 분석된다.

전체 406개의 신어 중에 398개(98%)의 신어가 명사 또는 명사 상당 어구인데, 이 중 '나확행, 댕플루언서'와 같은 명사가 202개, '관계 포비아, 서이초 특별법'과 같은 구 단위의 명사 상당 어구가 196개이다. 나머지 신어는 동사 2개, 형용사 2개, 관 · 명 품사 통용어 3개, 감탄사 1개로 총 8개이다.

2024년 신어의 품사별 대표 예시를 제시하면 아래와 같다.

(2) 2024년 신어의 품사별 예시

ㄱ. 명사(202개): 검수저, 나확행, 댕플루언서, 맵도르핀, 박스깡, 빨벌튀, 홈태교 외 다수

ㄴ. 명사 상당 어구(196개): 관계 포비아, 뉴 머니 룩, 서이초 틀별법, 주저 세대 외 다수

ㄷ. 동사(2개): 파묘들다, 디토하다

ㄹ. 형용사(2개): 깔끼하다, 핫끈하다

ㅁ. 관 · 명(3개): 폭룡적, 쾌룡적, 암룡적

ㅂ. 감탄사(1개): 어라랍스타

---

7 2020년 신어의 단어와 구의 비율은 구 단위 신어가 단어보다 약 5배 이상 높게 수집되었다는 점에서 다른 출현 양상을 띈다. 『신어 2020』(2021)에서는 수집된 신어 405개 중 206개가 코로나19 신어로, 코로나19와 연관된 제도나 정책, 의학 및 보건 등의 분야와 관련된 전문어적 성격의 어휘가 구 단위 신어 비율에 큰 영향을 미친 것으로 기술하고 있다.

매년 명사와 구 단위의 명사 상당 어구의 출현 빈도는 전체 신어의 약 98% 이상을 차지하며, 기타 품사의 출현 빈도는 2% 이하로 상대적으로 매우 낮은 출현 빈도를 보인다. 이러한 출현 양상은 2020년~2024년 신어 수집 결과를 살펴보았을 때 신어의 공통적인 수집 양상이다. 아래 표는 최근 5년간의 품사에 따른 신어의 분류를 나타낸 것이다.

<표 2> 품사에 따른 신어의 분류

수집 기간	명사 및 명사 상당 어구	기타 품사	합계
2020년	405(100)	-	405(100)
2021년	298(98.7)	4(1.3)	302(100)
2022년	308(99.0)	3(1.0)	311(100)
2023년	363(99.5)	2(0.5)	365(100)
2024년	398(98.0)	8(2.0)	406(100)

신어는 '명사' 외에 다양한 품사로 활발하게 생성되지 않는다. 즉, 신어는 명사 중심의 출현 경향성을 보인다. 명사 및 명사 상당 어구 외에 기타 품사는 최근 5년간 동사(7개), 형용사(3개), 부사(3개), 관 · 명(3개), 감탄사(1개)가 수집되었고, 대체로 신어의 품사는 '명사(명사 상당 어구), 동사, 형용사, 관형사, 감탄사'의 품사로 출현하는 것을 알 수 있다.

다음은 2024년 신어들 중 단어 신어 210개를 조어법에 따라 분석한 결과를 표로 나타낸 것이다.

<표 3> 조어법에 따른 2024 신어의 유형

<table>
<tr><th colspan="3"></th><th>개수</th><th>비율(%)</th><th>예</th></tr>
<tr><td>단일어</td><td colspan="2">차용</td><td>20</td><td>9.5</td><td>그랜파코어, 딩콰드, 미드퀄, 바이브세션, 스위프톨로지</td></tr>
<tr><td rowspan="5">복합어</td><td colspan="2">합성</td><td>53</td><td>25.2</td><td>간판템, 문쿵, 뼈말라약, 저출생세, 트리플벌이, 향기멍</td></tr>
<tr><td colspan="2">혼성</td><td>51</td><td>24.3</td><td>검수저, 맛그레이드, 북켓팅, 자랑질그램, 커피크닉, 핫끈하다</td></tr>
<tr><td colspan="2">축약</td><td>55</td><td>26.2</td><td>강서용송, 나확행, 말따행다, 빨벌튀, 언틀막, 젊공, 흔싸귀비</td></tr>
<tr><td rowspan="2">파생</td><td>접두</td><td>4</td><td>1.9</td><td>극험지, 생재수, 역슈링크, 역응원</td></tr>
<tr><td>접미</td><td>27</td><td>12.9</td><td>갈고리즘, 낙수과, 보더리스족, 중간선론, 쪼복이, 폭룡적</td></tr>
<tr><td colspan="3">합계</td><td>210</td><td>100</td><td></td></tr>
</table>

신어를 조어법에 따라 나누어 살펴보면, 2024년에는 단일어 20개(9.5%)와 복합어 190개(90.5%)가 출현하였다. 단일어는 '생성'과 '차용'의 방식으로 신어가 생성되나, 2024년 신어는 새로운 어휘를 만드는 '생성'에 의한 신어가 1건도 수집되지 않았다. 복합어는 '합성, 혼성, 축약, 파생(접두, 접미)'의 방식으로 생성된다. 조어법에 따른 신어의 유형을 분류하여 신어의 유형별 출현 비율과 조어법별로 높은 비율을 차지한 신어의 유형을 연도별로 제시하면 다음과 같다.

<표 4> 신어의 유형별 출현 비율

	2020		2021		2022		2023		2024	
	개	%	개	%	개	%	개	%	개	%
생성	-	-	5	3.9	4	2.7	1	0.6	-	-
차용	8	12.7	12	9.2	14	9.3	23	12.9	20	9.5
합성	16	25.4	13	10.0	15	9.9	26	14.5	53	25.2
혼성	**22**	**34.9**	29	22.3	41	27.2	**61**	**34.1**	51	24.3
축약	8	12.7	**47**	**36.2**	**52**	**34.4**	41	22.9	**55**	**26.2**
파생	9	14.3	24	18.5	25	16.6	27	15.1	31	14.8

2024	축약	>	합성	>	혼성	>	파생	>	차용	>	생성
2023	혼성	>	축약	>	파생	>	합성	>	차용	>	생성
2022	축약	>	혼성	>	파생	>	합성	>	차용	>	생성
2021	축약	>	혼성	>	파생	>	합성	>	차용	>	생성
2020	혼성	>	합성	>	파생	>	축약	=	차용	>	생성

신어의 조어법별로 높은 순으로 나타내면 대체로 복합어를 형성하는 방식 중 하나인 '축약' 또는 '혼성'이 가장 높은 비율을 차지하는 경향이 있다. 2024년에는 '축약'이 26.2%로 가장 높은 비율을 차지하였고, 그 다음으로 '합성' 25.2%, '혼성' 24.3%의 순으로 나타났다. 매년 '혼성'과 '축약'의 단어 형성 방식이 상당한 비중을 차지하여 신어 형성에서 중요한 역할을 하고 있는 반면 단일어에서 새로운 어휘를 만드는 '생성'의 경우 2024년에는 한 건도 수집되지 않아 매우 소극적으로 나타나고 있다. 신어의 조어법을 살펴볼 때, 형태적 · 의미적으로 아주 새로운 어휘가 나타나는 경우보다는 기존의 형태를 절단하거나 축약하여 새로움과 효율성을 추구하는 경향이 있다는 것을 확인할 수 있다.

2024년 신어의 조어법별 분포를 살펴보면, 축약이 26.2%로 가장 높은 비율을 차지하며, 합성 25.2%, 혼성 24.3%가 그 뒤를 잇는다. 파생 14.8%와 차용 9.5%는 상대적으로 낮은 비율을 보인다. 이는 신어 형성이 기존 어휘의 절단과 결합을 통해 재치와 효율성을 추구하는 '경제적 조어' 중심으로 이루어지고 있음을 보여 준다. 특히 2024년에는 축약어가 크게 증가하고 합성어가 두 배 이상 증가한 반면, 혼성어는 감소하여 신어 형성 방식이 더욱 다양화되고 있는 경향을 확인할 수 있다. 아래에서는 각 조어법별로 조어 방식에 대한 간단한 설명과 특징적인 신어를 소개한다.

차용어

2024년 신어 중 차용어는 20개로 전체의 9.5%를 차지한다. 차용어는 다른 나라의 언어를 빌려와 원음 그대로 음역하여 사용하는 조어 방식이다[8]. '그랜파코어(grandpa core)', '딩콰드(DINKWAD)', '리파운더(re-founder)', '브래키톨로지(bracketology)', '스위프톨로지(swiftology)', '스킵래깅(skiplagging)' 등 대부분 영어에서 차용되었다[9]. 이들은 주로 해외에서 시작된 트렌드나 새로운 개념을 지칭하는 용어들이다.

'그랜파코어'는 할아버지 스타일의 패션을, '스위프톨로지'는 미국의 유명 가수 테일러 스위프트를 학문적으로 연구하는 것을 의미한다. 차용어는 기존 한국어 어휘로 표현하기 어려운 새로운 개념이나 문화 현상을 신속하게 수용하는 역할을 한다. 2023년 신어에서 차용어가 12.9%를 차지했던 것과 비교하면, 2024년에는 9.5%로 소폭 감소하였다. 이는 외래 개념을

---

8 차용어의 원어 역시 기존 어휘를 재료로 조어된 신어로 단일어로 분류하기에는 다소 무리가 있으나 한국어 화자가 차용어의 내부 구조를 분석적으로 받아들기 쉽지 않다는 측면에서 차용어의 경우 단일어로 분류하였다.

9 2024년 신어의 차용어는 '플레우로시스티티드(〈라〉pleurocystitid)'를 제외하고 모두 영어에서 차용된 단어들이다.

한국어식으로 재창조하는 방식이 차용뿐만 아니라 혼성(싱글노믹스, 히어로노믹스), 합성(안티알고리즘, 캐리오버템), 축약(스킵젠, 알테쉬) 등의 다양한 신어 조어 방식으로 다양화되고 있음을 나타낸다.

축약어

축약어는 구나 절, 문장을 구성하는 각 어절의 첫 음절을 따서 만드는 조어 방식으로, 최근 신어 형성의 가장 두드러진 경향을 나타낸다. 형태적으로 축약어는 다양한 층위의 언어 단위를 줄여서 만드는 양상을 보인다. '댈토(대리 토토)', '뇌꾸(뇌 꾸미기)'는 2어절 명사구를, '강서용송(강남, 서초, 용산, 송파)', '네카엘스크(네이버, 카카오, 엘지, 에스케이티, 케이티)'는 명사 나열 구성을 줄인 것이다. 특히 '말따행따(말 따로 행동 따로)', '내세가불(내가 세상에서 가장 불쌍하다)'과 같이 절이나 문장 단위를 줄여 만든 축약어가 두드러지게 나타난다. 이러한 절 · 문장 단위 축약어는 SNS와 온라인 커뮤니티에서 복잡한 생각이나 감정을 간결하게 표현하고자 하는 욕구에서 비롯된다. 특히 엠제트 세대를 중심으로 긴 문장을 짧게 줄여 빠르게 소통하는 문화가 확산되면서 이러한 조어 방식이 활발해졌다.

2023년 신어에서 축약어가 22.9%를 차지했던 것과 비교하면, 2024년에는 26.2%로 증가하여 처음으로 가장 높은 비율을 기록하였는데, 이는 최근 신어 형성에서 축약이 생산적인 조어 방식으로 자리 잡았음을 보여 준다. 특히 2024년 국회 의원 선거라는 사회적 이슈가 축약어 증가에 영향을 미친 것으로 분석된다. '지국비국(지역구 의원은 국민의 힘 후보에, 비례대표 의원은 국민의 미래 후보에 투표)', '협틀막(협치를 틀어막다)', '사포당(사십 대를 포기한 정당)' 등이 대표적이다. 이는 정치적 입장을 신속하게 표현하고 공유하려는 사회적 욕구가 신어 형성에 즉각적으로 반영된 사례라 할 수 있다.

합성어

2024년 신어 중 합성어는 53개로 전체의 25.2%를 차지한다. 합성어는 선행 요소와 후행 요소가 모두 온전한 형태를 유지한 채 결합하여 새로운 단어를 형성하는 방식이다. 특히 '아이템(item)'의 준말인 '템'이 결합한 '간판템, 비추템, 저축템, 전투템, 캐리오버템'과 같이 상품이나 물건을 이르는 말(5개)과 '예타완박법, 채상병법, 한우법, 해풍법'과 같이 법률이나 제도를 지칭하는 합성어(4개)가 다수 나타났다.

의미적으로 합성어는 두 어휘의 의미가 비교적 투명하게 결합되어 새로운 개념을 형성한다. 예를 들어, '간판템(간판+템)'은 대표 상품을, '반려책(반려+책)'은 오랫동안 곁에 두고 읽으면서 정서적으로 즐거움을 얻는 책을 의미한다. 합성어는 혼성어나 축약어에 비해 의미 파악이 용이하다는 특징이 있다.

2023년 신어에서 합성어가 14.5%를 차지했던 것과 비교하면, 2024년에는 25.2%로 크게 증가하였다. 이는 신어 패턴 분석을 통해 패턴이 일치하는 신어 후보군과 불일치하는 신어 후보군을 구분하여 처리하는 수집 방법의 변화로, 수집의 정확도와 포괄성이 높아진 것과 관련이 있다.

혼성어

2024년 신어 중 혼성어는 51개로 전체 단어의 24.3%를 차지하여 축약어와 합성어 다음으로 높은 비율을 보인다. 혼성어는 두 개 이상의 단어가 각각 일부 음절이 절단된 채 결합하여 새로운 의미를 형성하는 조어 방식이다. 형태적으로 살펴보면, '의노예(의사+노예)'는 선행 요소 '의사'의

두 번째 음절이 절단되었고, '갓무직(갓+무직)'은 후행 요소 '사무직'의 첫 음절 '사'가 절단되었으며, '댕플루언서(댕댕이+인플루언서)'는 선후행 요소 모두에서 일부 음절이 절단되었다. 특히 '구독플레이션(구독+인플레이션)'과 같이 외래어 '-플레이션'이 절단되어 결합하는 패턴은 매년 지속적으로 나타나고 있다[10].

의미적으로는 기존 어휘의 의미를 창의적으로 결합하여 새로운 사회 현상이나 문화를 표현한다. '갓무직'은 근무 조건이 좋은 사무직을 신(god)에 빗대어 표현한 말이며, '댕플루언서'는 반려견이 소셜 미디어에서 영향력을 발휘하는 현상을 내포하고 있다. 이러한 혼성어는 언어 경제성과 재치를 동시에 추구하는 특징을 보인다.

2023년 신어에서 혼성어가 34.1%로 가장 높은 비율을 차지했던 것과 비교하면, 2024년에는 24.3%로 큰 폭으로 감소하였는데, 이는 축약어의 증가와 관련이 있으며, 2024년 신어 형성 방식이 더욱 다양화되고 있음을 보여준다.

파생어

2024년 신어 중 파생어는 31개로 전체의 14.8%(접두 1.9%, 접미 12.9%)를 차지한다. 파생어는 어근에 접사가 결합하여 새로운 단어를 형성하는 방식이다. 접두 파생어는 4개로 '극험지(극-험지)', '생재수(생-재수)', '역슈링크(역-슈링크)', '역응원(역-응원)'이 있으며, 한자어 접두사 '극(極)-', '생(生)-', '역(逆)-'이 활용되었다.

접미 파생어는 27개로, 고유어 접미사 2개('-하다', '-이')와 한자어 접미

10 2022년에는 혼성어로 '베케플레이션, 이플레이션, 프로틴플레이션'이 수집되었고, 2023년에는 '케이크플레이션, 탐욕플레이션, 히트플레이션'이 수집되었다.

사 23개, 외래어 접미사 2개('-er', '-ism')로 구성되어 있다. 일반적으로 접미사에 의한 파생이 접두사에 의한 파생보다 생산성이 높으므로, 신어 생성에 활용된 접미사를 고유어, 한자어, 외래어로 분류하여 표로 제시하였다.

<표 5> 접미사 목록

분류	접미사	수(개)	예
고유어	-하다	2	깔끼하다, 디토하다
	-이	1	쫀복이
한자어	-과(科)	1	낙수과
	-권(圈)	1	소세권
	-기(期)	1	책태기
	-론(論)	1	중간선론
	-비(費)	1	지갑비
	-자(者)	3	가속주의자, 감속주의자, 미식주의자
	-적(的)	3	폭룡적, 쾌룡적, 암룡적
	-족(族)	9	김모족, 보더리스족, 어싱족, 예스족, 올콘족, 탈쿠팡족, 탈팡족, 하이볼족, 헬스테리어족
	-체(體)	1	교자성체
	-화(化)	1	엔시트화
외래어	-어(er)	1	혼쭐러
	-이즘(ism)	1	갈고리즘
계		27	

2023년과 비교하여 2024년 파생어의 총 출현 빈도와 비율은 비슷하지만(<표 4> 참조), 2024년 신어에서 파생어 접미사의 종류가 더욱 다양해졌다. 2023년에는 '-족(族)'이 압도적으로 높은 비중을 차지했으나, 2024년에는 '-자(者)', '-적(的)' '-하다' 등 다양한 접미사가 고르게 사용되면서 파생

어 형성의 다양성이 증가하였다. 이는 신어가 특정 집단을 지칭하는 데 그치지 않고, 주의 · 신념, 성질 · 상태, 행위 등 다양한 의미를 표현하는 방향으로 확대되고 있음을 보여 준다.

접미 파생어는 27개로, '-족(族)', '-자(者)', '-적(的)'이 가장 많이 결합되어 파생어를 형성하였다. 2024년 '접미 파생어' 신어에서는 '어떤 특성을 가지는 사람이나 그런 무리'를 뜻하는 '-족(族)'의 사용이 가장 빈번하게 나타났다. 전체 접미 파생어 중 접미사 '-족(族)'에 의해 생성된 신어가 9개로 약 33.3%를 차지한다. 2023년 신어의 경우 접미사 '-족(族)'이 전체 접미 파생어의 약 71%를 차지하였던 것과 비교하면, 2024년에는 그 비율이 크게 감소하였는데, 2023년에는 총 6개의 접미사로 24개의 접미 파생어를 생성하였다면, 2024년에는 14개의 접미사로 27개의 파생어를 생산하였다. 이는 '-족' 이외의 다른 접미사 사용이 증가하면서 파생어 형성이 더욱 다양화되었음을 의미한다.

다음으로 신어 구성에 사용된 언어의 종류를 고유어, 한자어, 외래어로 분석하여 원어에 따른 2024년 신어 생산의 특징을 알아보도록 한다.

<표 6> 원어에 따른 신어의 유형

원어		개수	비율(%)	결합유형
단일원어	한자어	147	36.2	한+한, 한+한+한, 한+한+한+한, 한+한+한+한+한
	외래어	83	20.4	외, 외+외, 외+외+외, 외+외+외+외, 외+외+외+외+외
	고유어	12	3.0	고+고, 고+고+고
	소계	242	59.6	

복합 원어	외+한	93	22.9	외+한, 한+외, 외+외+한, 외+한+외, 외+한+한, 한+외+외+한+외+한, 한+한+외, 외+외+외+한, 한+한+한+외 한+한+한+외+한, 외+한+외+외+외+외+한
	고+한	40	9.9	고+한, 한+고, 고+한+한, 한+고+고, 한+고+한, 한+한+고 고+고+한+고, 고+한+고+고, 고+한+한+한 한+한+고+한, 한+고+고+한+고
	고+외	25	6.2	고+외, 외+고, 고+고+외, 외+고+고 외+고+외, 외+외+고
	고+외+한	6	1.5	고+외+한, 고+한+외, 외+고+한 외+한+고, 한+고+외
	소계	164	40.4	
총합		406	100	

위 표를 보면 2024년 신어 406개 가운데 원어가 단일한 유형은 242개(59.6%)이고, 두 종류 이상의 원어가 복합적으로 활용된 유형은 164개(40.4%)로 단일 원어가 복합 원어보다 높은 비율을 차지한다.

단일 원어의 경우 한자어가 147개(36.2%)로 가장 높은 비율을 차지하고 있으며, 외래어 83개(20.4%), 고유어 12개(3.0%)의 순이다. 2023년 신어에서 단일 원어 중 한자어가 32.9%를 차지했던 것과 비교하면, 2024년에는 36.2%로 소폭 증가하였다. 이는 매년 한자어 원어의 비중이 높게 나타나는 일관된 경향을 보여 준다. 또한 한국인의 외래어 사용이 증가하고 있고, 신어 역시 사회 문화적 변화와 맞물려 외래어의 차용이나 합성이 눈에 띄게 나타나고 있음에도 불구하고, 신어의 원어를 분석한 결과 여전히 한자어 사용 비중이 높다는 것을 확인할 수 있다. 특히 '상업 지역 총량제, 서이초 특별법, 세월호 참사 지원법, 위기 임신 보호 출산법, 영아 피난 제도, 지역 필수 의사제' 등 정책이나 법안, 제도 등을 지칭하는 한자어 신어의 지속적인 생성이 큰 영향을 미친다.

복합 원어에서는 '외+한' 결합이 93개(22.9%)로 가장 많으며, '고+한' 40개(9.9%), '고+외' 25개(6.2%)의 순이다. 복합 원어 중 가장 고빈도로 나타나는 '외+한' 결합은 '갓무직(god+사무직)', '댕플루언서(댕댕이+influencer)', '간판템(간판+item)' 등 외래어와 한자어 또는 고유어가 혼성되거나 합성되는 형태로 나타난다. 이는 외래 문화와 한국 문화가 혼재된 현대 사회의 특성을 반영한다.

원어의 결합 유형에 따라 신어의 유형을 더 세부적으로 살펴보면 아래의 표와 같다.

<표 7> 원어 결합 유형에 따른 신어의 유형

원어			개수	비율(%)	예
단일원어	고유어	고+고	8	2.0	냥퀴벌레, 맑눈, 집가락, 쫀복이
		고+고+고	4	1.0	빨벌튀, 작먼귀, 칼틀막, 파틀막
	외래어	외	20	4.9	딩콰드, 리파운더, 잰새너티, 플러그엔비
		외+외	47	11.6	대디핏, 북켓팅, 커피크닉, 히어로노믹스
		외+외+외	13	3.2	노 썸바디 존, 뉴 머니 룩, 상세오, 알테쉬
		외+외+외+외	2	0.5	상세오 라인, 알테쉬톡
		외+외+외+외+외	1	0.2	네카엘스크
	한자어	한+한	89	21.9	낙수과, 반려책, 의노예, 책태기
		한+한+한	27	6.7	노가완, 수포당, 영탐탐, 의준생
		한+한+한+한	**28**	**6.9**	**강서용송, 을평성대, 조비이락, 협수용강**
		한+한+한+한+한	3	0.7	계약형 지역 필수 의사 제도, 원격 사격 무기 통제 체계, 이채양명주

복합원어	외+한	**외+한**	23	5.7	**갓무직, 센극기, 하이볼족, 홈태교**
		한+외	35	8.6	**간판템, 교권 미투, 노년돌, 사탐런**
		외+외+한	2	0.5	스팔완, 슬로 에이징족
		외+한+외	5	1.2	노 단체 존, 비디오 언어 모델, 엑사전자볼트
		외+한+한	4	1.0	배터리 환경성 계수, 클린 임대인 제도
		한+외+외	6	1.5	동탄 미시 룩, 유 키즈 존, 한토컴
		한+외+한	9	2.2	국뽕 경제, 신바벨 시대, 탈쿠팡족
		한+한+외	3	0.7	도장필, 종합 방탄 세트, 필수 의료 패키지
		외+외+외+한	1	0.2	상세오 노선
		한+외+외+외	1	0.2	영프스이
		한+한+한+외	2	0.5	권역 의사 인력 뱅크, 주죽야스
		한+한+한+외+한	1	0.2	연쇄상 구균 독성 쇼크 증후군
		외+한+외+외+외+외+한	1	0.2	코스피 이백 위클리 커버드 콜 에이티엠 지수
	고+한	고+한	12	3.0	김모족, 봄자살, 불꽃주, 젊공
		한+고	11	2.7	검수저, 뇌꾸, 문쿵, 파묘들다, 향기멍
		고+한+한	4	1.0	나확행, 서오남, 슬직생
		한+고+고	4	1.0	삼쏘공, 삼오더, 표틀막, 협틀막
		한+고+한	2	0.5	사회 누리 소통망, 평화누리특별자치도
		한+한+고	1	0.2	인용 답글
		고+고+한+고	2	0.5	말따행따, 흔싸귀비
		고+한+고+고	1	0.2	내세가불
		고+한+한+한	1	0.2	개 식용 종식 특별법
		한+한+고+한	1	0.2	선원 구하라법
		한+고+고+한+고	1	0.2	호랑무늬딱총새우

복합 원어	고+외	고+외	12	3.0	갈고리즘, 댕플루언서, 맛그레이드
		외+고	9	2.2	디토하다, 박스깡, 텀꾸, 핸들밥
		고+고+외	1	0.2	남타커
		외+고+고	1	0.2	핫끈하다
		외+고+외	1	0.2	노 아줌마 존
		외+외+고	1	0.2	현기까
	고+외+한	고+외+한	1	0.2	서오녀02
		고+한+외	1	0.2	온세뉴
		외+고+한	1	0.2	패낳괴
		외+한+고	1	0.2	유럽 녹색 꽃게
		한+고+외	2	0.5	순살 아파트, 연못 뷰
총합			406	100.0	

2024년 신어의 원어 구성을 살펴보면, 한자어의 비중이 높게 유지되면서 단일 원어의 비율이 높아진 것이 두드러진 특징이다. 특히 법률 · 정책 관련 한자어 신어가 지속적으로 생성되면서 한자어 단일 원어의 비율이 증가하였다. 한편 복합 원어에서는 여전히 외래어와 한자어의 결합이 가장 활발하게 나타나, 글로벌 문화와 한국 고유 문화가 융합되는 양상을 보인다. 한국인의 외래어 사용이 증가하고 있음에도 불구하고 신어의 원어를 분석한 결과, 여전히 한자어 사용 비중이 매우 높다는 것을 확인할 수 있다.

2024년 신어 원어 결합에서 세부적으로 두드러진 특징은 '한+한+한+한' 결합이 28개(6.9%)로 나타나 4음절 이상의 한자어 결합이 증가하였다는 것이다. 4음절 이상의 한자어 결합의 경우, 2023년도 16개(4.4%)와 비교 시 소폭 증가한 것이 특징적이다. 이러한 증가는 2024년도에는 국회 의원 선거의 영향으로, '지국비국, 지국비조, 지기비소, 지민비민, 지민비정, 지민비조' 등의 정치 용어들이 해당 예이다.

2.3. 2024년 신어 분석: 의미적 특성

2024년 신어의 의미적 특성에 따른 의미 범주의 분포와 경향성을 살펴보기 위해 수집한 406개 신어의 의미 범주를 분류하였다. 분류의 기준으로 활용된 의미 범주는 2023년 신어 조사에서 본 연구 팀이 사용한 방법과 동일한 방법으로 한송화 외(2015)의 의미 범주를 부분적으로 수정하여 활용하였다. 한송화 외(2015)에서 제시한 대범주 14개 즉, '인간, 삶, 식생활, 의생활, 주생활, 사회생활, 경제생활, 교육, 종교, 문화, 정치와 행정, 자연, 동식물, 개념'에 '보건 · 의학' 및 '정보 · 기술' 범주를 추가하여 총 16개의 의미 범주로 분류하였다. 한송화 외(2015)의 의미 범주 체계에서는 병과 증상, 치료 시설, 약품류 등의 내용들을 '삶'의 소범주로 제시하고 있지만, 코로나19가 발생한 이후부터 이와 관련된 신어들의 비중이 높아지게 되면서 '보건 · 의학' 범주를 '삶'의 범주에서 분리하여 별도의 대범주로 다루게 되었다. 더불어 소프트웨어나 시스템, 첨단 기술 등과 관련된 신어의 의미적 특성을 조금 더 명확하게 분류하기 위하여 2023년 신어부터 '정보 · 기술' 범주를 새롭게 대범주로 추가하게 되었다.

<표 8> 의미 범주의 구분과 내용

대범주	소범주 및 내용
인간	사람의 종류, 신체 부위, 신체 내부 구성, 체력 상태, 생리 현상, 감각, 감정, 성격, 태도, 용모, 능력, 신체 변화, 신체 행위, 신체에 가하는 행위, 인지 행위, 소리
삶	삶의 상태, 삶의 행위, 일상 행위, 친족관계, 가족 행사, 여가 도구, 여가 시설, 여가 활동
식생활	음식, 채소, 곡류, 과일, 음료, 식재료, 조리 도구, 식생활 관련 장소, 맛, 식사 및 조리 행위
의생활	옷 종류, 옷감, 옷의 부분, 모자 · 신발 · 장신구, 의생활 관련 장소, 의복 착용 상태, 의복 착용 행위, 미용 행위
주생활	생활용품, 건물 종류, 주거 형태, 주거 지역, 주택 구성, 주거 상태, 주거 행위, 가사 행위
사회생활	인간관계, 사회생활 상태, 사회 활동, 사회 행사, 직장, 직위, 직업, 직장 생활, 교통수단, 교통 이용 장소, 교통 이용 행위, 소통 수단, 말, 언어 행위, 매체
경제생활	경제 행위 주체, 경제 행위 장소, 경제 수단, 경제 산물, 경제 상태, 경제 행위
교육	교수 학습 주체, 전공과 교과목, 교육 기관, 학교 시설, 학습 관련 사물, 학문용어, 교수 학습 행위, 학문 행위
종교	종교 유형, 종교 활동 장소, 종교인, 종교어, 신앙 대상, 종교 활동 도구, 종교 행위
문화	문화 활동 주체, 음악, 미술, 문학, 예술, 대중문화, 전통문화, 문화생활 장소, 문화 활동
정치와 행정	공공 기관, 정치 및 행정 주체, 사법 및 치안 주체, 무기, 정치 및 치안 상태, 정치 및 행정 행위, 사법 및 치안 행위
자연	지형, 지표면 사물, 자원, 천체, 재해, 기상 및 기후
동식물	동물류, 곤충류, 식물류, 동물의 부분, 식물의 부분, 동식물 행위, 동물 소리
개념	모양, 성질, 속도, 밝기, 온도, 색깔, 수, 세는 말, 양, 정도, 순서, 빈도, 시간, 위치 및 방향, 지역, 지시, 접속, 의문, 인칭
보건 · 의학	병과 증상, 치료 시설, 치료 행위, 약품류
정보 · 기술	과학 기술, 공학 기술, 통신 기술, 정보 통신 기술, 기계, 장비, 컴퓨터 시스템

위의 범주를 활용하여 2024년 신어의 의미 범주를 분류한 결과는 다음과 같다.

<표 9> 의미 범주별 신어의 유형

의미 범주	개수	비율(%)	누적비율(%)	예
정치와 행정	95	23.4	23.4	규제 책임관, 사포당, 서이초 특별법
경제생활	55	13.5	36.9	간판템, 구독플레이션, 불꽃주
인간	54	13.3	50.2	김모족, 깔끼하다, 댕플루언서
사회생활	53	13.1	63.3	갓무직, 귀가팟, 빅 헬퍼
삶	36	8.9	72.2	나확행, 재렉스, 디토하다
정보 · 기술	18	4.4	76.6	갈고리즘, 블랙 키워드, 온 디바이스 폰
보건 · 의학	15	3.7	80.3	뼈말라약, 얼음 과식증, 췌도 부전증
동식물	12	3.0	83.3	냥쿼벌레, 댕쪽이, 플레우로시스티티드
의생활	12	3.0	86.2	그랜파코어 룩, 대디 핏, 블로케트
교육	11	2.7	88.9	벚꽃 개강, 사탐 런, 영탐탐
식생활	11	2.7	91.6	남타커, 슬림 다이닝, 식후탕
개념	10	2.5	94.1	배터리 환경성 계수, 스카이코럴, 엑사전자볼트
주생활	10	2.5	96.6	도장필, 소세권, 썩파트
문화	9	2.2	98.8	노년돌, 미드퀄, 온세뉴
자연	4	1.0	99.8	교자성체, 지구 열대화, 피코플레어
종교	1	0.2	100	존재 지속심
합계	406	100		

의미 범주에 따라 2024년 신어를 분석한 결과, 의미 범주별로 분포 비율에는 차이가 있지만, 전체 16개의 의미 범주 모두에 신어가 분포되어 있다는 것을 확인할 수 있다. 의미 범주는 '정치와 행정', '경제생활', '인간', '사회생활', '삶'의 순으로 높게 나타났으며, 이 다섯 범주에 2024년 신어의 약 72%가 분포되어 있음을 알 수 있다.

2024년 신어 및 2022년, 2023년 신어에서 높은 비율을 차지한 상위 다섯 개의 의미 범주를 비교해 보면, 각각 세부적인 분포 비율에서는 차이가 있었으나 의미 범주의 종류에서는 차이가 없다는 것을 다음의 그림을 통해 확인할 수 있다.

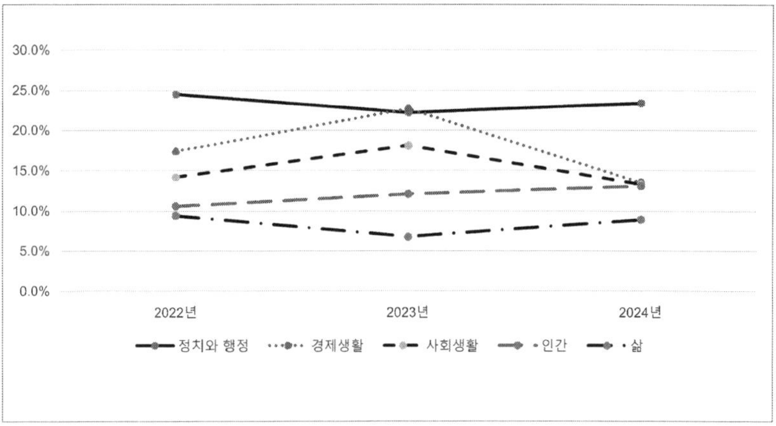

<그림 2> 2022년, 2023년 및 2024년 신어의 상위 5개 의미 범주

위의 그림을 통해 확인할 수 있듯이, 2022년 신어에서는 '정치와 행정', '경제생활', '사회생활', '인간', '삶'의 순으로 나타났고, 2023년 신어에서는 '경제생활', '정치와 행정', '사회생활', '인간', '삶'의 순으로 높은 비율을 차

지하였다.[11] 최근 3년간의 신어에서 '정치와 행정' 범주가 꾸준히 높은 비율을 차지하고 있다는 것을 알 수 있으며, '인간' 범주의 비율이 소폭이기는 하지만 꾸준히 증가하고 있음을 확인할 수 있다. 다만, 2023년 신어에서는 0.5%라는 근소한 차이이기는 하지만, 2022년 및 2024년 신어와는 다르게 '경제생활' 범주가 가장 높은 비율을 차지하였다는 점에서 차이가 있다.

2022년 및 2023년 신어와 비교하여 2024년 신어의 가장 큰 특징은 '정치와 행정' 범주가 다른 의미 범주에 비해 상대적으로 높은 비율을 차지한다는 것이다. 2022년 및 2023년 신어에서도 '정치와 행정' 범주는 각각 24.5%, 22.2%로 높은 비율을 차지하였으나 2024년 신어에서는 다른 의미 범주와의 차이가 더 큰 폭으로 나타났다. '정치와 행정' 범주와 그 다음으로 높은 비율을 차지한 '경제생활', '인간', '사회생활' 범주와의 차이가 각각 약 10%로 나타난 것이 이를 뒷받침한다. 다른 의미 범주와 비교하여 '정치와 행정' 범주가 높게 나타난 것은 2024년 4월 10일에 실시된 제22대 국회 의원 선거와 관련이 있다고 할 수 있으며, 2024년 신어의 수집 기간이 2023년 7월부터 2024년 6월까지이므로 국회 의원 선거 기간이 신어 수집 기간에 포함되어 있는 것을 그 근거로 들 수 있다. '정치와 행정' 범주의 신어에서 의원으로 선출되기 극히 어려운 선거구를 비유적으로 이르는 '극험지', 사십 대 유권자층의 지지를 포기한 정당을 뜻하는 '사포당', 수도권 지역 유권자층의 지지를 받지 못하는 정당을 의미하는 '수포당' 등과 같은 선거구 또는 정당과 관련된 신어들이 등장하였다. 또한 제22대 국회 의원 선거에

11 2022년 신어는 '정치와 행정', '경제생활', '사회생활', '인간', '삶', '보건 · 의학', '식생활', '문화', '교육', '주생활', '개념', '의생활', '동식물', '자연' 순으로, 2023년 신어는 '경제생활', '정치와 행정', '사회생활', '인간', '삶', '식생활', '의생활', '주생활', '교육', '보건 · 의학', '정보 · 기술', '문화', '자연', '동식물', '종교' 순으로 나타났다.

서 나온 표현으로 비례 대표 의원 및 지역구 의원 투표와 관련이 있는 '비조지민', '지국비국', '지국비조', '지기비소', '지민비민', '지민비정' 등의 다양한 신어들을 확인할 수 있었다.

다음으로 주목할 만한 점은 '정보 · 기술' 범주가 전체 의미 범주 중 비교적 높은 순위로 나타났다는 점이다. 인공 지능 기술과 관련된 분야가 각광을 받게 되면서 2023년 신어부터 의미 범주에 새롭게 '정보 · 기술' 범주가 추가되었다. 2023년 신어에서는 전체 신어의 1.4%가 '정보 · 기술' 범주로 나타났으며, 2024년 신어에서는 그 비율이 증가하여 '정보 · 기술' 범주가 전체의 4.4%를 차지하였다. 인공 지능이나 인공 지능과 관련된 모델, 인공 지능의 기능을 수행하는 기기나 기술 등을 의미하는 신어를 확인할 수 있었으며, 다양한 영역의 과제에 적용할 수 있는 '범용 일반 인공 지능'이나 인공 지능 모델을 의미하는 '비디오 언어 모델', '비전 언어 모델', '비전 파운데이션 모델', 인공 지능의 기능을 수행할 수 있는 기기나 기술과 관련된 '온 디바이스 폰', '온 센서 에이아이'가 이를 뒷받침한다. 무인 주문 및 서빙 로봇 등과 같은 외식업과 관련된 기술을 의미하는 '외식테크'의 사용도 확인할 수 있었으며, 큐아르 코드와 관련된 신어들도 확인할 수 있었다. 이러한 기기나 기술들은 현재에도 여전히 각광을 받고 있는 만큼 앞으로 '정보 · 기술' 범주의 신어 비율은 더욱 증가할 것으로 예상된다.

2024년 신어에서는 2022년이나 2023년 신어에 비해 다양한 의미 범주에서 새로운 단어들이 등장하였다는 것을 확인할 수 있다. 2022년 신어의 경우 '종교' 범주를 제외한 의미 범주에서 신어가 나타났으며, 2023년 신어의 경우 '개념' 범주를 제외한 나머지 영역에서 신어를 확인할 수 있었다. 2024년 신어에서는 2022년 및 2023년 신어에서 사용되지 않았던 '종교' 와 '개념' 범주를 포함하여 전체 16개 의미 범주의 모든 영역에서 신어가 등장하였다. 2024년 신어의 경우 '종교' 범주에서는 존재를 계속 이어지게 하는 마음을 의미하는 '존재 지속심'을 확인할 수 있었고, '개념' 범주에서는 자기적 성질과 관련된 '교자성', 에너지의 단위를 뜻하는 '엑사전자볼트', 여러 가지 용도나 분야에서 널리 쓰일 수 있는 특성을 의미하는 '옴니 유즈' 등을 확인할 수 있었다.

2024년 신어를 좀 더 세부적으로 살펴보기 위하여 각각의 의미 범주에 따라 분류한 신어를 전문어와 일반어로 구분하여 분석해 보았다. 전문어와 일반어는 <우리말샘>의 유사 계열 어휘 처리를 참고하여 구분하였으며, 전문어의 경우 <우리말샘>에서 사용하고 있는 67개의 전문 분야를 활용하였다.[12] 그 결과, 2024년 신어 406개 중 182개(44.8%)는 전문어로, 224개(55.2%)는 일반어로 분류되었다.

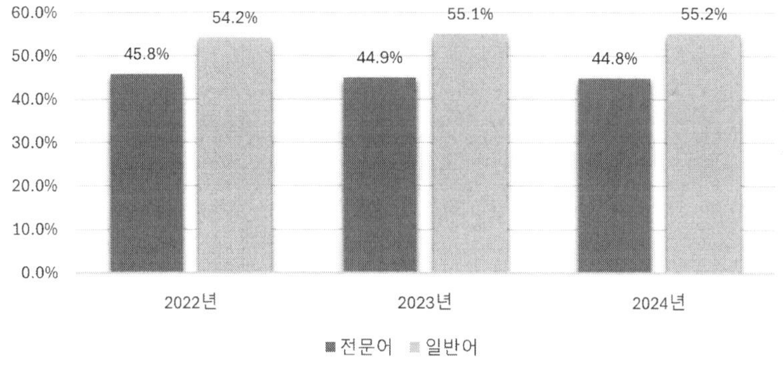

<그림 3> 2022년, 2023년 및 2024년의 전문어 및 일반어 신어 비율

12 〈우리말샘〉은 전문어 영역을 '교육, 문학, 민속, 언어, 역사, 철학, 인문 일반, 경영, 경제, 군사, 매체, 법률, 복지, 심리, 정치, 행정, 사회 일반, 동물, 물리, 생명, 수학, 식물, 지구, 지리, 천문, 천연자원, 해양, 화학, 환경, 자연 일반, 공업, 광업, 농업, 서비스업, 수산업, 임업, 산업 일반, 수의, 식품, 약학, 의학, 한의, 보건 일반, 건설, 교통, 기계, 재료, 전기 · 전자, 정보 · 통신, 공학 일반, 체육, 연기, 영상, 무용, 음악, 미술, 복식, 공예, 예체능 일반, 가톨릭, 기독교, 불교, 종교 일반, 인명, 지명, 책명, 고유명 일반'의 총 67개 중분류로 구분하였다.

위 그림에서와 같이 2022년, 2023년 및 2024년의 전문어 및 일반어 신어의 비율을 살펴보면, 그 비율이 유사하게 나타나고 있다는 것을 확인할 수 있다. 세부적인 비율에서는 전문어의 비율이 감소하고, 일반어의 비율이 증가하고 있다는 것을 확인할 수 있으나 그 차이가 크지 않다. 2022년 신어와 2024년 신어를 비교하면 전문어 및 일반어에서 각각 1%의 차이를 확인할 수 있으며, 2023년 신어와 2024년 신어를 비교해 보면 전문어와 일반어에서 각각 0.1%차이가 있다는 것을 알 수 있다. 2024년 신어의 전문어 및 일반어 분류를 의미 범주별로 살펴보면 다음의 표와 같다.

<표 10> 의미 범주별 전문어 및 일반어 신어의 분류

의미 범주	전문어		일반어		합계
	개수	비율(%)	개수	비율(%)	
정치와 행정	59	14.5	36	8.9	95
경제생활	22	5.4	33	8.1	55
인간	11	2.7	43	10.6	54
사회생활	16	3.9	37	9.1	53
삶	2	0.5	34	8.4	36
정보 · 기술	17	4.2	1	0.2	18
보건 · 의학	12	3.0	3	0.7	15
동식물	9	2.2	3	0.7	12
의생활	12	3.0	0	0	12
교육	4	1.0	7	1.7	11
식생활	2	0.5	9	2.2	11
개념	6	1.5	4	1.0	10
주생활	3	0.7	7	1.7	10
문화	2	0.5	7	1.7	9
자연	4	1.0	0	0	4

종교	1	0.2	0	0	1
합계	182	44.8	224	55.2	406

위의 표를 통해 전체 신어의 약 72%를 차지하는 상위 5개의 의미 범주들 중 '정치와 행정' 범주에서만 전문어의 비율이 일반어에 비해 약 1.6배 정도 높다는 것을 확인할 수 있다. '정치와 행정' 범주를 제외한 나머지 '경제생활', '사회생활', '인간', '삶' 범주에서는 일반어의 비율이 높게 나타나고 있으며, 특히 '삶' 의미 범주의 경우 일반어가 전문어보다 17배 높은 빈도로 사용되었다는 것을 알 수 있다.

전문어 중에서 가장 높은 비율을 차지하는 범주는 '정치와 행정'으로 나타났다. 전문어 182개를 전체로 보면 전문어 신어 가운데 약 32%가 '정치와 행정' 범주에 해당하며, 약 51%가 '정치와 행정', '경제생활', '인간' 의미 범주에 분포해 있다. 일반어 가운데 가장 높은 비율을 차지하는 범주는 '인간'으로 나타났으며, 일반어 224개를 전체로 보면 일반어 신어 가운데 약 19%가 '인간', 약 17%가 '사회생활', 약 16%가 '정치와 행정', 약 15%가 '삶', 약 15%가 '경제생활' 의미 범주에 분포해 있다. 이를 통해 일반어 224개 중 '인간', '사회생활', '정치와 행정', '삶', '경제생활' 범주가 전체 일반어의 약 82%를 차지한다는 것을 알 수 있다.

의미 범주별로 전문어와 일반어를 비교해 보면, '정치와 행정', '정보 · 기술', '보건 · 의학', '동식물', '의생활', '개념', '자연', '종교'는 상대적으로 전문어의 사용이 많은 의미 범주이고, '경제생활', '사회생활', '인간', '삶', '교육', '식생활', '주생활', '문화'는 상대적으로 일반어가 높은 비율을 차지하는 의미 범주이다. 전문어 또는 일반어 중 하나만 나타나는 범주로는 '의생활', '자연', '종교' 범주가 있으며, 이 세 가지 의미 범주에서 사용된 신어는 공통적으로 일반어가 없으며, 전문어의 비율이 100%를 차지한다는 것을 확인할 수 있다. 세부적으로 전문어 신어의 전문 분야별 분포를 살펴보면 다음의 표와 같다.

<표 11> 전문 분야에 따른 신어의 유형

분야	개수	비율(%)	누적비율(%)	예
법률	27	14.8	14.8	선원 구하라법, 전세 사기 피해자법, 채상병 특검법
경제	25	13.7	28.6	스트림플레이션, 싱글노믹스, 역슈링크
사회 일반	24	13.2	41.8	보더리스족, 슈퍼에이징 시대, 주저 세대
정보 · 통신	16	8.8	50.5	비전 언어 모델, 안티알고리즘, 외식테크
행정	16	8.8	59.3	선금 특례제, 초광역 특별시, 클린 임대제
복식	12	6.6	65.9	뉴 머니 룩, 스키코어 룩, 오피스코어 룩
의학	8	4.4	70.3	다차원 피로도 척도, 푹스 디스트로피, 희소 비만증
동물	7	3.8	74.2	유럽 녹색 꽃게, 제주남방밤달팽이, 푼타데바카스잎귀쥐
정치	7	3.8	78.0	극험지, 여성 전략 특구, 탄핵 만능주의
보건 일반	5	2.7	80.8	초저온 회복 처치기, 필수 의료 패키지, 지역 필수 의사제
교육	4	2.2	83.0	이음 연령, 표준 학급 수, 학교 폭력 전담 조사관
복지	3	1.6	84.6	영아 피난제, 영아 피난 제도, 예술 활동 준비금

천문	3	1.6	86.3	킥 스테이지, 피코플레어, 피코플레어 제트
환경	3	1.6	87.9	그린래시, 배터리 환경성 계수, 지구 열대화
건설	2	1.1	89.0	졸리 컷, 쿠키 컷
경영	2	1.1	90.1	리파운더, 완전 전자 주주 총회
매체	2	1.1	91.2	사회 누리 소통망, 숏 챗
물리	2	1.1	92.3	교자성, 교자성체
생명	2	1.1	93.4	원형 알엔에이, 행동 후성 유전학
음악	2	1.1	94.5	케이인니팝, 플러그엔비
전기 · 전자	2	1.1	95.6	엑사전자볼트, 회생 저항 장치
교통	1	0.5	96.2	항로 표지 식별 장치
군사	1	0.5	96.7	원격 사격 무기 통제 체계
농업	1	0.5	97.3	이분 도체육
불교	1	0.5	97.8	존재 지속심
식물	1	0.5	98.4	이형 두릅
심리	1	0.5	98.9	얼음 과식증
약학	1	0.5	99.5	헥사하이드로칸나비헥솔
지명	1	0.5	100	평화누리특별자치도
합계	182	100		

위 표에서 확인할 수 있듯이 2024년 신어 가운데 전문어는 <우리말샘>의 67개 전문 분야 중 29개 분야에서 출현하였다. 특히 29개 분야 중 '법률', '경제', '사회 일반', '정보 · 통신', '행정', '복식', '의학' 분야의 전문어가 전체 전문어의 약 70%를 차지한다는 것을 확인할 수 있다.

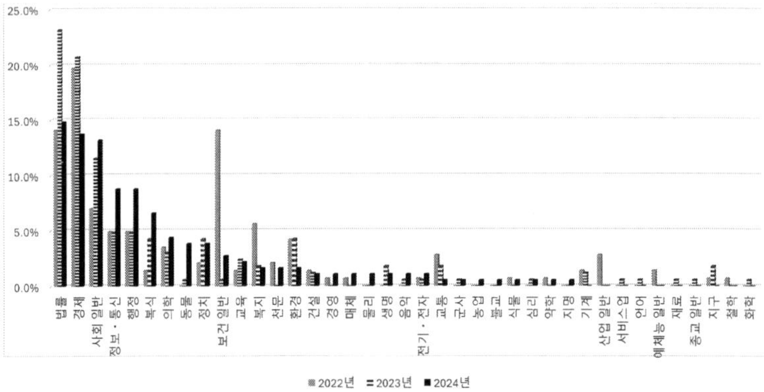

<그림 4> 2022년, 2023년 및 2024년의 전문 분야별 신어 비율

최근 3년간의 전문 분야별 신어의 비율을 살펴보면, 가장 큰 특징은 전체 전문 분야의 수가 증가하였다는 것이다. 전체 전문 분야의 수는 2022년 신어에서 25개, 2023년 신어에서 27개였으나 2024년 신어에서는 29개로 그 수가 증가하였다. 또한 그림에서 확인할 수 있는 것처럼 2022년 신어에서는 '경제' 분야가, 2023년 신어에서는 '법률' 및 '경제' 분야가 15% 이상의 높은 비율을 차지하였으나 2024년 신어의 경우 2022년이나 2023년 신어처럼 15% 이상을 차지하여 눈에 띄게 높은 비율로 나타나는 분야가 없다는 것을 알 수 있다.

2023년과 2024년 신어를 비교해 보면, 전문 분야별 신어가 '법률', '경제', '사회 일반', '정보・통신', '행정', '복식' 순으로 높은 비율을 차지한다는 것은 동일하지만, 그 비율에서는 차이가 있다는 것을 위의 그림을 통해 확인할 수 있다. 2023년 신어에서는 '법률' 분야가 23.2%, '경제' 분야가 20.7%를 차지하였으나 2024년 신어에서는 '법률' 분야가 14.8%, '경제' 분야가 13.7%로 그 비율이 전체적으로 감소하였다는 것을 확인할 수 있다. 또한 7위로 나타난 전문 분야가 2023년 신어에서는 '정치' 분야였으나 2024년 신어에서는 '의학' 분야로 나타났다는 점에서 차이가 있다.

2024년 신어에서는 2022년 및 2023년 신어와 비교하여 '정보 · 통신', '행정', '복식' 분야가 상대적으로 높은 비율로 나타난다는 것을 알 수 있다. '정보 · 통신' 분야에서는 인공 지능과 관련된 '범용 일반 인공 지능', '비전 파운데이션 모델' 등의 신어가 등장하였으며, '행정' 분야에서는 물가 체감도가 높은 항목을 관리하는 담당자를 의미하는 '빵 서기관', '우유 사무관'을 비롯하여 임차 주택의 안전한 거래와 관련된 '클린 임대제', '클린 임대인 제도' 등이 사용되었다. '복식' 분야에서는 옷차림과 관련된 '동탄 룩', '비둘기 룩', '워터밤 룩' 등과 같은 다양한 신어를 확인할 수 있었다.

2022년 신어에서 '보건 일반' 및 '복지' 분야가 2023년 및 2024년 신어에 비해 월등히 높은 것은 코로나19에 의한 영향이며, 2023년 신어에서 0.6%에 불과하였던 '보건 일반' 분야가 2024년에 2.7%로 다소 높아진 것은 의과대학 입학생 중 일정 비율을 지역 인재 전형으로 선발하여 해당 지역에서 근무하도록 하는 '지역 필수 의사 제도'와 관련이 있다.

2.4. 요약

2024년 신어를 수집하기 위해 2023년 7월부터 2024년 6월까지 발간된 12개의 주요 종합지 및 경제지 기사문 말뭉치를 구축하여 2024년 신어의 후보 목록을 추출하고, 각각에 대하여 최초 출현일 및 사전 등재 여부를 검토하여 신어 여부를 판별하였다. 2024년 신어 수집에서는 그동안의 방법과는 다르게 거대언어모델(LLM)을 활용하였다는 점이 특징적이다. 신어 어휘 목록의 추출 및 판별 단계, 뜻풀이 생성 과정에서 실험적으로

LLM을 도입하여 신어 연구에서 인간과 인공 지능의 협업에 대한 가능성을 탐색하였다.

그 결과, 2024년 신어 406개를 확인할 수 있었으며, 이는 2022년 신어 310개, 2023년 신어의 365개보다 증가하였음을 알 수 있다. 전체 2024년 신어 중 단어는 약 52%였으며, 구는 약 48%로 단어와 구 단위 신어가 비슷한 비율로 수집되었다. 전체 406개의 신어 중 398개가 명사 및 명사 상당어구로 나타났으며, 이는 전체 신어의 약 98%에 해당한다. 또한 나머지 8개의 신어는 동사 2개, 형용사 2개, 관 · 명 품사 통용어 3개, 감탄사 1개로 나타났다. 조어법에서는 '축약 > 합성 > 혼성 > 파생 > 차용 > 생성'의 순으로 나타났으며, 축약이 약 26%이고 합성이 약 25%로 확인되어 축약과 합성이 전체의 약 51%를 차지하고 있음을 알 수 있다. 2024년 신어 406개 중 단일 원어는 59.6%, 복합 원어는 40.4%로 나타났고, 단일 원어의 경우 한자어가 약 36%로 가장 높은 비율을 차지하였으며, 복합 원어의 경우 '외+한' 결합이 약 23%를 차지하여 가장 많은 것으로 나타났다.

2024년 신어를 의미 범주별로 분류한 결과 총 16개 범주로 분류되었으며, '정치와 행정', '경제생활', '인간', '사회생활', '삶'의 다섯 가지 범주에 전체 2024년 신어의 약 72%가 분포한다는 것을 확인할 수 있었다. 2024년 신어에서는 다른 의미 범주와 비교하여 '정치와 행정' 범주의 비율이 특히 높은 것으로 나타났고, 이는 2024년 신어 수집 기간 내에 치러진 제22대 국회 의원 선거와 관련이 있는 것으로 나타났다. 2024년 신어에서는 전체 16개 의미 범주 모두에서 신어가 등장하였다는 특징이 있으며, 2023년 신어와는 다르게 '정보 · 기술' 범주가 비교적 높은 순위를 차지하였다. 전문어와 일반어의 비율은 2024년 신어에서도 2022년 및 2023년 신어의 비율과 크게 차이나지 않음을 알 수 있다. 또한 2024년 신어의 전체 전문어 29

개 분야 중 상위 7개인 '법률', '경제', '사회 일반', '정보 · 통신', '행정', '복식', '의학' 분야의 전문어가 전체 전문어의 약 70%를 차지한다는 것을 확인할 수 있다.

2022년 신어에서는 코로나19와 관련된 신어가 주를 이루었고, 2023년 신어에서는 전세 사기 피해를 막기 위한 법안, 물가 상승과 관련된 신어가 높은 비율을 차지하였으며, 2024년 신어에서는 국회 의원 선거와 관련된 다양한 신어를 확인할 수 있었다. 이처럼 해당 연도에 어떤 신어가 생겨났는지를 통해 당시의 사회 상황이나 사회적 화두를 파악할 수 있는데, 이는 언어가 사회적 현상을 반영한다는 의미이며, 신어 연구는 이러한 사회적 관심사에 대한 언어의 기록을 다시 살펴볼 수 있다는 점에서 의의가 있다.

II. 2024년 신어

1. 일러두기

2. 2024년 신어(가나다순)

1. 일러두기

1.1. 수집 원칙

1.1.1. 수집 및 수록 범위

1) 이 책에서는 2023년 7월 1일부터 2024년 6월 30일까지 총 12개의 주요 종합지 및 경제지(경향신문, 국민일보, 동아일보, 문화일보, 서울신문, 세계일보, 조선일보, 중앙일보, 한겨레, 한국일보, 매일경제, 한국경제)에 실린 기사문을 수집하여 신어를 수집하기 위한 기본 자료로 삼았다. 이때 수집한 전체 기사의 수는 330,450개이며, 어절 수는 94,128,401어절이다.

2) 위의 자료를 바탕으로 신어 후보 454,940항목을 추출하여 모든 후보 항목을 전수 검토하였다. 전수 검토 과정에서는 후보 어휘의 대중 매체 최초 출현일 확인, 개인어 및 임시어 여부, 고유명사 여부 등 어휘

의 신어 지위를 판단하였다. 최초 출현일 확인에 활용된 대중 매체는 모두 87개로 다음과 같다.

강원도민일보, 강원일보, 경기일보, 경향신문, 국민일보, 국제신문, 기자협회보, 노컷뉴스, 농민신문, 뉴스1, 뉴스타파, 뉴시스, 대구MBC, 대전일보, 더스쿠프, 더팩트, 데일리안, 동아사이언스, 동아일보, 디지털데일리, 디지털타임스, 레이디경향, 매경이코노미, 매일경제, 매일신문, 머니S, 머니투데이, 문화일보, 미디어오늘, 부산일보, 블로터, 비즈워치, 서울경제, 서울신문, 세계일보, 시사IN, 시사저널, 신동아, 신화사 연합뉴스, 아시아경제, 아이뉴스24, 여성신문, 연합뉴스, 연합뉴스TV, 오마이뉴스, 월간 산, 이데일리, 이코노미스트, 일다, 전자신문, 전주MBC, 조선비즈, 조선일보, 조세일보, 주간경향, 주간동아, 주간조선, 중앙SUNDAY, 중앙일보, 지디넷코리아, 채널A, 코리아중앙데일리, 코리아헤럴드, 코메디닷컴, 파이낸셜뉴스, 프레시안, 한겨레, 한겨레21, 한경비즈니스, 한국경제, 한국경제TV, 한국일보, 헤럴드경제, 헬스조선, AP연합뉴스, CJB청주방송, EPA연합뉴스, JIBS, JTBC, kbc광주방송, KBS, MBC, MBN, SBS, SBS Biz, TV조선, YTN

3) 수집한 2024년 신어는 12개 언론 매체(주요 종합 일간지 10종, 경제지 2종)에서 2023년 7월 1일부터 2024년 6월 30일까지 생산한 기사문을 수집하여 구축한 말뭉치에서 빈도를 확인하였다. 빈도 확인을 위해 활용한 말뭉치의 규모는 다음과 같다. 다만, 기사문 말뭉치에서 매우 낮은 빈도로 나타난 경우라도, 포털 사이트 검색 결과에서 개인어나 임시어가 아닌 정도의 사용이 관찰된다면 신어로 수집하였다. 또한, 고빈도의 동형어가 존재하여 정확한 빈도 계수가 어렵지만 3회 이상의 출현이 확인되는 신어는 '3+'와 같이 빈도 표시하였다.

언론사	기사 수	어절 수
경향일보	24,500	7,990,029
국민일보	29,273	7,601,585

동아일보	35,100	9,444,671
매일경제	41,662	10,252,205
문화일보	24,863	6,663,768
서울신문	22,849	6,086,383
세계일보	28,801	8,166,602
조선일보	28,397	8,917,112
중앙일보	20,821	6,704,319
한겨레	15,768	5,289,553
한국경제	37,363	9,370,917
한국일보	21,053	7,641,257
합계	330,450	94,128,401

4) 이 책에 수록한 2024년 신어의 수는 총 406개이다. 이 외에도 『신어 2020』, 『신어 2021』 등 이전의 조사에서 미처 포착하지 못하였던 이전 연도의 신어 2개를 올해 조사 과정에서 발견하였다. 이들도 갈무리하여 2024년 신어 다음에 제시하였다.

1.1.2. 수집 대상

1) 대중 매체에서 2023년 7월 1일부터 2024년 6월 30일 사이에 처음 등장한 말로, 『표준국어대사전』에 등재되지 않은 어휘를 신어로 수집한다.

2) 새로 생긴 문물을 지칭하기 위해 새로 생산된 어휘를 신어로 수집한다.

3) 기존에 사용되는 말이 있지만 새로운 느낌을 표현하기 위해 생성된

어휘를 신어로 수집한다.

4) 기존의 말과 형태가 동일하지만 새로운 의미를 획득한 말도 신어로 수집한다.

5) 하나의 어휘적 의미 단위로서 가치를 지니는 구 단위도 신어로 수집한다.

1.2. 제시 원칙

1.2.1. 표제어 정보

1) 모든 표제어는 한글로 표기하였다. 일반적으로 아라비아 숫자나 로마자로 표기하는 경우에도 한글로 표기하였다.

서오녀01(서五女)
이^머니^토큰(<영>e-money token)

2) 표제어 내부에는 '-', 한 칸의 공백, '^'과 같은 기호를 사용하였다.

① '-'를 사용하여 단어의 내부 결합 구조를 제시하였다.

문-쿵, 역-응원, 예스-족

② 전문어 구에서는 '^'을 사용하여 띄어쓰기 단위를 제시하였다.

유럽^녹색^꽃게, 임차인^등록제, 호모^프롬프트

③ 일반어 구에서는 한 칸의 공백을 두어 띄어쓰기 단위를 제시하였다.

법맥 경화, 순살 아파트, 유 키즈 존

④ 단어들 중 혼성어와 같이 표제어 분석이 불가능한 경우는 분석하지 않았다.

도파밍(<영>▼←dopamine farming),
빈대믹(빈대<영>←pandemic), 커피크닉(<영>▼coffee←picnic)

1.2.2. 원어 정보

1) 고유어로만 구성된 표제어의 경우 원어를 제시하지 않았다.

맑-눈 (O)
맑-눈(맑눈) (X)

2) 한자어는 대응 한자를 밝히고 외래어는 해당 언어명을 ‘< >’ 안에 약어로 쓰고 뒤에 로마자로 표기하였다.

교권^보험(敎權保險)
졸리^컷(<프>joli<영>cut)

<표 1> 외래어 언어명 약어

언어명	약어	언어명	약어
그리스어	그	영어	영
네덜란드어	네	에스파냐어	에
노르웨이어	노	이탈리아어	이
독일어	독	인도네시아어	인
라틴어	라	일본어	일
러시아어	러	중국어	중
루마니아어	루	체코어	체

말레이어	말	타이어	타
몽골어	몽	터키어	터
미얀마어	미	페르시아어	페
베트남어	베	포르투갈어	포
불가리아어	불	폴란드어	폴
산스크리트어	산	프랑스어	프
세르보크로아트어	세	헝가리어	헝
스와힐리어	와	히브리어	히
스웨덴어	스	힌디어	힌
아랍어	아		

3) 중국어나 일본어와 같이 대응 한자가 있는 외래어는 '[ ]' 안에 대응 한자를 따로 표시하였다.

맥마카세(麥<일>←omaka[御任]se)

4) 외래어 가운데 축약 또는 절단 과정을 거치거나 발음 또는 철자가 변한 경우에는 해당 외래어의 원래 형태를 제시하고 그 앞에 '←'를 붙여 표시하였다.

댕플루언서(댕<영>←influencer)

5) 우리나라에서 외래어를 활용하여 새로 만든 단어나 구는 그 앞에 '▼'를 붙여 해당 원어에서 사용되지 않는 구성임을 표시하였다.

북켓팅(<영>▼←bookclub ticketing)

6) 4)와 5)에 모두 해당하는 경우 '▼'와 '←'의 순서로 제시하였다.

컨셔슈머(<영>▼←consious consumer)

1.2.3. 어종 정보

1) 표제어와 원어 정보 다음에는 원어를 구성하는 어종 정보를 제시하였다. 원어는 고유어는 '고', 한자어는 '한', 외래어는 각 언어명의 첫 글자를 이용하여 약어로 표시하였다.

2) 표제어에서 '-'는 어종에서 '+'로 바꾸어 제시하였고, 표제어에서 띄어쓰기를 나타내는 한 칸 공백은 '_'로, 전문어 구의 '^'은 어종 표시에서도 '^'으로 제시하였다.

극-험지(極險地) 한+한
벚꽃 개강(벚꽃開講) 고_한
뉴^머니^룩(<영>new money look) 영^영^영

3) 두 개 이상의 언어가 표제어의 직접 구성 성분일 때는 '( )' 안에 각각의 어종을 표시하였다.

엑사-전자볼트(<영>exa電子<영>volt) 영+(한+영)
인용 답글(引用答글) 한_(한+고)

1.2.4. 품사 정보

품사는 '「 」' 안에 품사의 약어를 표시하였다. 「구」는 일반어 구를 나타낸다.

남타커 고+고+영 「명」
현생 공감 한_한 「구」

1.2.5. 전문 분야 정보

1) 전문 분야는 『우리말샘』 에 등재된 유사 계열 어휘의 경향성에 따라 분류하였다.

2) 전문 분야는 '『 』' 안에 표시하였다.

학교^폭력^전담^조사관제(學校暴力專擔調查官制) 한^한^한^한 『교육』 학교 폭력 사건을 전문적으로 조사하고 처리하기 위하여 전담 조사관을 두는 제도.

3) 전문 분야는 『우리말샘』과 동일하게 67개 범주로 나누었다.

<표 2> 전문 분야 분류

가톨릭	건설	경영	경제
고유명 일반	공업	공예	공학 일반
광업	교육	교통	군사
기계	기독교	농업	동물
매체	무용	문학	물리
미술	민속	법률	보건 일반
복식	복지	불교	사회 일반
산업 일반	생명	서비스업	수산업
수의	수학	식물	식품
심리	약학	언어	역사
연기	영상	예체능 일반	음악
의학	인명	인문 일반	임업
자연 일반	재료	전기 · 전자	정보 · 통신

정치	종교 일반	지구	지리
지명	책명	천문	천연자원
철학	체육	한의	해양
행정	화학	환경	

1.2.6. 의미 범주 정보

1) 전체 신어를 대상으로 의미 범주를 분류하였다.

2) 의미 범주는 '〔〕' 안에 표시하였다.

구독플레이션(購讀<영>←inflation) 한+영 「명」 『경제』 〔경제생활〕 디지털 기반 구독형 서비스의 요금이 잇달아 인상되며 소비자가 체감하는 물가 부담이 증가하는 현상.

3) 의미 범주는 한송화 외(2015) 대범주 14개 '인간, 삶, 식생활, 의생활, 주생활, 사회생활, 경제생활, 교육, 종교, 문화, 정치와 행정, 자연, 동식물, 개념'에 '보건 · 의학'과 '정보 · 기술' 범주를 추가하였다. 의미 범주의 구분과 내용은 다음과 같다.

<표 3> 의미 범주의 구분과 내용

의미 범주	내용
인간	사람의 종류, 신체 부위, 신체 내부 구성, 체력 상태, 생리 현상, 감각, 감정, 성격, 태도, 용모, 능력, 신체 변화, 신체 행위, 신체에 가하는 행위, 인지 행위, 소리
삶	삶의 상태, 삶의 행위, 일상 행위, 친족관계, 가족 행사, 여가 도구, 여가 시설, 여가 활동

식생활	음식, 채소, 곡류, 과일, 음료, 식재료, 조리 도구, 식생활 관련 장소, 맛, 식사 및 조리 행위
의생활	옷 종류, 옷감, 옷의 부분, 모자 · 신발 · 장신구, 의생활 관련 장소, 의복 착용 상태, 의복 착용 행위, 미용 행위
주생활	생활용품, 건물 종류, 주거 형태, 주거 지역, 주택 구성, 주거 상태, 주거 행위, 가사 행위
사회생활	인간관계, 사회생활 상태, 사회 활동, 사회 행사, 직장, 직위, 직업, 직장 생활, 교통수단, 교통 이용 장소, 교통 이용 행위, 소통 수단, 말, 언어 행위, 매체
경제생활	경제 행위 주체, 경제 행위 장소, 경제 수단, 경제 산물, 경제 상태, 경제 행위
교육	교수 학습 주체, 전공과 교과목, 교육 기관, 학교 시설, 학습 관련 사물, 학문용어, 교수 학습 행위, 학문 행위
종교	종교 유형, 종교 활동 장소, 종교인, 종교어, 신앙 대상, 종교 활동 도구, 종교 행위
문화	문화 활동 주체, 음악, 미술, 문학, 예술, 대중문화, 전통문화, 문화생활 장소, 문화 활동
정치와 행정	공공 기관, 정치 및 행정 주체, 사법 및 치안 주체, 무기, 정치 및 치안 상태, 정치 및 행정 행위, 사법 및 치안 행위
자연	지형, 지표면 사물, 자원, 천체, 재해, 기상 및 기후
동식물	동물류, 곤충류, 식물류, 동물의 부분, 식물의 부분, 동식물 행위, 동물 소리
개념	모양, 성질, 속도, 밝기, 온도, 색깔, 수, 세는 말, 양, 정도, 순서, 빈도, 시간, 위치 및 방향, 지역, 지시, 접속, 의문, 인칭
보건 · 의학	병과 증상, 치료 시설, 치료 행위, 약품류
정보 · 기술	과학 기술, 공학 기술, 통신 기술, 정보 통신 기술, 기계, 장비, 컴퓨터 시스템

1.2.7. 뜻풀이

1) 모든 표제어는 직접 뜻풀이하였다.

2) 뜻풀이는 어휘의 개념적 의미를 먼저 제시하였다. 부가 설명이 필요한 경우에는 정의문 뒤에 제시하였고 종결 어미는 '-다'를 사용하여 서술형으로 제시하였다.

이음^연령(이음年齡) 고^한 『교육』 〔교육〕 영아 교육과 유아 교육 또는 유아 교육과 초등 교육 간의 연계 강화를 위해 정책적으로 지정한 연령. 주로 만 2세 영아들은 놀이 중심 교육 확대를 통해 누리 과정과의 연계성을 강화하고, 만 5세 유아들은 초기 문해력과 기초 학습 역량을 집중적으로 지원하기 위해 설정되었다.

3) 축약어의 뜻풀이는 "'…'을 줄여 이르는 말."이라는 형식을 사용하였다.

흔싸귀비(흔싸貴비) 고+고+한+고 「명」 〔경제생활〕 '흔하면 싸고 귀하면 비싸다'를 줄여 이르는 말.

4) 목록 내에 동의어가 있는 경우에는 뜻풀이의 마지막 위치에, '=' 기호 뒤에 제시하였다.

엔시트-화(<영>←enshittification化) 영+한 「명」 〔사회생활〕 사용자에게 무료로 양질의 콘텐츠를 제공하던 온라인 플랫폼이 수익의 창출을 우선시하게 되면서 사용자의 만족도 및 서비스 품질이 하락하는 현상. =엔시티피케이션.

5) 차별 및 비하하는 의미가 있는 경우에는 뜻풀이 뒤에 사용에 주의가 필요함을 언급하였다.

의-노예(醫奴隸) 한+한「명」〔인간〕 장시간의 외래 진료와 수술, 야간이나 휴일 당직 근무 등 과중한 업무에 어려움을 겪는 의사를 비유적으로 이르는 말. '의사'와 '노예'를 결합해 만든 말이다. 차별 및 비하하는 의미가 포함되어 있으므로 사용에 주의가 필요하다.

1.2.8. 용례

1) 모든 표제어에는 용례를 제시하였다.

2) 용례는 '¶' 뒤에 제시하였다.

3) 용례는 인용례에 기반한 작성례를 제시하였다.

4) 표제어의 실제 쓰임을 잘 보여 줄 수 있는 자연스러운 문장을 용례로 제시하였다.

5) 용례는 어문 규범에 맞게 제시하는 것을 원칙으로 하였다.

6) 참고한 인용례에서 고유명사가 나타나는 경우, 성씨는 '○', 이름은 '○○○'로 제시하였고, 단체명이나 기업명, 상품명 등의 기타 고유명은 '○○'로 교체하여 제시하였다.

갓-무직(<영>god務職) 영+한「명」『사회 일반』〔사회생활〕 신을 의미하는 '갓(god)'과 '사무직(事務職)'이 합쳐진 말로, 안정적이고 근무 조건이 좋은 사무직을 비유적으로 이르는 말. ¶○○자동차의 사무직은 취업 준비생들에게 **갓무직이라고** 불리는데, 이는 임금, 복지 등이 최고 수준이기 때문이다.

1.2.9. 어원

1) 차용어나 약어의 어원을 밝히는 경우에는 용례 뒤에 제시하였다.

2) '【 】' 안에 해당 원어의 어원을 제시하였다.

스트림플레이션(<영>streamflation) 영「명」『경제』〔경제생활〕 온라인 동영상 서비스에 대한 소비자의 의존도가 높아지자 온라인 동영상 서비스의 구독 가격이 상승하는 현상. ¶온라인 동영상 서비스를 제공하는 기업들이 잇달아 구독료를 인상하면서 **스트림플레이션이** 도래했다는 평가가 나오고 있다.【←streaming+inflation】

3) 원어의 일부가 약어인 경우는 그 약어의 어원을 밝혔다.

예스-족(<영>YES族) 영+한「명」〔인간〕 외국인 이민자 중에서 젊고, 교육을 받았으며, 숙련된 기술을 가진 사람. 또는 그런 무리. ¶한국에서 일한 경험이 없더라도 **예스족이라면** 수용해야 한다는 주장이 제기된 가운데 숙련된 외국인 기능 인력에 대한 비자 제도의 개선이 필요하다는 의견이 제시되었다. 【YES: young, educated and skilled】

1.2.10. 기타

1) 신어가 대중 매체에서 처음 출현한 연, 월 정보를 '【 】' 안에 제시하였다.

김모-족(김모族) 고+한「명」〔인간〕 김장을 모르거나 김장 경험이 없는 사람. 또는 그런 무리. ¶고물가로 인해 김장에 대한 부담감이 증가하면서, 김장 경험이 없는 **김모족이** 늘어나고 있는 추세이다.【2023년 11월 신어】

2) 12개 언론사 매체의 기사문 말뭉치에서 확인한 신어의 빈도 정보를 '<>' 안에 제시하였다.

스트림플레이션(<영>streamflation) 영 「명」 『경제』 〔경제생활〕 온라인 동영상 서비스에 대한 소비자의 의존도가 높아지자 온라인 동영상 서비스의 구독 가격이 상승하는 현상. ¶온라인 동영상 서비스를 제공하는 기업들이 잇달아 구독료를 인상하면서 **스트림플레이션이** 도래했다는 평가가 나오고 있다. 【←streaming+inflation】【2023년 8월 신어】〈2024년 빈도: 108〉

3) <부록 1>에서는 이 책에 수록된 2024년 신어 전체를 신어 조사의 대상 자료인 12개 주요 종합 일간지에서 추출한 단어 빈도를 기준으로 배열한 신어 목록을 제시하였다.

4) <부록 2>에서는 이 책에 수록된 2024년 신어 전체를 <네이버 뉴스> 인 링크(in-link)의 기사 빈도를 기준으로 배열한 신어 목록을 제시하였다.

5) <부록 3>에서는 이 책에 수록된 2024년 신어 전체를 <네이버 뉴스> 아웃 링크(out-link)의 기사 빈도를 기준으로 배열한 신어 목록을 제시하였다.

6) <부록 4>에서는 이 책에 수록된 2024년 신어의 판별 및 집필을 위한 LLM 프롬프트를 제시하였다.

7) <부록 5>에서는 이 책에 수록된 2024년 신어 전체를 첫 음절 초성을 기준으로 배열한 가나다순 색인을 제시하였다.

8) <부록 6>에서는 이 책에 수록된 2024년 신어 전체를 신어 조사의 대상 자료인 12개 주요 종합 일간지에서 추출한 단어 빈도를 기준으로 배열한 단어 빈도 색인을 제시하였다.

9) <부록 7>에서는 이 책에 수록된 2024년 신어 전체를 마지막 음절 초성을 기준으로 배열한 역순 색인을 제시하였다.

10) <부록 8>에서는 이 책에 수록된 2024년 신어 전체를 의미 영역에 따라 분류한 의미 영역별 색인을 제시하였다.

2. 2024년 신어: 가나다순

ㄱ

가속주의-자(加速主義者)

한+한 「명」 『사회 일반』 〔인간〕 기존 체제에 대한 변화나 가속화를 추구하거나 주장하는 사람. ¶ **가속주의자들은** 자본주의가 축적해 온 과학 지식을 능동적으로 활용하며, 어떤 요소를 수용하고 어떤 것은 배제할지를 스스로 판단해 또 다른 형태의 가속 방향을 모색해야 한다고 본다. 【2023년 10월 신어】 <2024년 빈도: 3>

간판-템(看板<영>←item)

한+영 「명」 〔경제생활〕 '간판'과 '아이템(item)'을 결합하여 만든 말로, 어떤 집단이나 영역에서 대표로 내세울 만한 상품을 이르는 말. ¶ 겨울철 대표 **간판템인** 붕어빵이 고급스러운 이미지로 변신하고 있다. 【2023년 11월 신어】 <2024년 빈도: 1>

갈고리즘(갈고리<영>ism)

고+영 「명」 『정보 · 통신』 〔정보 · 기술〕 추천 알고리즘이 갈고리처럼 이용자를 끌어당겨 원하는 콘텐츠를 계속 소비하게 만드는 현상을 비유적으로 이르는 말. 물건을 끌어당기는 데 쓰이는 '갈고리'와 문제를 해결하는 단계적 방법인 '알고리즘(algorism)'을 결합하여 만든 말이다. ¶ 정책위의장은 SNS를 통해 알고리즘이 악의적인 도구로 변질되어 극단적 팬덤을 유입시키는 **갈고리즘이** 되고 있다고 비판했다. 【2023년 7월 신어】 <2024년 빈도: 8>

감속주의-자(減速主義者)

한+한 「명」 『사회 일반』 〔인간〕 기술이 급진적으로 발전하는 것을 경계하고 개발 속도를 조절해야 한다고 주장하는 사람. ¶ 가속주의자와 반대편에 선 **감속주의자들은** 인공 지능의 부작용을 우려하며 개발의 속도를 조절해야 한다고 주장한다. 【2023년 11월 신어】 <2024년 빈도: 3>

갓-무직(<영>god務職)

영+한 「명」 『사회 일반』 〔사회생활〕 신을 의미하는 '갓(god)'과 '사무직(事務職)'을 결합하여 만든 말로, 안정적이고 근무 조건이 좋은 사무직을 비유적으로 이르는 말. ¶ ○○자동차의 사무직은 취업 준비생들에게 **갓무직이라** 불리는데, 이는 임금, 복지 등이 최고 수준이기 때문이다.【2024년 1월 신어】 <2024년 빈도: 1>

강서용송(江瑞龍松)

한+한+한+한「명」〔주생활〕집값이 높은 강남, 서초, 용산, 송파를 아울러 이르는 말. ¶ 같은 서울 안에서도 목동과 **강서용송** 등 일부 지역은 최고가 경신이 이어지는 반면, 여전히 하락세인 곳도 적지 않다.【2023년 8월 신어】 <2024년 빈도: 1>

개^식용^종식^특별법(개食用終熄特別法)

고^한^한^한『법률』〔정치와 행정〕식용할 목적으로 개를 사육, 유통, 도살하는 것을 금지하기 위해 2024년 2월 6일 제정된 법률. 정식 명칭은 '개의 식용 목적의 사육 · 도살 및 유통 등 종식에 관한 특별법'이다. ¶ **개 식용 종식 특별법이** 시행되면 개를 식용 목적으로 사육하거나 도살, 유통, 판매하는 행위 등은 모두 금지된다.【2023년 7월 신어】 <2024년 빈도: 57>

건생구팽(建生狗烹)

한+한「명」〔사회생활〕'김건희 특검법' 처리 과정에서 방어 역할을 하던 일부 인물들이 이용 가치가 사라지자 공천에서 배제된 상황을 '토사구팽(兎死狗烹)'에 빗대어 이르는 말. 차별 및 비하하는 의미가 포함되어 있으므로 사용에 주의가 필요하다. ¶ 자신들의 공천 결과에 대해 스스로 극찬하던 여당의 공천이, 지금은 **건생구팽이라는** 말이 나온다. 【2024년 3월 신어】 <2024년 빈도: 7>

검-수저(檢수저)

한+고 「명」 『사회 일반』 〔정치와 행정〕 검찰 출신이라는 배경을 특권적 자산으로 가진 사람을 비유적으로 이르는 말. ¶ 검찰 출신 이른바 **검수저** 인사들은 당선이 유력한 지역에 배치하면서, 장차관 출신 인사들은 험지로 내모는 것이냐는 비판이 나온다. 【2024년 1월 신어】 <2024년 빈도: 4>

계약형^지역^필수^의사^제도(契約型地域必須醫師制度)

한^한^한^한^한 『보건 일반』 〔정치와 행정〕 의과 대학 입학생 중 일정 비율을 지역 인재 전형으로 선발하는 대신 졸업 이후 일정 기간 해당 지역에서 근무하도록 하는 제도. ¶ 보건 복지부는 지역의 필수 의료 부족 문제를 해결하기 위해 **계약형 지역 필수 의사 제도를** 도입해 국립 대학 병원이 지역 필수 의료의 중심 역할을 수행할 수 있도록 하겠다고 발표했다. 【2024년 2월 신어】 <2024년 빈도: 4>

관계 포비아(關係<영> phobia)

한_영 「구」 〔사회생활〕 사람과 관계를 맺거나 접촉하는 것 자체를 어려워하거나 두려워하는 증세. ¶ 그는 "현재 대학생들은 코로나19로 인간 관계 형성에 어려움을 겪었고, **관계 포비아가** 사회 문제로 떠오른 만큼, 국가와 교육 기관이 적극적으로 대응해야 한다."라고 강조했다. 【2023년 12월 신어】 <2024년 빈도: 3>

교권^미투(敎權<영>me-too)

한^영 『사회 일반』 〔사회생활〕 교사의 정당한 교육 활동이 방해받은 교권 침해 사례들을 교사들이 집단적으로 폭로하는 일. 교사의 권위나 권력을 뜻하는 '교권(敎權)'과 '나도 당했다'는 의미의 '미투(me-too)'를 결합하여 만든 말이다. ¶ 교사들이 학부모들의 악성 민원과 폭력으로부터 스스로를 보호하기 위해 **교권 미투** 운동에 돌입했다. 【2023년 7월 신어】 <2024년 빈도: 1>

교권^보험(敎權保險)

한^한 『경제』 〔경제생활〕 교사가 교권 침해로부터 발생할 수 있는 법적 · 재정적 손실을 대비하기 위해 가입하는 보험. 교육 활동 침해가 공식적으로 인정될 경우 보험금을 지급하며, 법률 비용, 벌금, 휴직 수당 등이 보장된다. 최근 교권 침해 사례 증가와 공적 보호 체계의 부족으로 인해 가입이 급증하고 있다. ¶ 이런 현실 속에서 교사들은 스스로를 지키기 위해 **교권 보험과** 같은 개인 보험에 가입하며 각자도생의 길을 택하고 있다. 【2023년 7월 신어】 <2024년 빈도: 3>

교-자성(交磁性)

한+한「명」『물리』〔개념〕 외부 자기장이 가해지면 강한 자화를 띠고, 자기장이 제거되면 자화가 사라지는 성질. 스스로 자기적 성질을 가지는 '강자성'과 자성이 없는 '반강자성'의 성질을 동시에 보이는 새로운 자성 상태를 나타낸다. ¶ **교자성이** 실재한다면, 강자성과 반강자성에 기반한 기존 자성 이론을 재정립해야 하기에, 이는 물리학계에서 큰 관심을 보이고 있다. 【2024년 1월 신어】 <2024년 빈도: 24>

교자성-체(交磁性體)

한+한「명」『물리』〔자연〕 교자성의 성질을 가지는 물체. 강자성체와 반강자성체의 중간 성질을 가지며, 강자성체처럼 스핀으로 정보를 저장할 수 있으면서 외부 자기장에는 영향을 덜 받아 초고속 스위칭이 가능한 물질이다. ¶ 전문가들은 강자성과 반강자성의 장점만을 지닌 **교자성체를** 활용할 경우, 기존 메모리보다 처리 속도가 수십 배 향상될 것으로 전망하고 있다. 【2024년 2월 신어】 <2024년 빈도: 2>

구독플레이션(購讀<영>←inflation)

한+영「명」『경제』〔경제생활〕 디지털 기반 구독형 서비스의 요금이 잇달아 인상되며 소비자가 체감하는 물가 부담이 증가하는 현상. '구독(購讀)'과 '인플레이션(inflation)'을 결합하여 만든 말로, 넷플릭스 · 디즈니 플러스 등의 오티티(OTT), 유튜브 프리미엄과 같은 스트리밍 서비스, 쿠팡 · 마켓컬리 등 배달 플랫폼 등의 다양한 구독형 디지털 상품의 비용이 누적되면서 발생하는 소비자의 지출 증가 현상을 나타내는 말이다. ¶ 작년 말부터 주요 플랫폼의 구독료가 잇따라 인상되면서, 이른바 **구독플레이션이** 가속화되고 있다. 【2023년 7월 신어】 <2024년 빈도: 10>

국고^만능론(國庫萬能論)

한^한 『경제』〔경제생활〕 연금이나 복지 재정이 부족할 경우, 구체적인 제도 개혁이나 재원 확충 방안 없이 단순히 국고로 모든 부족분을 충당할 수 있다고 보는 관점이나 주장. ¶ 재정이 부족할 때 국가가 모든 부족분을 채울 수 있다는 **국고 만능론에** 기대는 것은 바람직하지 않다. 【2024년 5월 신어】 <2024년 빈도: 1>

국뽕 경제(國<일>←hiropon經濟)

(한+일)_한 「구」〔경제생활〕 자국의 경제 성과나 산업 기술, 브랜드 등을 지나치게 긍정하고 우월하게 여기는 현상을 비판적으로 이르는 말. ¶ **국뽕 경제에** 매몰돼 잘하고 있다는 자기 과시만 내세우면, 분노한 민심 앞에서 성과 자랑으로 일관하는 소통 실패가 일어날 것이다. 【2024년 3월 신어】 <2024년 빈도: 1>

국뽕 외교(國<일>←hiropon外交)

(한+일)_한 「구」〔정치와 행정〕 자국의 실질적 이익이나 국제 정세는

고려하지 않고, 문화적 우월성이나 긍정적 이미지를 부각하는 데 치중하는 외교 방식을 비판적으로 이르는 말. ¶ 야당은 현 정부가 국익은 외면한 채 한미일 공조를 스스로 흔드는 **국뽕 외교를** 하고 있다며 비판했다. 【2024년 4월 신어】 <2024년 빈도: 1>

굿짐-당(굿짐-黨)

고+한 「명」 〔정치와 행정〕 대한민국의 정당 '국민의 힘'을 낮잡아 이르는 말. 윤석열 전 대통령이 무속 신앙인 '굿'에 의존한다는 의혹과, 국민에게 '짐'이 된다는 부정적 평가를 결합하여 풍자적으로 이르는 말이다. 차별 및 비하하는 의미가 포함되어 있으므로 사용에 주의가 필요하다. ¶ 이들은 "**굿짐당이** 반드시 대가를 치를 수 있도록 할 것입니다."라는 댓글을 남겼다. 【2023년 12월 신어】 <2024년 빈도: 1>

권역^의사^인력^뱅크(圈域醫師人力<영>bank)

한^한^한^영 『행정』 〔정치와 행정〕 특정 권역 내에서 의사 인력을 공동으로 확보 및 관리하여 효율적으로 인력을 배치할 수 있도록 마련된 제도. 의료 공백이나 지역 간 의료 격차 해소를 위해 지역 의료 기관, 공공 기관, 정부 등이 연계하여 운영한다. ¶ 정부는 퇴직 의사 등으로 구성된 **권역 의사 인력 뱅크를** 만들어 필수 진료과 의사 수급을 용이하게 할 계획이다. 【2024년 2월 신어】 <2024년 빈도: 3>

귀가팟(歸家<영>←partner)

한+영 「명」〔사회생활〕 '귀가 파트너'를 줄여 이르는 말로, 같은 지역이나 거주지로 귀가하는 사람들이 안전을 위해 모여 함께 이동하는 모임. 또는 그런 사람들. ¶ 이웃 주민들이 함께 집으로 돌아가는 이른바 **귀가팟이** 점점 늘어나고 있다. 【2023년 8월 신어】 <2024년 빈도: 2>

규제^책임관(規制責任官)

한^한 『행정』〔정치와 행정〕 지역 기업이나 주민이 겪는 규제 개선 과제를 선정하고 해결을 책임지는 중앙 행정 기관과 지방 자치 단체의 국 · 과장급 공무원. ¶ **규제 책임관은** 지역 기업과 국민이 겪는 규제 문제를 해결하기 위해 핵심 개선 과제를 맡아 추진한다. 【2024년 2월 신어】 <2024년 빈도: 4>

규제^책임관제(規制責任官制)

한^한 『행정』〔정치와 행정〕 중앙 행정 기관과 지방 자치 단체의 국 · 과장급 공무원을 규제 책임관으로 지정하여, 지역 기업과 주민이 겪는 규제의 개선 과제를 책임 있게 추진하도록 한 제도. ¶ 중앙 및 지방에 책임관을 지정하여 규제에 대한 해소를 높이는 **규제 책임관제가** 도입된다. 【2024년 2월 신어】 <2024년 빈도: 3>

그랜파코어(<영>grandpacore)

영「명」『복식』〔의생활〕 할아버지가 입을 법한 클래식하고 편안한 옷차림을 활용하여 세련된 멋을 표현하는 패션 스타일. ¶ **그랜파코어는** 멋스러운 할아버지 스타일을 동경하는 엠제트 세대 사이에서 떠오른 새로운 패션 트렌드이다. 【←grandpa+normcore】【2024년 2월 신어】 <2024년 빈도: 18>

그랜파코어^룩(<영>grandpacore look)

영^영 『복식』〔의생활〕 할아버지가 입을 법한 클래식하고 편안한 옷차림을 활용하여 세련된 멋을 표현하는 옷차림. ¶ 할아버지가 입고 다니는 듯한 옷에서 영감을 받은 **그랜파코어 룩** 스타일 상품의 판매가 늘고 있다. 【grandpacore: ←grandpa+normcore】【2024년 2월 신어】 <2024년 빈도: 1>

그린래시(<영>greenlash)

영「명」『환경』〔사회생활〕 친환경을 상징하는 색 '그린(green)'과 반발을 의미하는 '백래시(backlash)'가 결합한 말로, 기후 위기 대응이나 친환경 정책에 반대하여 일어나는 사회적 운동. 또는 그런 현상. ¶ 주요 선진국에서 점점 확대되고 있는 **그린래시는** 탄소 중립 정책이 에너지의 가격을 상승시키고, 일자리 감소와 같은 부작용을 일으킨다고 주장한다. 【←green+backlash】【2023년 8월 신어】 <2024년 빈도: 16>

극-험지(極險地)

한+한 「명」 『정치』 〔정치와 행정〕 의원으로 선출되기 극히 어려운 선거구를 비유적으로 이르는 말. ¶ ○ 후보는 "정부의 안정적인 국가 운영 및 발전을 위해 **극험지에** 출마하기로 결심했다."라고 밝혔다. 【2024년 1월 신어】 <2024년 빈도: 4>

김모-족(김모族)

고+한 「명」 〔인간〕 김장을 모르거나 김장 경험이 없는 사람. 또는 그런 무리. ¶ 고물가로 인해 김장에 대한 부담감이 증가하면서, 김장 경험이 없는 **김모족이** 늘어나고 있는 추세이다. 【2023년 11월 신어】 <2024년 빈도: 3>

깔끼-하다

고+고 「형」 〔인간〕 '깔끔하다', '세련되다', '멋있다' 등의 의미로, 경상도 방언처럼 들리도록 재미를 위해 만들어낸 말. 특정한 뜻은 없으나 어감이나 느낌을 강조하는 표현이다. ¶ 가짜 경상도 사투리인 '깔끼'는 '피자 맛이 **깔끼하다'와** 같이 사용된다. 【2024년 2월 신어】 <2024년 빈도: 3>

ㄴ

나체^추심(裸體推尋)

한^한 『경제』〔경제생활〕 금융 거래나 상거래 과정에서 생긴 빚을 제대로 갚지 못하는 경우, 채무자의 얼굴 사진과 나체 사진을 합성하여 유포하겠다며 성적 수치심을 이용해 협박하는 방식으로 돈을 추심하는 일. 불법 추심 행위의 하나이다. ¶ 범죄자들은 피해자의 얼굴을 나체 사진과 합성한 뒤 이를 유포하겠다고 협박하는 방식의 **나체 추심도** 서슴치 않았다. 【2023년 8월 신어】 <2024년 빈도: 12>

나확행(나確幸)

고+한+한 「명」〔삶〕 '나의 확실한 행복'이라는 뜻으로, 작지만 분명하게 느낄 수 있는 자기만의 행복을 이르는 말. ¶ 직장인 ○○○ 씨는 **나확행을** 실현하기 위한 프로그램에 참여해 자기 자신을 탐색하는 시간을 가졌다. 【2023년 10월 신어】 <2024년 빈도: 1>

낙수-과(落水科)

한+한 「명」 『의학』〔보건 · 의학〕 산부인과, 흉부외과, 응급 의학과 등의 필수 의료과를 낮잡아 이르는 말. 성적이나 능력 부족으로 상위 인기 의료과의 지원 경쟁에 밀려 '낙수되었다'는 의미에서 비롯된 표현으로, 조롱과 자조의 의미를 담고 있다. ¶ ○ 회장은 단순히 의과 대학 정원을 늘려 낙수 효과를 기대한다면 필수 의료 종사자에게 **낙수과** 의사라는 자괴감을 줄 것이라는 우려를 표명했다.【2023년 10월 신어】 <2024년 빈도: 6>

ㄴ

남타커(남타<영>←coffee)

고+고+영「명」〔식생활〕'남이 타준 커피'를 줄여 이르는 말. ¶ 역시 홈카페보단 **남타커가** 맛있어.【2024년 2월 신어】 <2024년 빈도: 1>

내세가불(내世가불)

고+한+고+고「명」〔삶〕'내가 세상에서 가장 불쌍하다'를 줄여 이르는 말로, 자신의 처지를 자조적으로 이르는 표현이다. ¶ **내세가불** 심리에 사로잡힌 청년층들의 사회적 고립과 분노가 폭탄처럼 터져 나온다.【2023년 8월 신어】 <2024년 빈도: 1>

냥퀴벌레

고+고「명」〔동식물〕'고양이'와 '바퀴벌레'가 결합한 말로, 길고양이를 해충처럼 멸시하며 낮잡아 이르는 말. ¶ 캣맘들이 돌보는 **냥퀴벌레들** 때문에 쓰레기통 주변이 지저분해졌다는 민원이 잇따르고 있다.【2024년 1월 신어】 <2024년 빈도: 2>

네카엘스크(←Naver←Kakao←LG←SK←KT)

영+영+영+영+영「명」〔사회생활〕 대형 아이티 기업 '네이버, 카카오, 엘지, 에스케이티, 케이티'를 아울러 이르는 말. 각 기업의 앞 글자를 따 만들어진 말로, 인공 지능 개발 경쟁 구도를 지칭할 때 주로 쓰인다. ¶ 국내 AI 생태계에서의 지원은 대부분 **네카엘스크** 대기업들이 주도하는 초거대 AI 및 반도체 경쟁에 편중되어 있다는 비판이 나온다.【2023년 10월 신어】 <2024년 빈도: 2>

노가완(勞加完)

한+한+한「명」〔사회생활〕 '노조 가입 완료'를 줄여 이르는 말. 사내 게시판에서 노동조합 가입 인증을 하거나 노동조합에 가입한 사람들 간 연대감을 드러내기 위해 사용하는 표현이다. ¶ 회사의 커뮤니티에 직원들이 게시글을 올릴 때 '노조 가입 완료'를 의미하는 **'노가완'을** 꼭 제목에 붙여 준다.【2024년 2월 신어】 <2024년 빈도: 1>

노년돌(老年<영>←idol)

한+영「명」〔문화〕 '노년(老年)'과 '아이돌(idol)'을 결합한 말로, 고령의 나이에도 불구하고 무대에서 춤과 노래를 선보이며, 젊은 세대 못지 않은 인기를 끄는 연예인을 일컫는 말. ¶ 그는 매년 신곡를 발표하고 팬들을 위한 콘서트를 개최하는 등 중장년의 나이에도 꾸준한 성과를 보여 주었기에 **노년돌이라** 불린다.【2024년 2월 신어】 <2024년 빈도: 1>

노 단체 존(▼<영>no團體<영>zone)

영_한_영 「구」 〔식생활〕 여럿이 함께 방문하는 손님의 출입이나 이용을 금지하거나 제한하는 곳. 일반적으로 단체 손님의 출입이 잦은 음식점, 카페 따위를 말한다. ¶ 단체 손님을 불편해 하여 예약을 받지 않는 **노 단체 존도** 생기고 있다.【2024년 6월 신어】 <2024년 빈도: 1>

노 썸바디 존(▼<영>no somebody zone)

영_영_영 「구」 〔삶〕 특정 사람 혹은 집단의 출입이나 이용을 금지하거나 제한하는 곳. ¶ **노 썸바디 존은** 개개인의 이익과 권리의 확대임과 동시에 혐오와 배제가 공존하는 한국 사회의 현실을 보여 준다.【2024년 6월 신어】 <2024년 빈도: 3>

노 아줌마 존(▼<영>no아줌마<영>zone)

영_고_영 「구」 〔삶〕 중장년 여성의 출입이나 이용을 금지하거나 제한하는 곳. ¶ **노 아줌마 존은** 일부 여성 중장년층 회원들로 인해 업장이 큰 피해를 입었다는 주장에서 시작되었다.【2024년 6월 신어】 <2024년 빈도: 1>

노 타투 존(▼<영>no tattoo zone)

영_영_영 「구」 〔삶〕 목욕탕, 수영장, 헬스장 등 신체에 문신이 드러난 사람의 출입이나 이용을 금지하거나 제한하는 곳. ¶ 호텔이나 온천 등 피부를 드러내는 곳에서 과도한 문신을 한 고객의 이용을 금지하는 **노 타투 존** 정책을 시행하면서 논란이 되고 있다.【2023년 8월 신어】 <2024년 빈도: 1>

노 탕후루 존(▼<영>no<중>tanghulu[糖葫芦]<영>zone)

영_중_영「구」〔삶〕주로 위생 및 청결 문제로 탕후루를 반입하거나 섭취하는 행위를 금지하거나 제한하는 곳. ¶최근에는 일부 피시방에서 탕후루 반입을 금지하는 **노 탕후루 존까지** 등장하고 있다.【2023년 8월 신어】 <2024년 빈도: 0>

뇌-꾸(腦꾸)

한+고「명」〔삶〕'뇌 꾸미기'를 줄여 이르는 말. 공부나 독서 등을 통해 지식을 쌓는 행위를 비유적으로 이르는 표현이다. ¶최근 엠제트 세대 사이에서는 공부와 자기 계발을 뜻하는 뇌를 꾸민다는 의미의 **뇌꾸가** 유행하고 있다.【2024년 4월 신어】 <2024년 빈도: 4>

뉴^머니^룩(<영>new money look)

영^영^영『복식』〔의생활〕전통적인 상류층의 절제된 패션과는 달리, 최근에 부를 얻은 계층을 연상시키는 화려하고 과시적인 옷차림. ¶패션 업계에서는 명품 브랜드 로고와 화려한 패턴 등을 강조한 **뉴 머니 룩이** 신흥 부유층의 이미지를 상징한다고 설명한다【2023년 8월 신어】 <2024년 빈도: 8>

다산-난사(多産難死)

한+한 「명」 『경제』 〔경제생활〕 기업의 신규 상장은 활발하지만 상장 폐지가 드물어, 시장 성장이 정체된 구조를 비유적으로 이르는 말. 주로 한국 증시의 구조적 문제를 비판하는 의미로 사용한다. ¶한국 주식 시장은 상장은 활발하지만 폐지는 어려운 **다산난사(多産難死)** 구조라는 지적이 나온다. 【2024년 5월 신어】 <2024년 빈도: 1>

다차원^피로도^척도(多次元疲勞度尺度)

한^한^한 『의학』 〔보건 · 의학〕 피로를 단일 차원에서 측정하지 않고, 신체적, 정신적, 정서적 측면 등 여러 영역으로 나누어 평가하여 종합적으로 분석하기 위해 고안된 측정 도구. ¶시험 참가자들을 대상으로 한 분석에서 **다차원 피로도 척도를** 활용한 수치가 유의미하게 개선되어, 피로를 줄이는 효과가 입증되었다고 전했다. 【2023년 9월 신어】 <2024년 빈도: 0>

대디^핏(<영>daddy fit)

영^영 『복식』 〔의생활〕 아버지의 옷을 입은 것처럼 크게 입는 옷. 또는 그런 옷차림. ¶해당 코트는 전체적으로 오버사이즈 실루엣을 강조한 **대디 핏으로,** 마치 아버지의 옷을 빌려 입은 듯한 여유로운 느낌을 준다.

【2023년 12월 신어】 <2024년 빈도: 1>

댈토(댈←Toto)

한+영 「명」〔경제생활〕 '대리 토토'를 줄여 이르는 말로, 불법 사설 스포츠 도박에서 배팅을 대신해 주는 행위를 가리킨다. 불법성과 사기 위험이 높아 사회적으로 문제가 되는 행위이다. ¶ 이른바 **댈토라** 불리는 불법 사설 토토 대리 배팅도 청소년 도박 범죄를 부추기는 요인이라고 한다. 【2023년 11월 신어】 <2024년 빈도: 1>

댕쪽이

고+고 「명」〔동식물〕 강아지를 뜻하는 '댕댕이'와 '금쪽이'가 결합한 말로, 문제 행동을 보이는 반려견을 이르는 말. ¶ 최근 유튜브에서는 **댕쪽이들의** 문제 행동을 교정해 주는 영상이 인기를 얻고 있다. 【2024년 5월 신어】 <2024년 빈도: 4>

댕플루언서(댕<영>←influencer)

고+영 「명」〔인간〕 강아지를 뜻하는 '댕댕이'와 '인플루언서(influencer)'가 결합한 말로, 반려견 중심의 활동으로 많은 대중에게 영향력을 미치는 사람. ¶ 시청에서는 지역 내 등록된 반려견을 대상으로 **댕플루언서를** 뽑아 활동을 지원할 예정이라고 밝혔다. 【2024년 3월 신어】 <2024년 빈도: 6>

도너-견(<영>donor犬)

영+한 「명」 〔동식물〕 생식세포 연구 또는 생식 보조 기술에 활용하기 위해 난자를 채취하는 데 사용되는 개. 주로 유전자 보존, 품종 개선 등의 목적으로 활용되며, 최근에는 죽은 반려견의 복제를 위한 난자 채취에도 이용되어 윤리적 논란을 일으키고 있다. ¶ 복제 과정에 사용된 **도너견은** 설령 안락사를 피하더라도 입양으로 새 보호자를 만나기는 쉽지 않다. 【2024년 1월 신어】 <2024년 빈도: 3>

도장필(塗粧<영>←film)

한+한+영 「명」 〔주생활〕 '도배, 장판, 필름'을 아울러 이르는 말. 인테리어 공사에서 전체 리모델링을 진행하지 않고 기본적인 시공만 하는 것을 이르는 말이다. ¶ 이 업체는 최근 인테리어 비용이 치솟으면서 **도장필만** 하겠다는 고객이 많아졌다고 전했다. 【2024년 4월 신어】 <2024년 빈도: 2>

도파밍(<영>▼←dopamine farming)

영+영 「명」 〔삶〕 사람들이 흥분과 쾌락을 주는 경험을 적극적으로 찾아다니는 현상. 흥분 전달에 관여하는 신경 전달 물질인 '도파민'과 게임에서 아이템을 모으는 일을 뜻하는 '파밍'을 결합하여 만든 말이다. ¶ 스마트폰 과소비 국가인 대한민국에서 특히 아동과 청소년들은 **도파밍의** 위험에 고스란히 노출되어 있습니다. 【2023년 10월 신어】 <2024년 빈도: 43>

동탄^룩(東灘<영>look)

한^영 『복식』 〔의생활〕 동탄 신도시에 거주하는 젊고 세련된 기혼 여성이 입을 법한 타이트한 원피스 패션을 가리키는 말. =동탄 미시 룩. ¶ 최근 유행어로 자리 잡은 **동탄 룩은** 몸에 밀착되는 원피스 스타일을 가리키며, 초기에는 '신도시 미시룩'으로 불렸다. 【2023년 12월 신어】 <2024년 빈도: 13>

동탄^미시^룩(東灘<영>missy look)

한^영^영 『복식』 〔의생활〕 동탄 신도시에 거주하는 젊고 세련된 기혼 여성이 입을 법한 타이트한 원피스 패션을 가리키는 말. =동탄 룩. ¶ 타이트한 원피스 형태의 **동탄 미시 룩은** 우아하면서도 과감한 매력을 드러내며, 쇼핑몰에서 인기를 끌고 있다. 【2023년 12월 신어】 <2024년 빈도: 1>

디토^사회(<영>ditto社會)

영^한 『사회 일반』 〔사회생활〕 고민하는 시간을 절약하기 위해, 유명인이나 유튜브 등을 따라서 의사 결정을 하는 사회. ¶ 내 생각이나 판단에 따라 결정을 하기보다 인플루언서들을 따라서 행동을 하는 **디토 사회로** 변하고 있다. 【2024년 1월 신어】 <2024년 빈도: 0>

디토^소비(<영>ditto消費)

영^한『경제』〔경제생활〕고민하는 시간을 절약하기 위해, 유명인이나 유튜브 등을 따라서 하는 소비. 자신과 라이프 스타일, 취향, 철학 등이 비슷하다고 판단한 경우 그 사람의 선택을 따라가는 경우가 많다. ¶ 유명인을 따라 상품을 구매하는 **디토 소비** 현상 속에서 스타들의 행동 하나하나가 시장에 큰 영향을 미치고 있다.【2023년 10월 신어】<2024년 빈도: 37>

디토-하다(<영>ditto하다)

영+고「동」〔삶〕유명인의 행동을 따라하거나, 그들이 사용하는 제품을 따라서 구매하다. ¶ **디토하고** 싶게 만드는 무언가가 있다면 그것이 우상이 아니더라도 디토의 대상이 된다.【2024년 2월 신어】<2024년 빈도: 0>

딩콰드(<영>DINKWAD)

영「명」『사회 일반』〔인간〕일부러 자식을 낳지 않고 맞벌이를 하며 반려견과 함께 풍족하게 지내는 부부. 또는 그런 무리. ¶ 요즘은 자녀 없이 부부가 맞벌이를 하면서 반려견만 키우는 **딩콰드들이** 늘고 있다.【double income no kids with a dog】【2023년 11월 신어】<2024년 빈도: 4>

ㄹ

러키-비키(<영>▼lucky Vicky)

영+영 「명」〔인간〕 불리한 상황까지 긍정적으로 해석하는 태도로, 초긍정적 사고방식을 표현하는 말. ¶ 다 먹으려고 하면 너무 많고 덜 먹기에는 부족한데, 마침 물이 반만 남아 있다니, 이게 바로 **러키비키지.** 【2024년 5월 신어】 <2024년 빈도: 0>

리퀴드폴리탄(<영>▼liquid←metropolitan)

영+영 「명」〔사회생활〕 사람과 문화의 이동 및 교류를 통해 액체처럼 유연하게 연결되고 변화하며 다핵적으로 발전하는 현대의 도시 형태. 또는 그러한 현상. ¶ 뉴욕은 정착 인구보다 유동 인구가 많고, 사람과 문화의 이동 및 교류가 활발하여, **리퀴드폴리탄이라** 불린다. 【2023년 10월 신어】 <2024년 빈도: 4>

리파운더(<영>refounder)

영 「명」『경영』〔경제생활〕 초기 창업자의 업적을 넘어서는 변화를 이끌거나, 침체된 기업 경제를 재창업 수준의 혁신을 통해 다시 일으켜 세운 경영자를 이르는 말. ¶ 기존 창업자의 행보를 뛰어넘어 기업의 성장을 증폭시킬 **리파운더가** 기업의 중심축이다. 【2024년 1월 신어】 <2024년 빈도: 10>

말따행따(말따行따)

고+고+한+고 「명」 〔인간〕 '말 따로 행동 따로'를 줄여 이르는 말. 말과 행동이 서로 들어맞지 않는 태도를 비난할 때 쓰는 표현이다. ¶ 정부는 지역 시민과 한 약속을 어기고 **말따행따를** 하며 그들을 기만했다. 【2023년 10월 신어】 <2024년 빈도: 5>

맑-눈

고+고 「명」 〔인간〕 '맑은 눈'을 줄여 이르는 말로, 티 없이 깨끗하고 또렷한 눈을 이르는 말. ¶ 남주는 특유의 그렁그렁한 **맑눈으로** 팬심을 사로잡았다. 【2024년 5월 신어】 <2024년 빈도: 13>

맛그레이드(맛<영>←upgrade)

고+영 「명」 〔식생활〕 기존의 인기 제품에 맛을 추가하거나 변형하여 다양한 버전으로 확장하는 일. '맛'과 '업그레이드(upgrade)'를 결합하여 만든 말이다. ¶ 너무나도 더운 날씨에 떨어진 입맛을 되찾기 위해 **맛그레이드가** 된 요리를 먹어 볼 수 있는 경연 대회가 금일 열린다. 【2023년 7월 신어】 <2024년 빈도: 1>

맥마카세(麥<일>←omaka[御任]se)

한+일 「명」〔경제생활〕 편의점에서 맥주를 묶음으로 다양하게 할인하는 행사를 이르는 말. '맥주'와 '오마카세'를 결합하여 만든 말이다. ¶ 이번 달은 맥주 애호가들을 위해 취향에 맞게 맥주를 골라 구매할 수 있는 **맥마카세의** 콘셉트로 행사가 진행된다. 【2024년 6월 신어】 <2024년 빈도: 1>

맵도르핀(맵<영>←endorphin)

고+영 「명」〔인간〕 매운 음식을 먹었을 때 분비되는 엔도르핀으로 인해 느껴지는 즐거움을 이르는 말. '맵다'와 '엔도르핀(endorphin)'을 결합하여 만든 말이다. ¶ 엠제트 세대 사이에서 매운 음식을 즐기는 경향이 강해지면서, 매운맛에서 쾌감을 느끼는 **맵도르핀에** 중독되는 사람들이 늘어나고 있다. 【2024년 4월 신어】 <2024년 빈도: 2>

맵파민(맵<영>←dopamine)

고+영 「명」〔인간〕 매운 음식을 먹었을 때 분비되는 도파민으로 인해 느껴지는 즐거움을 이르는 말. '맵다'와 '도파민(dopamine)'을 결합하여 만든 말이다. ¶ **맵파민이** 터지는 매운 음식을 선호하는 사람들이 증가하면서 위염 환자도 늘어나고 있다. 【2024년 4월 신어】 <2024년 빈도: 4>

명언돌(名言<영>←idol)

한+영「명」〔문화〕방송 · 인터뷰 · 누리 소통망 서비스(SNS) 등에서 감동적이거나 삶에 울림을 주는 발언을 자주 남기는 아이돌을 이르는 말. '명언(名言)'과 '아이돌(idol)'을 결합하여 만든 말이다. ¶ 명언 제조기로 불리는 **명언돌이** 이번에도 울림 있는 한마디로 '밈(meme)'을 만들어 내며 큰 화제 되었다.【2023년 7월 신어】 <2024년 빈도: 1>

문-쿵(門쿵)

한+고「명」〔주생활〕현관문을 여닫을 때, 다른 집의 문과 서로 부딪혀 소리가 나는 일. ¶ 한 아파트에서는 현관문을 열면 맞은편 집 문과 부딪히는 이른바 **문쿵이** 발생해 주민들의 불편을 낳고 있다.【2024년 3월 신어】 <2024년 빈도: 1>

미드퀄(<영>midquel)

영「명」〔문화〕영화나 드라마 시리즈에서 전작의 중반부 시점을 배경으로 하여 제작된 속편을 일컫는 말. 중간을 뜻하는 '미드(mid)'와 후속편을 뜻하는 '시퀄(sequel)'을 결합하여 만든 말이다. ¶ 이번 작품은 전작의 세계관 속 빈틈을 메우며 새로운 사건을 펼쳐 내는 **미드퀄** 형식으로 선보인다.【←mid+sequel】【2023년 11월 신어】 <2024년 빈도: 5>

미식주의-자(美食主義者)

한+한 「명」 〔인간〕 음식 맛에 관심이 많고, 음식을 즐기고 탐구하는 것을 삶의 중요한 가치로 삼거나 이를 주장하는 사람. ¶ 당신이 풍미를 좇는 **미식주의자라면** 프랑스 파리 여행은 최고의 여행이 될 것이다. 【2023년 8월 신어】 <2024년 빈도: 1>

ㅂ

바이브세션(<영>vibecession)

영「명」『경제』〔경제생활〕 실제 경기 지표와 상관없이, 사회 전반에 불황 심리가 퍼져 체감 경기가 침체된 상태를 이르는 말. 분위기를 뜻하는 '바이브(vibe)'와 불황을 뜻하는 '리세션(recession)'이 결합한 말이다. ¶ 경제 지표와 국민 체감 경기 사이의 괴리가 커지면서 **바이브세션이** 벌어지고 있다는 우려의 목소리가 나오고 있다. 【←vibe+recession】【2024년 1월 신어】 <2024년 빈도: 7>

ㅂ

바이털-뽕(<영>vital<일>←hiropon)

영+일「명」〔인간〕 생명을 살려 냈을 때 의사로서 느끼는 강렬한 보람과 쾌감을 일컫는 말. 생명 유지에 필수적인 것을 뜻하는 '바이털(vital)'과 마약을 속되게 이르는 말인 '뽕'을 결합하여 만든 말이다. ¶ 한때 나는 **바이털뽕에** 취해 사람들을 살리겠다는 일념으로 이 분야에 지망했다. 【2024년 2월 신어】 <2024년 빈도: 2>

박스-깡(<영>box깡)

영+고「명」〔경제생활〕 물건을 박스 단위로 대량 구매한 뒤 이를 개봉하는 영상 콘텐츠. 또는 그러한 영상 콘텐츠를 업로드하는 행위. 구독자 수와 클릭 수를 쉽게 늘려 곧바로 수익을 얻는 현상을 '카드깡'에 빗대어 이르는 말이다. ¶박스 단위로 대량 구매한 후 상품을 하나씩 열어 보는 **박스깡이** 유행하면서, 이를 인증하는 후기가 적지 않게 나왔다. 【2023년 9월 신어】 <2024년 빈도: 1>

반려-책(伴侶冊)

한+한 「명」 〔삶〕 가족처럼 가까이 두고 오랫동안 함께 읽으며 정서적 의지나 즐거움을 얻는 책을 일컫는 말. ¶책방이 소비자들에게 소중한 순간을 선사하거나, 손님이 자신의 **반려책을** 발견하는 작은 계기가 된다면 그것만으로도 큰 기쁨일 것이다. 【2023년 7월 신어】 <2024년 빈도: 2>

방탄 단식(防彈斷食)

한_한 「구」 〔정치와 행정〕 검찰의 소환 조사나 체포 등과 같은 사법적 압박을 피하거나 정치적 공격을 막기 위해 정치인이 단식 투쟁에 들어가는 것을 비유적으로 이르는 말. ¶검찰 수사를 피하기 위해 **방탄 단식에** 돌입했다는 주장에 대해 그는 강하게 부인했다. 【2023년 8월 신어】 <2024년 빈도: 12>

배터리^환경성^계수(<영>battery環境性係數)

영^한^한 『환경』 〔개념〕 전기 자동차 배터리의 재활용 가능성, 유해성 저감, 자원 순환성 등을 종합적으로 평가하여 수치로 나타낸 값. 전기차 보조금 지원 기준으로 활용된다. ¶올해부터 **배터리 환경성 계수가** 적용되어, 전기차 폐배터리의 재활용 가치가 보조금 산정에 반영된다.【2024년 2월 신어】 <2024년 빈도: 11>

버라이어티^가격^전략(<영>variety價格戰略>)

영^한^한『경제』〔경제생활〕 동일한 상품이나 서비스를 구매 시간, 장소 따위의 조건에 따라 다양한 가격으로 소비자에게 제공하는 판매 전략. 영화 조조할인, 수험생 할인, 온라인 몰의 할인 이벤트 등이 여기에 포함된다. ¶ ○ 소장은 가격 전략 역시 최저가 아니라 최적가가 있는 **버라이어티 가격 전략의** 시대가 도래했다고 설명했다.【2023년 10월 신어】 <2024년 빈도: 5>

범용^일반^인공^지능(汎用一般人工知能)

한^한^한^한『정보 · 통신』〔정보 · 기술〕 인간처럼 다양한 영역의 과제에 두루 적용할 수 있는 학습 · 추론 · 적응 능력을 갖춘 인공 지능. ¶ 인간을 능가하는 수준으로 진화한 **범용 일반 인공 지능의** 출현은 다양한 잠재적 위험을 불러일으키고 있다.【2023년 12월 신어】 <2024년 빈도: 2>

법맥 경화(法脈硬化)

한_한「구」〔정치와 행정〕 법안 처리가 막혀 입법이 원활히 이루어지지 못하는 상황을 '동맥 경화'에 빗대어 이르는 말. ¶ 법사위 권한 남용으로 빚어진 **법맥 경화** 논란이 새 국회에선 되풀이되지 않도록 제도 개선이

ㅂ

필요하다. 【2023년 9월 신어】 <2024년 빈도: 11>

벚꽃 개강(벚꽃開講)

고_한 「구」 〔교육〕 의료 파업이나 집단 휴학 등 사회적 · 정치적 갈등으로 인해 3월 개강이 지연되어, 벚꽃이 피는 4월에 강의가 시작하게 된 상황을 비유적으로 이르는 말. ¶ 대학들은 **벚꽃 개강** 시점 전까지 사태가 정리되면, 계절 학기를 활용해 수업 일수를 채우겠다는 입장이다. 【2024년 월3 신어】 <2024년 빈도: 1>

보더리스-족(<영>borderless族)

영+한 「명」 『사회 일반』 〔인간〕 국경이나 문화적 경계 의식을 크게 느끼지 않고, 해외 콘텐츠 · 관광 등을 자유롭게 소비하며 생활하는 사람. 또는 그런 무리. ¶ 이들은 국경 의식이 옅은 **보더리스족으로**, 온라인으로 접한 한국 콘텐츠를 실제 현지에서 체험하려는 욕구가 크다. 【2023년 7월 신어】 <2024년 빈도: 1>

봄 자살(봄自殺)

고_한 「구」 〔삶〕 다른 계절에 비해 봄철 자살률이 유의미하게 증가하는 현상. ¶ 외부 활동이 늘어나는 봄철에 심각해지는 미세 먼지와 황사에 자주 노출되는 것은 **봄 자살의** 주요 요인 가운데 하나이다. 【2024년 6월 신어】 <2024년 빈도: 4>

북켓팅(<영>▼←bookclub ticketing)

영+영「명」〔삶〕 출판사가 운영하는 유료 멤버십이나 한정 도서 구매 등에 많은 사람이 한꺼번에 몰려 치열한 경쟁을 벌이는 일을 이르는 말. '북 클럽(book club)'과 '티켓팅(ticketing)'을 결합하여 만든 말이다. ¶ **북켓팅에** 번번이 실패한 독자들이 온라인을 중심으로 아쉬움을 토로하고 있다. 【2024년 4월 신어】 <2024년 빈도: 1>

분유로이드(粉乳<영>←steroid)

한+영「명」〔삶〕 어린 자녀를 둔 가장이 경제적 책임을 다하기 위해, 성과급이나 계약 체결 등에 평소 이상으로 강한 의욕과 에너지를 드러내는 모습을 약물에 빗대어 이르는 말. ¶ 10개월 된 딸을 둔 ○○○ 선수는 최근 스테로이드를 맞은 것처럼 월등한 실력을 보여 주면서 **분유로이드라는** 별명을 얻었다. 【2023년 12월 신어】 <2024년 빈도: 1>

분초^사회(分秒社會)

한^한『사회 일반』〔사회생활〕 시간이 중요한 자원으로 인식되어, 분초 단위까지 효율성과 가성비를 따지는 특성이 두드러진 사회. 현대인의 생활 양식과 가치관을 설명하는 개념 가운데 하나이다. ¶ 다가오는 2024년은 **분초 사회로**, 시간의 가치가 더욱 강조되며 분과 초 단위까지 계산하는 생활 양식이 확산될 것으로 보인다. ¶ 【2023년 10월 신어】 <2024년 빈도: 37>

불꽃-주(불꽃株)

고+한「명」〔경제생활〕 주가가 단기간에 급등락을 반복하며 불꽃이 튀듯 화려하지만 불안정한 흐름을 보이는 주식. 주로 이차 전지, 바이오 등 투기적 수요가 집중되는 종목을 말한다. ¶ **불꽃주라** 불리는 이차 전지 주식이 앞으로도 강세를 이어가며 뜨겁게 불타오를지가 투자자들의 최대 관심사로 떠오르고 있다.【2023년 7월 신어】 <2024년 빈도: 1>

브래키톨로지(<영>bracketology)

영「명」〔삶〕 경기 결과와 승패를 분석하고 전망하는 활동을 가리키는 말. 대진표를 뜻하는 '브래킷(bracket)'과 학문을 뜻하는 접미사 '올로지(ology)'를 결합하여 만든 말이다. ¶ 미국 대학 스포츠 협회의 대학 농구의 우승 팀을 예측하는 게임인 **브래키톨로지는** 미국 대통령들까지도 참여할 정도로 인기이다.【2024년 3월 신어】 <2024년 빈도: 1>

브러싱캠(<영>▼brushing←scam)

영+영「명」〔경제생활〕 온라인 쇼핑몰에서 판매 실적과 상품 후기를 조작하기 위해 실제 주문과 상관없이 무작위로 소비자에게 물건을 발송하는 행위. ¶ 쇼핑몰의 판매 실적을 늘리기 위해 수취인 불명의 택배를 부치는 **브러싱캠이** 늘어나고 있다.【2023년 7월 신어】 <2024년 빈도: 1>

블랙^키워드(<영>black key word)

영^영 『정보 · 통신』 〔정보 · 기술〕 검색 엔진에서 검색어 노출이 제한되는 키워드를 이르는 말. 주로 네이버 등과 같은 검색 플랫폼에서 정책적으로 차단하거나 제한하는 키워드를 의미하며, 해당 키워드를 사용할 경우 블로그의 품질 저하를 유발할 수 있다. ¶ **블랙 키워드를** 사용한 광고 중 가장 문제가 되는 것은 제도권 금융 회사나 유명인을 사칭해서 만든 광고이다. 【2024년 4월 신어】 <2024년 빈도: 17>

ㅂ

블로케트(<영>bloquette)

영 「명」 『복식』 〔의생활〕 남성용과 여성용 패션 아이템을 함께 매치하여 새로운 조화를 이루게 한 모양새. 또는 그런 옷차림. 발레와 축구 등 상반된 영역의 아이템을 결합하는 데서 시작하였다. ¶ **블로케트는** 처음 블록코어와 발레코어의 혼합에서 시작되어, 현재 남성적 이미지와 여성적 이미지의 조화를 통해 자연스럽게 어우러지고 있다. 【←bloke+coquette】 【2023년 10월 신어】 <2024년 빈도: 4>

비둘기^룩(비둘기<영>look)

고^영 『복식』 〔의생활〕 비둘기의 깃털을 연상시키는 회색 계열의 옷차림. ¶ 회색 상의와 회색 하의를 매치하는 일명 **비둘기 룩이** 최근 트렌드로 나타났다. 【2023년 7월 신어】 <2024년 빈도: 4>

비디오^언어^모델(<영>video言語<영>model)

영^한^영 『정보 · 통신』 〔정보 · 기술〕 영상을 자연어로 해석하거나 생성할 수 있도록 설계된 인공 지능 모델. 영상 데이터를 입력받아 텍스트로 기술하거나, 언어적 질문을 통해 영상 정보를 처리 및 이해하는 데 활용된다. ¶ **비디오 언어 모델은** 영상을 텍스트로 전환해 사람과 인공 지능 간의 이해를 돕는 핵심 기술로 주목받고 있다. 【2023년 7월 신어】 <2024년 빈도: 2>

비명-횡사(非明橫死)

한+한 「명」 〔정치와 행정〕 이재명 계열 인사가 아닌 사람이 공천이나 선거와 같은 과정에서 불리한 처우를 받거나 배제되는 상황을 고사성어 '비명횡사(非命橫死)'에 빗대어 이르는 말. 차별 및 비하하는 의미가 포함되어 있으므로 사용에 주의가 필요하다. ¶ 선거에 출마하는 것이 부적절한 것이 아니냐는 비판을 두고 친명횡재냐 **비명횡사냐** 하는 말이 나오고 있다. 【2024년 1월 신어】 <2024년 빈도: 3+>

비전^언어^모델(<영>vision言語<영>model)

영^한^영 『정보 · 통신』 〔정보 · 기술〕 이미지나 영상 등 시각 정보를 언어와 결합하여 해석 · 생성할 수 있도록 설계된 인공 지능 모델. 시각 데이터를 이해하고 이를 텍스트와 연계해 처리하는 데 활용된다. ¶ **비전 언어 모델은** 시각 정보를 언어로 해석해 이미지와 텍스트를 연결하고 멀티

모달을 가능하게 한다.【2023년 9월 신어】 <2024년 빈도: 2>

비전^파운데이션^모델(<영>vision foundation model)

영^영^영 『정보 · 통신』〔정보 · 기술〕 대규모 시각 데이터를 학습하여 범용적인 시각 이해 능력을 갖춘 인공 지능 모델. 다양한 이미지 분석이나 멀티모달 작업의 기반이 되는 모델을 이른다. ¶ **비전 파운데이션 모델은** 범용적인 시각 이해 능력을 토대로 여러 응용 분야에서 맞춤형 모델 개발을 가능하게 한다.【2023년 8월 신어】 <2024년 빈도: 6>

비조지민(比曺地民)

한+한+한+한 「명」〔정치와 행정〕 '비례 대표 선거에서는 조국혁신당에, 지역구 선거에서는 더불어민주당에 투표'를 뜻하는 말. 2024년 4월 10일에 실시된 대한민국 제22대 국회 의원 선거에서 나온 표현이다. ¶ 그는 진영을 넓혔으니 이제는 **비조지민** 전략만이 국민이 나아갈 수 있는 최선의 길이라고 말했다.【2024년 3월 신어】 <2024년 빈도: 17>

비지상^통신망(非地上通信網)

한^한 『정보 · 통신』〔정보 · 기술〕 위성, 드론, 고고도 플랫폼(HAPS) 등 지상 기지국이 아닌 수단을 활용하여 통신 서비스를 제공하는 시스템. ¶ **비지상 통신망은** 위성과 드론 등을 활용해 지상 인프라가 부족한 지역에서도 안정적인 연결을 제공한다.【2024년 1월 신어】 <2024년 빈도: 4>

비추-템(非推<영>←item)

한+영 「명」 〔경제생활〕 품질이나 가격 대비 만족도가 낮아 구입을 권하지 않는 상품을 이르는 말. 비추천을 뜻하는 '비추(非推)'와 '아이템(item)'을 결합하여 만든 말이다. ¶ 소비자들 사이에서 품질 대비 가격이 지나치게 높다는 이유로 해당 제품은 **비추템으로** 불리고 있다. 【2024년 4월 신어】 <2024년 빈도: 1>

비침습^연속^혈당^진단기(非侵襲連續血糖診斷機)

한^한^한^한 『의학』 〔보건 · 의학〕 피부를 관통하거나 채혈하지 않고 물리적 신호를 이용해 실시간으로 혈당 변화를 관찰하여 환자의 질환 상태를 판단하는 데 사용하는 기계. 주로 당뇨 등의 대사성 질환을 상시 진단 및 모니터링하기 위해 활용된다. ¶ 연구소는 당뇨 및 혈압 예측 정확도를 최대한 높이기 위하여 **비침습 연속 혈당 진단기를** 개발할 계획이다. 【2024년 8월 신어】 <2024년 빈도: 1>

빅^헬퍼(<영>big helper)

영^영 『사회 일반』 〔사회생활〕 개인의 정보를 활용하여 공익적 지원과 편의를 제공하는 존재. 또는 그러한 사회 체제. ¶ 정부는 국민의 데이터를 감시가 아닌 지원에 활용하며, 빅 브라더가 아닌 진정한 **빅 헬퍼로** 자리매김하겠다는 입장을 밝혔다. 【2023년 11월 신어】 <2024년 빈도: 1>

빈대믹(빈대<영>←pandemic)

고+영「명」〔사회생활〕 빈대가 특정 지역이나 국가를 넘어 광범위하게 확산하여 사회적 불안과 피해를 일으키는 현상을, 감염병의 확산을 뜻하는 '팬데믹(pandemic)'에 빗대어 이르는 말. ¶ 전국적으로 빈대 확산에 대한 공포가 커지면서 **빈대믹이라는** 말까지 나오고 있습니다.【2023년 11월 신어】 <2024년 빈도: 14>

ㅂ

빗-무원(←Bithumb務員)

영+한「명」〔경제생활〕 가상 자산 거래소 '빗썸'에서 출석 체크나 단순 활동만으로 보상을 받는 사용자를, 별다른 노력 없이 안정적으로 수익을 얻는다는 점에서 공무원에 빗대어 이르는 말. 이러한 표현은 주로 온라인 커뮤니티에서 투자 행위보다는 보상 중심의 구조를 풍자하고 조롱하는 의미로 사용된다. 차별 및 비하하는 의미가 포함되어 있으므로 사용에 주의가 필요하다. ¶ 암호 화폐 커뮤니티에서는 매일 출석 체크만으로 혜택을 받는 정책을 두고 **빗무원이라는** 조롱과 함께, 사용자의 무분별한 참여 유도로 이어진다는 비판도 제기되고 있다.【2024년 2월 신어】 <2024년 빈도: 1>

빗살^모공(빗살毛孔)

고^한『의학』〔보건 · 의학〕 피부 탄력 저하로 확장된 모공이 세로로 처져 여러 모공이 연결되어 빗살 모양의 주름처럼 보이는 상태. 주로 피부

노화의 징후로 나타난다. ¶ **빗살 모공은** 피부 탄력이 떨어지며 모공이 세로 방향으로 늘어난 뒤 서로 이어져 잔주름처럼 보이는 현상으로, 노화의 초기 신호로 간주된다. 【2024년 1월 신어】 <2024년 빈도: 2>

빨벌튀

고+고+고 「명」 〔경제생활〕 '빨리 벌고 이 나라를 튄다'를 줄여 이르는 말로, 한국 사회의 노동 환경과 제도적 한계 속에서 젊은 전문직 종사자들이 단기간에 소득을 올린 뒤 해외로 떠나려는 태도를 풍자적으로 이르는 말. ¶ 요즘 젊은 의사들 사이에서는 높은 노동 강도와 낮은 보상이 반복되면서 **빨벌튀라는** 표현이 유행하고 있다. 【2024년 3월 신어】 <2024년 빈도: 1>

빵^서기관(빵書記官)

고^한 『행정』 〔정치와 행정〕 빵의 가격을 관리하는 담당자. 물가 체감도가 높은 빵, 우유, 과자, 커피, 라면, 아이스크림, 설탕, 식용유, 밀가루 등 9개 품목을 집중 관리 대상으로 선정하고, 서기관이나 사무관급 담당자를 지정한데서 온 말이다. ¶ 정부가 **빵 서기관을** 지정하여 빵 가격을 잡겠다고 하였으나 널뛰는 물가를 잡기에는 역부족이라는 지적이 나오고 있다. 【2023년 11월 신어】 <2024년 빈도: 18>

뼈말라-약(뼈말라藥)

고+한「명」〔보건 · 의학〕 뼈가 드러나 보일 정도의 마른 체형이 되기 위해 사용되는 불법 다이어트 보조제. ¶ 미성년자를 대상으로 하여 **뼈말라약으로** 불리는 다이어트 보조제가 중고 거래 사이트에서 불법적으로 판매되고 있다.【2024년 6월 신어】 <2024년 빈도: 2>

ㅂ

ㅅ

사탐 런(社探<영>run)

한_영 「구」 〔교육〕 자연계 학생들이 과학 탐구 영역 대신 사회 탐구 영역을 응시하기 위해 몰리는 현상. 사회 탐구 영역보다는 과학 탐구 영역으로 수능 최저 학력 기준을 충족하는 것이 어렵다는 인식에서 비롯되었다. ¶ 올해 대부분 대학이 자연 계열 필수 과목을 폐지하면서 이과생의 **사탐 런** 현상도 심해질 전망입니다. 【2024년 4월 신어】 <2024년 빈도: 1>

사포-당(四抛黨)

한+한 「명」 〔정치와 행정〕 '사십 대를 포기한 정당'을 줄여 이르는 말. 40대 유권자층의 지지를 받지 못하는 정당을 이르는 말이다. ¶ 이번 총선 참패의 원인을 철저하게 분석하여 **사포당의** 한계를 벗고, 세대 차원에서도 제대로 된 전략을 보여 줘야 한다. 【2024년 4월 신어】 <2024년 빈도: 18>

사회^누리^소통망(社會누리疏通網)

한^고^한 『매체』 〔사회생활〕 인터넷상에서 타인들과의 인적 관계망을 구축하고 정보를 관리할 수 있도록 도와주는 서비스. ¶ 이번 박람회에서는 **사회 누리 소통망을** 활용한 홍보 행사를 통해 자체 제작한 소정의 기념품도 증정할 계획이다. 【2023년 9월 신어】 <2024년 빈도: 1>

삼쏘공(三쏘공)

한+고+고 「명」 〔경제생활〕 '삼성이 쏘아 올린 공'을 줄여 이르는 말. 삼성 그룹의 미래 사업과 관련하여 상승세를 타는 주식 종목을 의미한다. ¶ 투자자들이 **삼쏘공의** 수혜 업종을 찾기 시작하면서 인공 지능 및 로봇, 자율 주행 등 관련주들의 주가가 큰 폭으로 상승하였다. 【2023년 11월 신어】 <2024년 빈도: 1>

삼오더(三오더)

한+고+고 「명」 〔경제생활〕 '삼성 전자의 주가만 오르는 더러운 세상'을 줄여 이르는 말. 삼성 전자의 주식은 상승하지만, 코스피나 다른 주식의 상황은 좋지 않음을 의미한다. ¶ 외국인 투자자의 순매수가 많아지면서 삼성 전자의 주식 가격만 상승하자 주식 시장에서는 **삼오더라는** 말이 나오고 있다. 【2024년 4월 신어】 <2024년 빈도: 1>

상세오(←Shanghai[上海]←Seoul←Oosaka[大阪])

중+영+일 「명」 〔경제생활〕 중국, 한국, 일본이 중심이 된 동북아시아의 경제권을 가리키는 말. 3개 나라의 주요 도시인 상하이, 서울, 오사카의 영문 앞 글자를 따서 만든 말이다. ¶ 중국, 한국, 일본 3국의 수도인 베이징, 서울, 도쿄를 잇는 베세토 노선과 같이 3국의 경제 중심지인 상하이-서울-오사카를 잇는 **상세오** 비즈니스 셔틀 노선이 국가 간 교류 활성화의 매개 역할을 담당할 것이다. 【2023년 10월 신어】 <2024년 빈도: 2>

상세오 노선(←Shanghai[上海]←Seoul←Oosaka[大阪]路線)

(중+영+일)_한 「구」 〔사회생활〕 동북아시아 일일생활권 확충을 위하여 중국 상하이와 한국 서울, 일본 오사카를 잇는 항공 노선을 이르는 말. =상세오 라인. ¶ ○ 사장은 2025년 오사카 엑스포에 맞춰 **상세오 노선** 활성화에 심혈을 기울이고 있다.【2023년 10월 신어】 <2024년 빈도: 0>

상세오 라인(←Shanghai[上海]←Seoul←Oosaka[大阪]<영>line)

(중+영+일)_영 「구」 〔사회생활〕 동북아시아 일일생활권 확충을 위하여 중국 상하이와 한국 서울, 일본 오사카를 잇는 항공 노선을 이르는 말. =상세오 노선. ¶ 한국 공항 공사는 중국, 한국, 일본 3국의 수도인 베이징-서울-도쿄를 연결하는 기존의 베세토 라인에서 한발 더 나가, 최근 여객이 크게 늘고 있는 상하이, 서울, 오사카를 잇는 **상세오 라인** 구축에 힘을 쏟고 있다.【2023년 10월 신어】 <2024년 빈도: 0>

상업^지역^총량제(商業地域總量制)

한^한^한 『법률』 〔경제생활〕 지역별 상업 지역의 지정 가능성을 예측하기 위하여, 2030년까지 지역별로 총량을 정하고 해당 범위 내에서 상업 지역을 지정하는 제도. ¶ 상대적으로 개발 속도가 더뎠던 지역에 경제적인 활력을 불어넣기 위하여 시는 **상업 지역 총량제를** 해제하는 등의 파격적인 규제 완화에 나서고 있다.【2024년 3월 신어】 <2024년 빈도: 40>

생-재수(生再修)

한+한「명」〔교육〕 대학 입학을 위한 정시 원서를 쓰지 않고, 바로 재수를 준비하는 일. ¶ 당장 올해 대입부터 대학교 입학을 위한 최종 등록을 포기하고 바로 재수에 돌입하는 수험생이 증가할 것이라는 분석이 있는 반면 수험생들이 **생재수의** 위험을 감수하기보다는 대학교에 등록한 후 반수를 택할 것이라는 분석이 엇갈렸다.【2024년 1월 신어】 <2024년 빈도: 3>

서오남(서五男)

고+한+한「명」〔인간〕 '서울 오피스텔에 거주하는 남자'를 줄여 이르는 말. ¶ 일인 가구의 급증으로 서울 오피스텔의 월세가 역대 최고 수준을 기록함에 따라 **서오남의** 월세 부담이 증가하고 있다.【2024년 3월 신어】 <2024년 빈도: 3+>

서오녀01(서五女)

고+한+한「명」〔인간〕 '서울대 출신의 오십 대 여자'를 줄여 이르는 말. ¶ 이번 인사이동에서 승진 발령을 통해 보직이 변경된 ○ 차장과 ○ 원장의 공통점은 **서오녀라는** 점이다.【2023년 12월 신어】 <2024년 빈도: 1>

서오녀02(서<영>▼←office hotel女)

고+영+한「명」〔인간〕'서울 오피스텔에 거주하는 여자'를 줄여 이르는 말. ¶ 서울 오피스텔의 월세가 급등함에 따라 과도한 월세의 부담 때문에 월급이 통장을 스쳐 지나가는 **서오녀의** 수가 증가하고 있다.【2024년 3월 신어】<2024년 빈도: 1>

서이초^특별법(瑞二初特別法)

한^한『법률』〔정치와 행정〕교권 보호와 교육 환경 개선을 목표로 2024년에 발의된 입법안. 교사의 본질적 업무 법제화, 정서적 아동 학대 요건 구체화, 학교 민원 대응 시스템 법제화, 학생 분리 지도 법제화, 학교 폭력 근절 및 학교 폭력 예방 및 대책에 관한 법률 개정을 포함하고 있다. ¶ ○ 대표는 아이들에게 행복한 교실을 돌려주고, 무너져 가는 공교육을 회복하기 위하여 **서이초 특별법을** 발표한다고 밝혔다.【2024년 3월 신어】<2024년 빈도: 3>

선금^특례제(先金特例制)

한^한『행정』〔정치와 행정〕원자력 발전소 기자재 기업의 자금난 해결을 위하여, 울진 신한울 3 · 4호기의 보조 기기 제작에 참여하는 업체에게 계약금의 최대 30%를 선금으로 지급하는 제도. ¶ 특히 담보 한도가 소진되어 시중 은행의 금융 지원 혜택을 받기 힘든 중소 기업들에게 착수금 성격의 **선금 특례제는** 가뭄에 단비와도 같은 역할을 하게 될 것으로 보인다.

【2023년 12월 신어】 <2024년 빈도: 3>

선납-후검(先納後檢)

한+한 「명」 〔정치와 행정〕 '선 납품 후 검사'를 줄여 이르는 말. 긴급 소요나 국가 재난이 발생했을 경우 군수품을 먼저 납품받고 이후에 품질 검사를 받게 하는 제도를 말한다. ¶ 감사원은 방탄 헬멧의 구매 과정에서 군이 **선납후검의** 요건에 해당되지 않음에도 불구하고 이를 승인하고 품질 검사의 결과까지 허위로 기록한 사실을 적발했다. 【2023년 8월 신어】 <2024년 빈도: 6>

선원^구하라법(船員具하라法)

한^(한+고+한) 『법률』 〔정치와 행정〕 선원이 조업 중에 사망하여 장례를 치르는 경우, 실제로 장례를 치른 유족에게 장례비를 지급하도록 규정한 법률. 정식 명칭은 '선원법 · 어선원 및 어선 재해 보상 보험법'이다. ¶ **선원 구하라법이** 통과되면 선원뿐만 아니라 모든 분야에서 어린 자녀를 버리고 도망갔다가 그 자녀의 사망 후에 갑자기 등장하여 보험금 및 합의금, 재산 등을 모두 가져가는 비인간적인 행위들이 줄어들 것이라고 기대하고 있다. 【2023년 8월 신어】 <2024년 빈도: 5>

세계-뽕(世界<일>←hiropon)

한+일 「명」 〔인간〕 세계를 하나로 묶는 사회 문화적 경험을 했을 때의 감정을 과장하여 속되게 이르는 말. ¶ 올림픽 개막식에서 각국 선수들이 손을 잡고 입장하자 시청자들 사이에서 **세계뽕이** 차올랐다는 반응이 나왔다. 【2024년 5월 신어】 <2024년 빈도: 2>

세월호^참사^지원법(歲月號慘事支援法)

한^한^한 『법률』 〔정치와 행정〕 2014년 4월 16일의 세월호 참사로 피해를 입은 피해자 및 그 유족을 지원할 목적으로 제정한 법률. 정식 명칭은 '4 · 16 세월호 참사 피해 구제 및 지원 등을 위한 특별법'이다. ¶ **세월호 참사 지원법은** 피해자들의 트라우마 등의 치유를 위한 의료 지원이 지난 4월 15일 중단된 것을 개선하기 위한 것이다. 【2024년 5월 신어】 <2024년 빈도: 1>

세종^법원법(世宗法院法)

한^한 『법률』 〔정치와 행정〕 세종시에 지방 법원과 행정 법원을 만드는 데 필요한 내용을 담고 있는 법률. 정식 명칭은 '법원 설치법 개정안'이다. =세종 지법 설치법. ¶ **세종 법원법의** 경우 그 필요성은 두루 인정받았지만, 아직 통과하지 못하고 계류 중이다. 【2024년 5월 신어】 <2024년 빈도: 1>

세종^지법^설치법(世宗地法設置法)

한^한^한 『법률』 〔정치와 행정〕 세종시에 지방 법원과 행정 법원을 만드는 데 필요한 내용을 담고 있는 법률. 정식 명칭은 '법원 설치법 개정안'이다. =세종 법원법. ¶ **세종 지법 설치법이** 국회 본회의를 통과함으로써 세종 지방 법원의 건립을 위한 국비 확보의 당위성은 충분히 마련되었다는 분석이다.【2024년 5월 신어】 <2024년 빈도: 1>

센극기(<일>←chosenjin[朝鮮人]極旗)

일+한「명」〔사회생활〕태극기를 비하하여 이르는 말. 조선인을 뜻하는 일본어 '조센징'과 '태극기'를 결합하여 만든 말이다. 차별 및 비하하는 의미가 포함되어 있으므로 사용에 주의가 필요하다. ¶ 경찰은 "길가에 걸린 **센극기를** 불태우고 옴."이라는 게시물을 올린 작성자를 추적 중이다.【2023년 10월 신어】 <2024년 빈도: 1>

소득^이동^통계(所得移動統計)

한^한^한『사회 일반』〔경제생활〕대규모 표본을 대상으로 종단 형태의 데이터베이스를 구축하여, 개인 단위에서 소득의 종적 변화를 파악하는 데 사용되는 통계. 사회 이동성 개선과 취약 계층 지원 정책을 뒷받침하기 위해 개발한 것이다. ¶ 통계청장은 "**소득 이동 통계를** 통해 사회 이동성 현황과 원인을 분석하고 이를 토대로 범정부 차원의 정책 과제를 발굴할 수 있도록 지원할 예정"이라고 하였다.【2023년 9월 신어】 <2024년 빈도: 8>

소세-권(小勢圈)

한+한「명」〔주생활〕 인근에 소아과가 있어 의료 환경이 좋은 주거 지역. ¶ 동네 소아과가 점점 줄어들면서 소아과 예약이 힘들어지자 아이를 키우는 엄마들 사이에서는 **소세권이** 중요하다는 말이 나오고 있다.【2023년 10월 신어】 <2024년 빈도: 1>

숏^챗(<영>short chat)

영^영『매체』〔사회생활〕 짧게 편집해 올린 채팅 형식의 콘텐츠. ⇒규범 표기는 '쇼트 챗'이다. ¶ 이전 세대가 블로그나 인터넷 커뮤니티에 글과 사진 등을 장문으로 올렸다면, 제트 세대는 **숏 챗을** 활용하여 짧고 빠르게 일상의 콘텐츠를 공유하고 있다.【2024년 6월 신어】 <2024년 빈도: 3>

수포-당(首拋黨)

한+한+한「명」〔정치와 행정〕 '수도권을 포기한 정당'을 줄여 이르는 말. 수도권 지역 유권자층의 지지를 받지 못하는 정당을 이르는 말이다. ¶ 수도권 한 인사는 **수포당으로** 총선을 어떻게 이기겠다는 건지 모르겠다며 한숨을 쉬었다.【2023년 12월 신어】 <2024년 빈도: 34>

순금^챌린지(純金<영>challenge)

한^영『경제』〔경제생활〕 매일 돈을 조금씩 아껴 일정 금액이 모일 경우 소량의 금으로 전환하는 방식의 재테크 운동. 최근 금 가격이 상승함에 따라 청년층을 중심으로 인기를 끌고 있다. ¶ 온라인에선 한 달간 생활비를 아껴 남긴 돈으로 1~3g 내외의 작은 크기의 금으로 바꾸는 **순금 챌린지가** 인기다. 【2024년 4월 신어】 <2024년 빈도: 8>

순살 아파트(純살<영>←apartment)

(한+고)_영 「구」〔주생활〕 건설사가 아파트를 지을 때 공사 과정에서 철근 등 자재를 누락하여 부실 공사로 지어진 아파트. ¶ 신축 아파트의 지하 주차장이 철근 누락으로 인해 붕괴되어 **순살 아파트라는** 논란이 이는 가운데, 건설 노동자들의 임금 하한선을 법으로 정해야 한다는 전문가들의 의견이 나왔다. 【2023년 7월 신어】 <2024년 빈도: 27>

순환^경제^사회법(循環經濟社會法)

한^한^한 『법률』〔정치와 행정〕 폐기물의 순환 이용을 촉진하여 자원을 효율적으로 이용하고, 순환 경제 체계 구축이 지속 가능하도록 하는 것을 목적으로 제정한 법률. 정식 명칭은 '순환 경제 사회 전환 촉진법'이다. ¶ 지난해 겨울에 제정된 **순환 경제 사회법은** 제품의 생산 및 유통, 소비 과정에서 폐기물의 발생량을 줄이고 순환 이용을 촉진하기 위한 것이다. 【2023년 12월 신어】 <2024년 빈도: 5>

ㅅ

슈퍼에이징^시대(<영>superaging時代)

영^한 『사회 일반』〔사회생활〕 65세 이상의 사람들이 사회 활동에 적극적으로 참여하고 육체적, 정신적 건강을 유지하는 것을 중시하는 시대. ¶ ○○증권은 하반기 주식 전망 보고서에서 **슈퍼에이징 시대를** 맞이하여 이들을 위한 헬스케어 관련 주식 종목을 추천하였다.【2023년 11월 신어】 <2024년 빈도: 2>

스리가또(←Threads<일>←arigatou)

영+일「명」〔사회생활〕 소셜 네트워크 서비스 중 하나인 '스레드(Threads)'에서 '고맙다'는 의미로 쓰는 말. ¶ 이용자들 사이에서는 각종 신조어를 만드는 것이 놀이처럼 번지고 있는데, **'스리가또'와** '스하'는 인사말로 쓰이고 있다.【2023년 7월 신어】 <2024년 빈도: 1>

스위프톨로지(<영>Swiftology)

영「명」〔문화〕 미국의 유명한 가수인 테일러 스위프트의 팬덤, 음악 세계 및 기업가 정신 등과 관련된 현상을 분석하고 연구하는 학문. ¶ 스위프트 효과가 학문적인 연구 대상이 되면서, 명문대에서도 **스위프톨로지와** 관련된 강좌들을 개설하고 있다.【←Taylor Swift+-ology】【2024년 2월 신어】 <2024년 빈도: 1>

스카이-코럴(<영>▼sky coral)

영+영「명」〔개념〕 해가 질 무렵 하늘의 노을 빛깔과 같은 하얀빛을 띤 엷은 붉은색. ¶ ○○시는 다음 달부터 도시를 대표하는 색인 **스카이코럴도** 조명 쇼에 활용할 예정이다.【2023년 12월 신어】 <2024년 빈도: 5>

스키코어(<영>▼ski←normcore)

영+영「명」『복식』〔의생활〕 추운 날씨가 지속되면서, 스키장에서뿐만 아니라 일상생활에서도 입을 수 있는 스키웨어를 착용하는 패션 스타일. ¶ 정통 스키 스포츠 브랜드인 ○○가 올 겨울 트렌드인 **스키코어를** 반영하여 어떤 기상 조건에서도 적응할 수 있는 새로운 컬렉션을 출시했다.【2023년 11월 신어】 <2024년 빈도: 2>

스키코어^룩(<영>▼ski←normcore look)

영^영『복식』〔의생활〕 추운 날씨가 지속되면서, 스키장에서뿐만 아니라 일상생활에서도 입을 수 있는 스키웨어를 착용하는 옷차림. ¶ 본격적인 스키의 계절이 시작되면서 일상복과 스키복을 결합한 스타일인 **스키코어 룩이** 인기를 끌고 있다.【2023년 11월 신어】 <2024년 빈도: 2>

스킵래깅(<영>skiplagging)

영「명」〔사회생활〕 항공료를 절약하기 위해, 직항편 대신 경유편을 구매하여 최종 목적지가 아닌 경유지에서 하차하는 방식. ¶ 최근 미국의 대표 항공사가 항공권 판매 사이트를 고소하는 일이 발생하였는데, 이는 항공권 구매자들이 자주 이용하는 **스킵래깅을** 막기 위한 것으로, 그 결과에 이목이 집중되고 있다. 【2023년 8월 신어】 <2024년 빈도: 8>

스킵젠(<영>▼skip←generation)

영+영「명」〔인간〕 바쁜 부모 세대는 건너뛰고, 조부모와 손주가 여행, 공연 관람 등을 함께 하는 세대. ¶ 가족의 달을 맞아, ○○카드는 ○○투어와 협력하여, 조부모와 손주가 함께 떠나는 **스킵젠** 투어를 진행한다고 밝혔다. 【2024년 6월 신어】 <2024년 빈도: 1>

스트림플레이션(<영>streamflation)

영「명」『경제』〔경제생활〕 온라인 동영상 서비스에 대한 소비자의 의존도가 높아지자 온라인 동영상 서비스의 구독 가격이 상승하는 현상. ¶ 온라인 동영상 서비스를 제공하는 기업들이 잇달아 구독료를 인상하면서 **스트림플레이션이** 도래했다는 평가가 나오고 있다. 【←streaming+inflation】【2023년 8월 신어】 <2024년 빈도: 108>

스팔로미(←Threads<영>follow me)

영+영+영「명」〔사회생활〕 소셜 네트워크 서비스 중 하나인 스레드에서 친구 추가를 요청하는 말. ⇒규범 표기는 '스폴로미'이다. ¶ 이번 이벤트는 **스팔로미의** 목표 달성률에 따라 게임에서 사용할 수 있는 게임 아이템이 지급되며, 참가자들은 추첨을 통해 다양한 선물을 받을 수 있다. 【2023년 7월 신어】 <2024년 빈도: 1>

스팔완(←Threads<영>←follow完)

영+영+한「명」〔사회생활〕 '스레드 팔로우 완료'를 줄여 이르는 말. 소셜 네트워크 서비스 중 하나인 스레드에서 특정 이용자의 게시물을 지속적으로 볼 수 있도록 구독하는 것을 의미한다. ⇒규범 표기는 '스폴완'이다. ¶ 그는 지난주 집회 영상과 함께 스레드에 업로드된 집회 참여를 인증하는 글에 **'스팔완'으로** 답글을 달았다고 하였다. 【2023년 7월 신어】 <2024년 빈도: 1>

스패무플라주(<영>spamouflage)

영「명」〔사회생활〕 가짜 정보를 믿을 만한 정보처럼 만들어 온라인에 유포하는 것을 이르는 말. 광고성 온라인 게시물을 뜻하는 '스팸'과 위장 또는 속임수를 뜻하는 '카무플라주'를 결합하여 만든 말이다. ¶ 사이버 공간에서는 조작된 정보를 퍼트려 선거를 방해하는 일들이 늘고 있는데, 이러한 **스패무플라주는** 온라인상에서 거짓 정보를 유포하여 유권자들의 판단을 흐리게 하고 있다. 【←spam+camouflage】【2024년 4월 신어】 <2024년 빈도: 12>

스페이스덴티티(<영>▼space←identity)

영+영 「명」 〔인간〕 자신이 머무르는 공간을 통해서 드러나는 개인의 정체성. 공간을 뜻하는 '스페이스'와 정체성을 뜻하는 '아이덴티티'를 결합하여 만든 말이다. ¶ 자신이 꾸미거나 머무는 공간을 활용하여 취향과 개성을 드러내는 **스페이스덴티티가** 최근 주목을 받게 되면서 주거 공간의 모습이 변화하고 있다. 【2023년 11월 신어】 <2024년 빈도: 1>

슬로 에이징족(<영>slow aging族)

영_(영+한) 「구」 〔인간〕 노화를 늦추기 위하여 노화가 시작되기 전부터 건강과 외모 등을 관리하는 사람. 또는 그런 무리. ¶ 국내의 뷰티 시장 규모는 급성장하고 있으며, 피부가 좋을 때부터 미리 관리하여 노화를 늦추려고 하는 **슬로 에이징족까지** 소비자층 또한 다양해지고 있다. 【2023년 9월 신어】 <2024년 빈도: 1>

슬림 다이닝(<영>▼slim dining)

영_영 「구」 〔식생활〕 편의점, 밀키트, 배달 음식 등을 통해 빠르고 간편하게 준비한 식사. ¶ 60대를 포함한 전 연령층에서 반찬을 사 먹는 등 효율적인 방식을 택하며 여가와 휴식 시간을 위한 **슬림 다이닝을** 추구하고 있다. 【2024년 6월 신어】 <2024년 빈도: 1>

슬직생(슬職生)

고+한+한 「명」 〔사회생활〕 '슬기로운 직장 생활'을 줄여 이르는 말. 직장 내에서 지혜롭고 현명하게 업무와 인간관계를 조화롭게 유지하는 생활 태도를 이른다. ¶ 이 책에서는 **슬직생을** 위한 업무 글쓰기의 핵심 및 보고서 작성 요령 등을 제시하고 있다. 【2023년 11월 신어】 <2024년 빈도: 4>

시간^가중^평균^환율(時間加重平均換率)

한^한^한^한 『경제』 〔경제생활〕 환율 산출 시점의 직전 10분부터 매 10초 간격으로 체결된 환율의 가격을 평균하여 산출하는 환율. ¶ 다음 달부터는 환율 정보 제공이 달라지게 되는데, 현물환을 중개하는 회사는 오전 9시부터 다음날 오전 2시 사이에는 매시 정각, 오후 3시 반의 시점 환율과 **시간 가중 평균 환율을** 제공할 예정이다. 【2024년 6월 신어】 <2024년 빈도: 1>

식후-탕(食後<중>←tanghulu[糖葫芦])

한+중 「명」 〔식생활〕 밥을 먹은 직후에 탕후루를 먹는 일. 또는 그렇게 먹는 탕후루. ¶ 식후에 바로 과일을 먹으면 혈당을 급격하게 올려 당뇨의 위험이 높아지게 되며, 설탕을 바른 과일의 경우 그 위험이 더욱 높아지므로 **식후탕은** 경계해야 한다. 【2023년 9월 신어】 <2024년 빈도: 2>

ㅅ

신바벨^시대(新Babel時代)

(한+영)^한『사회 일반』〔사회생활〕 인공 지능 기반의 기계 번역 기술로 인해 동시 통번역이 가능한 시대. ¶ **신바벨 시대가** 본격화되면 모국어만 잘 알아도 다양한 정보와 지식에 접근하는 데 어려움이 없기 때문에 외국어 학습 수요가 감소할 가능성이 크다.【2023년 12월 신어】 <2024년 빈도: 2>

신스파이스 루트(新<영>spice route)

(한+영)_영「구」〔사회생활〕 미국이 구축할 예정인 인도와 중동, 유럽을 잇는 철도 및 해운 수송로. 중국의 신실크 로드 전략에 맞서기 위한 것이다. ¶ 육상 및 해상 실크로드와 **신스파이스 루트의** 격돌 등으로 인해 지구촌의 블록화가 가속화되고 있으며, 이렇게 급변하는 상황 속에서는 각국의 정교한 외교 전략이 요구된다.【2023년 9월 신어】 <2024년 빈도: 1>

싱글노믹스(<영>▼single←economics)

영+영「명」『경제』〔경제생활〕 구성원이 한 명인 가구가 증가하면서 생기는 경제적 가치. ¶ 가전제품에서부터 간편식이나 세탁 서비스 등에 이르기까지 고객의 요구에 부합하면서 이윤을 창출하려는 기업들의 움직임이 분주한데, 이는 **싱글노믹스가** 의식주 전반에서 영향을 주기 시작한 것으로 해석된다.【2023년 12월 신어】 <2024년 빈도: 5>

썩파트(썩<영>←apartment)

고+영「명」〔주생활〕 오래되어 낡은 아파트를 썩은 상태에 빗대어 이르는 말. ¶ 그는 재건축이 이루어지면 시세 차익을 얻을 수 있다는 생각으로 대출까지 받아서 **썩파트를** 구매했다고 하였다. 【2024년 6월 신어】

<2024년 빈도: 1>

ㅇ

안러경중(安←Russia經中)

한+영+한 「명」〔정치와 행정〕 안보는 러시아와, 경제는 중국과 협력하는 것을 이르는 말. 북한이 러시아와의 군사 협력을 강화하고, 중국과의 경제 협력을 중시하는 전략을 의미한다. ¶ 북한이 **안러경중에** 바탕을 두고 있지만, 자국의 이익을 위해서는 언제든 행보를 달리할 수 있을 것이라는 해석이 나오고 있다. 【2023년 7월 신어】 <2024년 빈도: 3>

안티-알고리즘(<영>anti-algorithm)

영+영 「명」 『정보 · 통신』 〔인간〕 유튜브나 구글 등에서 작동하는 알고리즘의 지배와 통제를 거부하거나 저항하는 태도. ¶ **안티알고리즘의** 경향이 점점 짙어지면서 온라인상의 행적을 추적하는 알고리즘에 반감을 느껴 웹사이트를 방문할 때 로그인을 하지 않는 사용하는 이들이 증가하고 있다. 【2023년 10월 신어】 <2024년 빈도: 2>

알리-깡(←AliExpress깡)

영+고 「명」 〔경제생활〕 해외 직구 전자 상거래 플랫폼인 '알리익스프레스(AliExpress)'에서 물건을 대량으로 구매한 뒤 이를 개봉하는 영상 콘텐츠. 또는 그러한 영상 콘텐츠를 업로드하는 행위. 구독자 수와 클릭 수를 쉽게 늘려 곧바로 수익을 얻는 현상을 '카드깡'에 빗대어 이르는 말이다.

¶ 그는 구매자들이 직접 사용해 보고 검증한 상품의 정보를 얻기 위해서 출퇴근길에 종종 **알리깡을** 챙겨 본다.【2023년 10월 신어】 <2024년 빈도: 4>

알리 지옥(←AliExpress地獄)

영_한「구」〔경제생활〕 저렴한 상품이 많기 때문에 한 번 쇼핑하기 시작하면 헤어 나오기 힘든 것을 지옥에 빗대어 이르는 말. ¶ 초저가 경쟁력과 파격적인 배송 시스템으로 인해 최근 소비자들은 **알리 지옥에** 빠졌다.【2024년 1월 신어】 <2024년 빈도: 2>

알테무(←AliExpress←Temu)

영+영「명」〔경제생활〕 중국의 온라인 쇼핑 업체 '알리익스프레스'와 '테무'를 아울러 이르는 말. ¶ 최근 업계에서는 이 커머스 업체인 **알테무의** 국내 공습으로 인해 국내 업체들의 수익성에 위기 경보가 감지된다는 반응이 나오고 있다.【2024년 4월 신어】 <2024년 빈도: 15>

알테쉬(←AliExpress←Temu←Shein)

영+영+영「명」〔경제생활〕 중국의 온라인 쇼핑 업체 '알리익스프레스, 테무, 쉬인'을 아울러 이르는 말. 각 기업의 앞 글자를 따 만들어진 말이다. ¶ 이들 업체들은 **알테쉬로** 불리며 수수료 제로 정책과 막대한 자금력을 투입한 광고로 판매자들을 확보하고 있지만, 국내 업체가 부담해야 하는

ㅇ

관세에서는 자유로워 역차별이라는 논란이 제기되기도 한다.【2024년 2월 신어】 <2024년 빈도: 167>

알테쉬톡(←AliExpress←Temu←Shein←TikTok Shop)

영+영+영+영「명」〔경제생활〕 중국의 온라인 쇼핑 업체 '알리익스프레스, 테무, 쉬인, 틱톡샵'을 아울러 이르는 말. 각 기업의 앞 글자를 따 만들어진 말이다. ¶ 중국의 이 커머스 기업들이 국내에서 가파른 성장세를 보이면서 **알테쉬톡의** 공세에 대한 우려가 커지고 있다.【2024년 4월 신어】 <2024년 빈도: 5>

암룡-적(暗龍的)

한+한「관 · 명」〔인간〕 외모나 재주 등의 수준이 낮은. 또는 그런 것. ¶ 저 배우 외모에 비해 연기력은 **암룡적이라** 아쉽네.【2023년 11월 신어】 <2024년 빈도: 0>

양자^비트^플랫폼(量子<영>bit platform)

한^영^영『정보 · 통신』〔정보 · 기술〕 양자 컴퓨터가 사용하는 양자 정보의 기본 단위인 큐비트가 구현되는 환경. 1나노미터 크기의 큐비트를 사용하는데, 이는 물질이 도달할 수 있는 가장 작은 크기이다. ¶ 양자 컴퓨터는 기존의 컴퓨터보다 성능이 월등할 것으로 기대되지만, 아직까지는 범용으로 사용될 수 있을 만큼의 안정성과 성능을 모두 확보한 **양자 비**

트 플랫폼은 나오지 않았다. 【2023년 10월 신어】 <2024년 빈도: 9>

어라-랍스타(어라<영>robster)

고+영 「감」 〔사회생활〕 놀라거나 당황할 때 내는 소리. 감탄사 '어라'와 '로브스터'의 잘못된 표기인 '랍스타'를 결합하여 만든 말이다. ⇒규범 표기는 '어라로브스터'이다. ¶ 최근 신조어들은 돔황챠, 킹받네, 꾸웨엑, 디토합니다, **어라랍스타** 등 그 의미와 출처를 정확하게 파악하기 어렵다. 【2023년 10월 신어】 <2024년 빈도: 0>

어싱-족(<영>earthing族)

영+한 「명」 〔인간〕 공원이나 숲에서 맨발로 걸으며 운동을 하는 사람. 또는 그런 무리. ¶ 점심 시간쯤 찾은 공원의 황톳길에는 맨발 걷기를 하는 **어싱족들의** 발길이 끊이지 않는다. 【2023년 9월 신어】 <2024년 빈도: 5>

언틀막(言틀막)

한+고 「명」 〔정치와 행정〕 '언론을 틀어막음'을 줄여 이르는 말. 정부나 권력을 가진 사람이 언론의 보도를 막는 일을 이르는 말이다. ¶ 정권을 비판하면 편파 언론이라는 프레임을 씌우고, 수시로 언론사와 언론인을 고발하는 등 **언틀막이** 일상화되고 있다. 【2024년 4월 신어】 <2024년 빈도: 2>

ㅇ

얼음^과식증(얼음過食症)

고^한 『심리』〔보건 · 의학〕 섭식 장애의 일종으로, 스트레스나 불안, 영양 결핍 등으로 인해 얼음을 지나치게 많이 먹는 증상. ¶ 의사들은 얼음을 씹어 먹어야 직성이 풀리는 사람들에게 철분 결핍성 빈혈을 의심해 보라고 조언하는데, 빈혈 환자들에게는 **얼음 과식증이** 나타날 수 있기 때문이다. 【2024년 1월 신어】 <2024년 빈도: 2>

엑사-전자볼트(<영>exa電子<영>volt)

영+(한+영) 「명」 『전기 · 전자』〔개념〕 에너지의 단위. 1엑사전자볼트는 1전자볼트의 10의 18제곱이다. 기호는 EeV. ¶ 공동 연구단은 지난해 5월에 포착된 우주선 입자의 에너지가 **244엑사전자볼트로** 이론상 가능한 수치와 비교하여 5배나 큰 것으로 분석되었다고 밝혔다. 【2023년 11월 신어】 <2024년 빈도: 2>

엔시트-화(<영>←enshittification化)

영+한 「명」〔사회생활〕 사용자에게 무료로 양질의 콘텐츠를 제공하던 온라인 플랫폼이 수익의 창출을 우선시하게 되면서 사용자의 만족도 및 서비스 품질이 하락하는 현상. =엔시티피케이션. ¶ 인공 지능이 소셜 미디어와 포털 등 플랫폼의 종류를 가리지 않고 '대격변'을 일으키고 있는 가운데 플랫폼 성격이 서로 비슷해지는 동질화와 콘텐츠 품질이 떨어지는 **엔시트화가** 이뤄진다는 분석이 나왔다. 【2023년 8월 신어】 <2024년 빈

도: 6>

엔시티피케이션(<영>enshittification)

영 「명」 〔사회생활〕 사용자에게 무료로 양질의 콘텐츠를 제공하던 온라인 플랫폼이 수익의 창출을 우선시하게 되면서 사용자의 만족도 및 서비스 품질이 하락하는 현상. =엔시트화. ¶ 플랫폼 기업들이 광고 등의 수익성만을 앞세우고 콘텐츠의 품질에는 신경을 쓰지 않는 **엔시티피케이션이** 심화되고 있어 플랫폼 운영에 대한 기업들의 책임감 있는 태도가 요구된다. 【2024년 3월 신어】 <2024년 빈도: 2>

여성^전략^특구(女性戰略特區)

한^한^한 『정치』 〔정치와 행정〕 정당의 전략 공천 방식 중 하나로, 여성 의원 비율이 낮은 특정 선거구에서 여성들끼리 경쟁하도록 지정한 특별한 구역. ¶ 여성 단체들은 **여성 전략 특구를** 지정해 정치권에 여성들이 더 많이 진출할 수 있는 방안을 강구하라고 요구했다. 【2024년 1월 신어】 <2024년 빈도: 46>

역사 보행 공간(歷史步行空間)

한_한_한 「구」 〔삶〕 근대 문화유산인 환구단의 정문에 설치되어 있는 철제 울타리를 철거한 후에 조성될 예정인 공간으로, 환구단부터 서울 광장과 덕수궁까지 연결되는 산책길. ¶ 시는 장기적으로는 환구단부터 덕

수궁까지를 연결하는 **역사 보행 공간을** 조성하여 문화재와 상생하는 도시의 공간을 구현하겠다는 계획이다. 【2023년 11월 신어】 <2024년 빈도: 2>

역-슈링크(逆<영>←shrinkflation)

한+영 「명」『경제』〔경제생활〕 제품의 크기와 용량은 늘리되 가격은 기존과 동일하게 유지하거나 낮추는 일. 슈링크플레이션으로 인해 소비자들의 여론이 악화되자 일부 업체들이 소비자들의 관심을 끌고 매출 증대 효과를 얻기 위하여 시작하였다. ¶ 편의점 업계가 용량은 늘리고 가격은 내리는 **역슈링크의** 상품들로 소비자 공략에 나섰다. 【2023년 11월 신어】 <2024년 빈도: 6>

역-응원(逆應援)

한+한 「명」 〔삶〕 원래 응원하던 팀의 상대 팀을 응원함. 또는 그런 행위. ¶ 우리나라 팀의 경기력이 마음에 들지 않을 경우 발 벗고 **역응원에** 나서는 팬들도 있다. 【2023년 10월 신어】 <2024년 빈도: 2>

연못 뷰(蓮못<영>view)

(한+고)_영 「구」 〔삶〕 연못이 내다보이는 경치. ¶ 이 카페는 유명한 바리스타가 직접 내린 맛있는 원두커피와 **연못 뷰로** 유명하다. 【2024년 4월 신어】 <2024년 빈도: 1>

연쇄상^구균^독성^쇼크^증후군(連鎖狀球菌毒性<영>shock症候群)

한^한^한^영^한 『의학』〔보건 · 의학〕 여러 기관의 기능 상실 및 저혈압을 나타내는 다양한 증상과 징후를 특징으로 하는 독성 증후군. 화농성 연쇄 구균이라는 박테리아로 발병하는 급성 질환이며, 대다수의 사람들은 감염 사실을 인지하지 못하지만, 경우에 따라 심각한 질병이나 합병증은 물론 사망까지도 유발할 수 있다. ¶ 연구소는 심각한 형태의 **연쇄상 구균 독성 쇼크 증후군의** 확산은 아직까지 알려지지 않은 요인이 많기 때문에 지금은 이를 설명할 수 있는 단계가 아니라고 하였다. 【2024년 3월 신어】 <2024년 빈도: 6>

연쇄 흡연(連鎖吸煙)

한_한 「구」〔삶〕 잇따라 계속 담배를 피움. ¶ 어제 금연 교육은 '한 대가 무한대가 되는 담배, **연쇄 흡연** 끊어 내세요.'라는 주제로 실시되었다. 【2023년 9월 신어】 <2024년 빈도: 2>

연어 핑크색(鰱魚<영>pink色)

한_(영+한) 「구」〔개념〕 연어의 살색처럼 하얀빛을 띤 옅은 붉은색. ¶ 이번 패션쇼에서는 가죽을 얇게 가공해 마치 종이 신문처럼 보이는 **연어 핑크색의** 신문을 프린트하여 모델들이 액세서리처럼 가죽 신문을 들고 무대를 누볐다. 【2023년 10월 신어】 <2024년 빈도: 1>

연체^지속률(延滯持續率)

한^한 『경제』〔개념〕 정해진 기간 안에 대출을 갚지 못하는 연체 상태가 계속되는 비율. ¶ 자영업자 대출의 **연체 지속률은** 약 75%로, 이는 자영업자 4명 중 3명은 연체의 사슬을 벗어나지 못하고 있다는 것을 의미한다. 【2024년 6월 신어】 <2024년 빈도: 4>

영아^피난제(嬰兒避難制)

한^한 『복지』〔정치와 행정〕 미국에서 생후 72시간 혹은 50일 이내의 영아를 정해진 피난소에 유기하는 행동에 대해 법적 책임을 면제하고 산모의 익명성을 보장하는 것을 주된 내용으로 하는 제도. 제도의 취지는 영아의 생명을 보장하고 임산부의 안전과 건강을 보호하는 것이다. =영아 피난 제도. ¶ **영아 피난제는** 아이와 산모 모두가 위험해지는 것을 막을 수 있으며, 국가가 아이를 보호하고 보육하도록 허용하는 제도이다. 【2023년 7월 신어】 <2024년 빈도: 25>

영아^피난^제도(嬰兒避難制度)

한^한^한 『복지』〔정치와 행정〕 미국에서 생후 72시간 혹은 50일 이내의 영아를 정해진 피난소에 유기하는 행동에 대해 법적 책임을 면제하고 산모의 익명성을 보장하는 것을 주된 내용으로 하는 제도. 제도의 취지는 영아의 생명을 보장하고 임산부의 안전과 건강을 보호하는 것이다. =영아 피난제. ¶ 미국은 **영아 피난 제도를** 시행하여, 임산부와 신생아의 안전과

생명을 보호하고 있다. 【2023년 7월 신어】 <2024년 빈도: 0>

영탐탐(英探探)

한+한+한 「명」 〔교육〕 '영어'와 '사회 탐구 영역', '과학 탐구 영역'을 줄여 이르는 말. 대학 수학 능력 시험의 주요 5과목 중 국어와 수학을 제외한 3과목을 의미한다. ¶ 전반적인 수능 최저 학력 기준도 완화되어 인문 계열은 상대적으로 등급의 확보가 쉬운 **영탐탐의** 조합으로도 최저 기준의 충족이 가능해졌다. 【2023년 8월 신어】 <2024년 빈도: 1>

영프스이(英←France←Suisse←Italia)

한+프+프+이 「명」 〔삶〕 유럽의 여행지로 인기를 끌고 있는 서유럽 4개국을 이르는 말. 영국, 프랑스, 스위스, 이탈리아의 앞 글자를 따서 만든 말이다. ¶ **영프스이** 15일 상품은 서유럽 핵심 도시인 런던, 파리, 인터라켄, 베네치아 등을 인솔자와 함께 여행하는 것으로 고객 만족도가 매우 높다. 【2024년 5월 신어】 <2024년 빈도: 2>

예산 탄핵(豫算彈劾)

한_한 「구」 〔정치와 행정〕 정부의 예산안에 대해 대규모의 수정을 요구한 것을 두고 자격을 빼앗거나 처벌하는 것에 빗대어 이르는 말. ¶ 얼마 전 주요한 정부의 사업 예산이 삭감된 것을 두고 국정을 방해하는 것을 넘어 **예산 탄핵이라는** 지적이 제기되었다. 【2023년 11월 신어】 <2024년 빈

도: 1>

예술^활동^준비금(藝術活動準備金)

한^한^한『복지』〔정치와 행정〕 예술인이 안정적으로 창작 활동을 할 수 있도록 정부에서 지원하여 주는 자금. '창작 준비금'에서 명칭이 변경되었다. ¶ 정부는 올해 예술인을 위한 복지 예산을 편성하여 예술인에게 **예술 활동 준비금을** 지원하고 자녀 돌봄, 사회 보험 가입 등을 위한 다양한 복지 사업을 운영할 계획이다. 【2023년 9월 신어】 <2024년 빈도: 1>

예스-족(<영>YES族)

영+한「명」〔인간〕 외국인 이민자 중에서 젊고, 교육을 받았으며, 숙련된 기술을 가진 사람. 또는 그런 무리. ¶ 한국에서 일한 경험이 없더라도 **예스족이라면** 수용해야 한다는 주장이 제기된 가운데 숙련된 외국인 기능 인력에 대한 비자 제도의 개선이 필요하다는 의견이 제시되었다. 【YES: young, educated and skilled】【2023년 7월 신어】 <2024년 빈도: 1>

예타완박-법(豫妥完剝法)

한+한「명」『법률』〔정치와 행정〕 예비 타당성 조사 제도를 무력화하는 법안. 예비 타당성 조사를 면제하는 내용이 담겨 있는 법안이다. ¶ 의원들은 이날 회의 직후 기자 회견을 열어 이번 개정안은 **예타완박법이자** 지역을 차별하는 법안이라고 주장하였다. 【2023년 11월 신어】 <2024년 빈

도: 5>

오물 풍선(汚物風船)

한_한 「구」〔정치와 행정〕 분변으로 추정되는 오물을 넣은 풍선. 남한 단체들이 대북 전단을 살포한 것에 대응한다는 명분으로 북한이 남쪽을 향해 살포하였다. ¶ 북한의 풍선은 민가 지역은 물론 도로에서도 발견되었는데, **오물 풍선으로** 인해 주택이나 차량 등이 파손되기도 하였다. 【2024년 5월 신어】 <2024년 빈도: 862>

오송^지하도^참사(五松地下道慘事)

한^한^한 『사회 일반』〔사회생활〕 2023년 7월 15일에 충청북도 청주시 오송읍의 궁평 2지하 차도가 집중 호우로 침수되면서 14명이 희생된 참사. =오송 참사. ¶ 임시 제방 둑이 무너지는 위험 신호가 있었는데도 불구하고 빠른 조치가 이루어지지 않은 것이 **오송 지하도 참사가** 발생하게 된 원인이라는 지적이 나왔다. 【2023년 7월 신어】 <2024년 빈도: 3>

오송^참사(五松慘事)

한^한 『사회 일반』〔사회생활〕 2023년 7월 15일에 충청북도 청주시 오송읍의 궁평 2지하 차도가 집중 호우로 침수되면서 14명이 희생된 참사. =오송 지하도 참사. ¶ 이번 **오송 참사는** 차량이 침수될 때까지 차량 통제가 실시되지 않은 점 등이 참사의 원인으로 밝혀지면서 인재라는 주장이 제

ㅇ

기되고 있다.【2023년 7월 신어】 <2024년 빈도: 492>

오피스코어^룩(<영>▼office core look)

영^영 『복식』 〔의생활〕 전형적인 직장인의 모습을 연상시키는 단정한 스타일의 옷차림. ¶ **오피스코어 룩은** 슬림 핏 스타일의 셔츠, 무릎 정도 길이의 스커트, 심플한 디자인의 신발과 가방 등으로 연출할 수 있다.【2023년 10월 신어】 <2024년 빈도: 11>

온^디바이스^폰(<영>on device phone)

영^영^영 『정보 · 통신』 〔정보 · 기술〕 기기 내부에서 자체적으로 인공 지능의 기능을 수행할 수 있도록 한 휴대 전화. ¶ 내년 신제품은 기기의 내부에서 인공 지능의 기능을 수행하는 **온 디바이스 폰이기** 때문에 대용량의 데이터를 실시간으로 처리할 수 있는 램의 중요성이 더욱 강조되고 있다.【2023년 12월 신어】 <2024년 빈도: 1>

온세뉴(온世←NewJeans)

고+한+영 「명」 〔문화〕 '온 세상이 뉴진스'를 줄여 이르는 말. 아이돌 그룹인 뉴진스가 국내뿐만 아니라 해외에서도 인기를 얻게 되면서 생겨난 말이다. ¶ 연초부터 국내외 유명한 시상식에서 수상을 이어가며 작년에 이어 올해 상반기에도 **온세뉴가** 계속되고 있다.【2023년 9월 신어】 <2024년 빈도: 1>

온^센서^에이아이(<영>on sensor AI)

영^영^영 『정보 · 통신』〔정보 · 기술〕 센서 장치 자체에 인공 지능(AI) 연산 기능을 내장하여, 센서가 수집한 데이터를 외부 장치나 클라우드로 보내기 전에 내부에서 실시간으로 분석 및 처리하는 기술. ¶ **온 센서 에이아이는** 센서에 에이아이 알고리즘이 추가되어 무거운 데이터 처리가 자체적으로 가능하며, 서버와 연결되지 않고도 기기에서 에이아이 연산과 학습을 할 수 있게 된다. 【2023년 12월 신어】 <2024년 빈도: 0>

온천 지도사(溫泉指導士)

한_한 「구」〔인간〕 온천에 대한 전문 지식을 바탕으로 개인에게 적합한 입욕법을 지도하고 교육하는 사람. ¶ ○○시는 객관적인 데이터를 바탕으로 온천 치유 프로그램을 개발하며, 입욕법 안내를 위한 **온천 지도사도** 양성하기로 하였다. 【2023년 8월 신어】 <2024년 빈도: 1>

ㅇ

올콘-족(<영>all←concert族)

영+한 「명」〔인간〕 좋아하는 가수의 모든 콘서트에 관람하러 가는 사람. 또는 그런 무리. ¶ 그는 아내가 열광적인 **올콘족이어서** 미국에 콘서트를 보러 가 버리는 바람에 이번 여름휴가를 아들과 둘이서 보냈다고 하였다. 【2023년 7월 신어】 <2024년 빈도: 2>

옴니 유즈(<영>omni use)

영_영 「구」 〔개념〕 여러 용도나 분야에서 많이 활용되고 널리 쓰일 수 있는 특성을 이르는 말. ¶ 식품업계가 하나의 제품으로 다양한 메뉴에서 활용할 수 있는 **옴니 유즈를** 앞세워 소비자의 취향을 저격하고 있다. 【2024년 1월 신어】 <2024년 빈도: 2>

완전^전자^주주^총회(完全電子株主總會)

한^한^한^한 『경영』 〔경제생활〕 주식회사의 주주 총회가 필요한 경우 모든 주주들이 온라인으로 참석하는 주주 총회. ¶ **완전 전자 주주 총회는** 온라인으로 이루어지기 때문에 더 많은 주주들이 쉽게 참여할 수 있으나 주주와 경영진 사이에 대면 소통이 사라질 수 있다는 우려도 있다. 【2023년 8월 신어】 <2024년 빈도: 4>

외국환^평형^관리^기금(外國換平衡管理基金)

한^한^한^한 『경제』 〔정치와 행정〕 정부가 환율 관리와 외환 시장의 안정을 목적으로 보유하거나 운용하는 기금. ¶ 정부는 올해 국세 수입이 부족할 것으로 예상되자 **외국환 평형 관리 기금** 및 세계 잉여금과 같은 여유 재원의 활용을 통해 재정을 집행할 예정이라고 하였다. 【2023년 9월 신어】 <2024년 빈도: 3>

외식^테크(外食<영>tech)

한^영 『정보 · 통신』〔정보 · 기술〕 무인 주문 및 결제 시스템, 서빙 로봇, 조리 로봇 등과 같이 외식업과 관련된 기술을 통틀어 이르는 말. ¶조리 로봇과 서빙 로봇, 무인 주문 및 결제 시스템 등 **외식 테크가** 급성장하면서 사람이 설 자리를 로봇이 대신하고 있다.【2024년 1월 신어】 <2024년 빈도: 10>

용산 로펌(龍山<영>law firm)

한_영 「구」〔정치와 행정〕 법률 수석실을 신설하는 것을 두고 대통령과 관련된 특검을 준비하는 법률 회사에 빗대어 이르는 말. ¶그는 민정수석실의 부활에 대한 논평에서 중앙 집권적인 대통령제를 강화하기 위해 활용될 것이며, 대통령 개인을 위한 **용산 로펌이** 될 것이라고 비판하였다.【2024년 4월 신어】 <2024년 빈도: 1>

우유^관리관(牛乳管理官)

한^한 『행정』〔정치와 행정〕 우유의 가격을 관리하는 담당자. 물가 체감도가 높은 빵, 우유, 과자, 커피, 라면, 아이스크림, 설탕, 식용유, 밀가루 등 9개 품목을 집중 관리 대상으로 선정하고, 서기관이나 사무관급 담당자를 지정한 것에서 나온 말이다. =우유 서기관. ¶정부는 먹거리 물가가 상승하자 고물가 대책을 최우선에 두고 **우유 관리관을** 임명하여 집중 관리에 나서겠다고 하였다.【2023년 11월 신어】 <2024년 빈도: 2>

우유^사무관(牛乳事務官)

한^한 『행정』〔정치와 행정〕 우유의 가격을 관리하는 사무관급 담당자. 물가를 관리하는 담당자를 지정하여 물가를 집중 관리하는 제도의 일환으로 생겨난 직책이다. ¶ 일각에서는 우유에 사용되는 원유 가격은 생산비 등에 비례하여 매년 오르는 것인데, 근본적인 구조의 개선 없이 **우유 사무관을** 지정하는 것으로 물가 안정화를 기대하기는 힘들다는 지적이 나온다. 【2023년 11월 신어】 <2024년 빈도: 15>

우유^서기관(牛乳書記官)

한^한 『행정』〔정치와 행정〕 우유의 가격을 관리하는 담당자. 물가 체감도가 높은 빵, 우유, 과자, 커피, 라면, 아이스크림, 설탕, 식용유, 밀가루 등 9개 품목을 집중 관리 대상으로 선정하고, 서기관이나 사무관급 담당자를 지정한 것에서 나온 말이다. =우유 관리관. ¶ 최근 정부가 품목별 물가 관리에 나서면서 **우유 서기관이** 부활한 가운데 정부가 가격 형성에 지나치게 개입한다는 지적이 잇따르고 있다. 【2023년 11월 신어】 <2024년 빈도: 0>

워크넥트(<영>▼work←connect)

영+영 「명」〔정보 · 기술〕 업무를 기반으로 소통하고 교류하면서 기관이나 개인 등이 형성하는 네트워크. ¶ 다양한 행사들뿐만 아니라, 소규모 신생 기업 관계자들이 하루 동안 한곳에 모여 함께 일하며 네트워킹을 하

는 **워크넥트도** 진행되었다.【2023년 8월 신어】 <2024년 빈도: 2>

워터밤^룩(▼Waterbomb<영>look)

영^영 『복식』〔의생활〕 여름철 물총 놀이가 포함된 음악 축제인 '워터밤'에 참가할 때 입는 옷차림. 주로 물에 젖어도 가볍고 편한 기능성 의류나, 노출을 통해 관능적인 매력을 강조하는 의류를 가리킨다. ¶ 그녀는 고심 끝에 은은하게 비치는 시스루 니트와 짧은 데님 팬츠를 매치한 **워터밤룩으로** 무대에 섰다.【2023년 7월 신어】 <2024년 빈도: 3>

원격^사격^무기^통제^체계(遠隔射擊武器統制體系)

한^한^한^한^한 『군사』〔정보 · 기술〕 사수가 원격으로 조작하고 통제하는 사격 장치. 또는 그러한 체계. 전차, 장갑차, 전술 차량 등의 외부에 기관총이나 유탄 발사기 등을 장착하고, 이를 사수가 전투 위험으로부터 보호된 상태에서 원격으로 운용한다. ¶ 이 장치는 전파를 이용해 드론의 공격을 교란하고, 사수가 안전한 상태에서 **원격 사격 무기 통제 체계를** 조종해 직접 격추하는 방식으로 방어 효과를 높였다.【2023년 10월 신어】 <2024년 빈도: 4>

원영적 사고(員瑛的思考)

한_한 「구」〔인간〕 어렵거나 힘든 상황을 긍정적으로 해석하고 받아들이는 사고방식. 케이팝 걸 그룹 아이브(IVE)의 멤버 장원영이 여행 중 자신이 사려던 빵이 사기 직전에 품절된 상황을 오히려 '갓 구운 빵을 받을 수 있게 되었다'는 행운으로 받아들인 일화에서 비롯된 표현이다. ¶ 공연 준비 마지막 날 소품이 망가졌지만, 아이브(IVE) 멤버들은 "차라리 지금 부러져서 다행이다."라며 **원영적 사고로** 돌발 상황을 웃어넘겼다. 【2024년 4월 신어】 <2024년 빈도: 1>

원형^알엔에이(圓形<영>RNA)

한^영 『생명』 〔동식물〕 일반적인 아르엔에이(RNA)와 달리, 끝이 맞닿아 원형 모양으로 이어진 아르엔에이(RNA). ⇒규범 표기는 '원형 아르엔에이'이다. ¶ 연구 팀은 "안정성이 높은 **원형 알엔에이(RNA)의** 합성 과정을 규명했으며, 이를 활용해 부작용이 적고 효율적인 백신 개발이 가능할 것."이라고 밝혔다. 【RNA: ribonucleic acid】【2023년 10월 신어】 <2024년 빈도: 3>

월천 도사(月千道士)

한_한 「구」 〔인간〕 월 소득이 천만 원이 넘는 사람을 도사에 빗대어 이르는 말. ¶ 전공의 과정을 거치지 않아도, 소송 위험이 적고 수요가 많은 미용 시술을 익혀 개원하면 곧장 **월천 도사가** 될 수 있다. 【2024년 3월 신어】 <2024년 빈도: 1>

웨장센(←Wes Anderson<프>←mise-en-scène)

영+프「명」〔문화〕 영화감독 '웨스 앤더슨'만의 특징적인 화면 구조와 색채 등을 이르는 말. '웨스 앤더슨'과 '미장센'을 결합한 말이다. ¶ 영화 '그랜드 부다페스트 호텔'은 화면 전체를 가득 채우는 대칭적 구도와 파스텔톤 색감, 그리고 세밀하게 배치된 소품까지 어우러져 대표적인 **웨장센** 사례로 꼽힌다.【2023년 8월 신어】 <2024년 빈도: 1>

웹 시집(<영>web詩集)

영_한「구」〔삶〕 인터넷 웹사이트를 통해 제공되는 디지털 형식의 시집. 텍스트를 중심으로 하되, 사진, 동영상 등이 함께 제시되기도 하며, 웹페이지를 넘기는 방식으로 읽기가 진행된다는 점에서 기존의 종이 시집과 다른 독서 경험을 제공한다. ¶ 작가는 **웹 시집을** 무료로 공개하고, 독자들의 반응에 맞추어 텍스트와 이미지를 수정하거나 추가할 수 있게 했다.【2023년 12월 신어】 <2024년 빈도: 4>

위기^임신^보호^출산법(危機妊娠保護出産法)

한^한^한^한『법률』〔정치와 행정〕 경제적 · 심리적 · 신체적 사유 등으로 인해 출산 및 양육에 어려움을 겪고 있는 임산부가 자녀를 안전하게 출산하고 돌볼 수 있도록 지원하기 위해 제정된 법률. 정식 명칭은 '위기 임신 및 보호 출산 지원과 아동 보호에 관한 특별법'이다. ¶ 정부는 출생 신고가 되지 않는 아동의 수를 줄이고, 위기에 처한 임산부와 아동을 보호하

기 위해 **위기 임신 보호 출산법을** 제정했다. 【2023년 12월 신어】 <2024년 빈도: 6>

유금무죄 무금유죄(有金無罪無金有罪)

한_한 「구」 〔정치와 행정〕 국회 의원은 죄를 지어도 벌을 받지 않고, 국회 의원이 아닌 사람은 벌을 받는다는 뜻으로 법이 모든 사람에게 공평하게 적용되지 않는 상황을 이르는 말. 여기서 '금(金)'은 국회 의원임을 표시하는 '금배지(金badge)'를 가리킨다. ¶ 한 시민 단체는 국회 의원의 특권에 문제를 제기하며, "**유금무죄 무금유죄의** 관행을 반드시 청산해야 한다."라고 목소리를 높였다. 【2024년 3월 신어】 <2024년 빈도: 0>

유럽^녹색^꽃게(Europe綠色꽃게)

영^한^고 『동물』 〔동식물〕 유럽 해역이 원산지이며 등딱지가 녹색을 띠는 꽃게의 한 종류. 조개류와 갑각류를 대량으로 포식하는 등 어업과 양식업에 큰 피해를 주며, 이 때문에 국제 자연 보전 연맹의 '세계 100대 악성 외래 침입종' 중 하나로 지정되었다. 학명은 'Carcinus maenas'이다. ¶ 미국의 지역 환경 연구 기관은 **유럽 녹색 꽃게의** 개체 수 급증은 어업 자원 고갈과 해양 생태계 교란이 주된 원인이라고 보고하였다. 【2023년 9월 신어】 <2024년 빈도: 3>

유스^앱(<영>▼youth app)

영^영 『정보 · 통신』〔정보 · 기술〕 청소년을 주요 대상으로 하여 맞춤형 서비스와 콘텐츠를 제공하는 애플리케이션. ¶ 최근 중고등학생들은 첫 금융 거래를 오프라인 지점이 아닌 온라인 앱에서 시작하는 경우가 늘고 있으며, 은행들은 이를 겨냥해 청소년 맞춤형 서비스를 제공하는 **유스 앱을** 경쟁적으로 출시하고 있다.【2023년 8월 신어】 <2024년 빈도: 6>

유 키즈 존(有<영>kids zone)

한_영_영 「구」〔삶〕 영유아나 어린이의 출입을 허용하는 곳. '노 키즈 존'의 반대 개념으로, 어린아이를 동반한 고객들의 출입을 허용하는 음식점, 카페 따위를 말한다. ¶ ○○시는 저출산 문제를 해결하기 위해 지역 내 **유 키즈 존을** 확대해 외출 시 부모와 아이가 함께할 수 있는 공간을 더 많이 제공하기 위해 노력하고 있다.【2023년 10월 신어】 <2024년 빈도: 1>

육아^몰입^기간(育兒沒入其間)

한^한^한 『사회 일반』〔정치와 행정〕 근로자가 자녀 양육에 전념할 수 있도록 제도적으로 보장된 기간. 또는 그러한 제도. '육아 휴직' 대신, 자녀 양육의 가치를 강조하는 취지에서 사용되는 표현이다. ¶ 기업들은 일과 가정의 양립을 위해 **육아 몰입 기간을** 보장하는 한편, 출산 전후 휴가, 출산 장려금 등 다양한 제도를 함께 운영하고 있다.【2024년 6월 신어】 <2024년 빈도: 3>

육아^이행률(育兒履行率)

한^한 『사회 일반』 〔정치와 행정〕 근로자가 법이나 정책상 보장된 육아 지원 제도를 실제로 사용한 비율. ¶ 육아 · 돌봄 근무제의 활성화를 위해 **육아 이행률을** 부서장 평가 항목에 추가하고, 업무 대행 직원에 대해서는 인사 혜택을 주기로 하였다. 【2024년 5월 신어】 <2024년 빈도: 1>

육아^친화^주택(育兒親和住宅)

한^한^한 『사회 일반』 〔주생활〕 어린이집, 놀이터 등 육아에 필요한 시설을 갖춘 주택 단지. ¶ 신혼 부부를 대상으로 한 설문 결과, 많은 부부가 주거비 지원과 함께 **육아 친화 주택의** 조성을 가장 필요한 정책으로 응답했다. 【2023년 11월 신어】 <2024년 빈도: 2>

을평성대(乙平聖大)

한+한+한+한 「명」 〔교육〕 '을지 대학교, 평택 대학교, 성공회 대학교, 대진 대학교'를 아울러 이르는 말. 각 학교명의 첫 글자를 조합해 만든 말이다. ¶ 최근 공개된 입시 기관의 분석 자료에 따르면 **을평성대라** 불리는 대학군의 합격선이 전년도보다 소폭 상승한 것으로 나타났다. 【2023년 12월 신어】 <2024년 빈도: 1>

의-노예(醫奴隷)

한+한 「명」 〔인간〕 장시간의 외래 진료와 수술, 야간이나 휴일 당직 근무 등 과중한 업무에 어려움을 겪는 의사를 비유적으로 이르는 말. '의사'와 '노예'를 결합해 만든 말이다. 차별 및 비하하는 의미가 포함되어 있으므로 사용에 주의가 필요하다. ¶ 전공의들은 외래 진료와 수술에 더해 야간 당직까지 이어지는 일정 속에서 스스로를 **의노예라고** 표현하기도 한다. 【2024년 4월 신어】 <2024년 빈도: 1>

의마스(醫←Hamas)

한+아 「명」 〔인간〕 '의사'와 팔레스타인 무장 단체 '하마스'를 결합해 만든 말로, 의사를 비하하여 이르는 말. 정부의 의대 정원 확대 정책 등에 반대해 집단 진료 거부나 사직, 응급 의료 중단 등의 강경한 집단 행동을 벌이는 일부 의사들을 하마스에 빗대어 비판적으로 이르는 말이다. 차별 및 비하하는 의미가 포함되어 있으므로 사용에 주의가 필요하다. ¶ 일부 온라인 커뮤니티에서는 집단 행동에 참여한 의사들을 **의마스라** 부르며 비판했다. 【2024년 3월 신어】 <2024년 빈도: 3>

의전 노동(儀典勞動)

한_한 「구」 〔사회생활〕 명사(名士)나 귀빈, 조직 내 상급자 등을 예우하거나 대외적 격식을 갖추는 과정에서 생기는 노동. 주 업무와 직접적인 관련이 없음에도 불구하고 관행이나 체면을 중시하는 조직 문화 속에서 요구되는 부가적 노동을 비판적으로 이르는 말이다. ¶ 공직 사회나 민간 기업 모두 불필요한 허례허식을 줄여야 한다고 하면서도, 직장인들은 여전히 업무와 무관한 **의전 노동에** 시달리고 있다.【2024년 2월 신어】 <2024년 빈도: 10>

의-주빈(醫周彬)

한+한「명」〔인간〕'의사'와 성범죄자 '조주빈'을 결합하여 만든 말로, 의사를 비하하여 이르는 말. 차별 및 비하하는 의미가 포함되어 있으므로 사용에 주의가 필요하다. ¶ 의사가 환자를 인질로 삼아 정부와 투쟁을 벌인다고 생각하고 있는 사람들은, 의사들을 **의주빈이나** 의마스라고 욕하기를 주저하지 않는다.【2024년 2월 신어】 <2024년 빈도: 5>

의준-생(醫準生)

한+한+한「명」〔교육〕'의과 대학 입학 준비생'을 줄여 이르는 말. ¶ 지방 의과 대학의 정원 확대 소식이 전해지자 **의준생을** 둔 학부모들의 상담 문의가 학원가를 중심으로 크게 늘고 있다.【2024년 3월 신어】 <2024년 빈도: 2>

의한민국(醫韓民國)

한+한「명」〔사회생활〕의사가 되는 것을 다른 진로보다 압도적으로 중시하는 대한민국의 사회적 풍조를 비판적으로 이르는 말. ¶ 과거에는 이공계를 선택하는 수재들이 많았지만, 이제는 모두 의과 대학만 지원해 **의한민국이라는** 말까지 나온다. 【2024년 5월 신어】 <2024년 빈도: 1>

이^머니^토큰(<영>e-money token)

영^영^영 『경제』 〔경제생활〕 기존 화폐의 가치를 디지털 형태로 전환한 가상 자산의 한 종류. ¶ 최근 금융 시장에서는 **이 머니 토큰을** 새로운 결제 수단으로 도입하고자 하는 시도가 이어지고 있다. 【e: electronic】【2023년 7월 신어】 <2024년 빈도: 5>

이분^도체육(二分屠體肉)

한^한 『농업』 〔식생활〕 돼지를 도축한 뒤 머리 · 내장 · 꼬리 등을 제거하고, 부위별로 세분화하지 않은 채 몸통을 크게 두 덩어리로 절단한 고기. ¶ **이분 도체육의** 반입 문제는 축산업계의 경제적 이해와 방역 우려가 얽힌 민감한 사안으로 떠올랐다. 【2024년 2월 신어】 <2024년 빈도: 9>

ㅇ

이음^연령(이음年齡)

고^한 『교육』 〔교육〕 영아 교육과 유아 교육 또는 유아 교육과 초등 교육 간의 연계 강화를 위해 정책적으로 지정한 연령. 주로 만 2세 영아들은 놀이 중심 교육 확대를 통해 누리 과정과의 연계성을 강화하고, 만 5세 유아들은 초기 문해력과 기초 학습 역량을 집중적으로 지원하기 위해 설정되었다. ¶ 교육청 관계자는 “이번 사업을 통해 **이음 연령인** 만 5세 유아들이 책과 친해지고, 문해력과 기초 학습 역량을 기를 수 있을 것으로 기대한다."라고 밝혔다. 【2024년 6월 신어】 <2024년 빈도: 2>

이채양명주(梨蔡楊名株)

한+한+한+한+한 「명」 〔사회생활〕 '이태원 참사, 채 상병 사망 사건, 양평 서울 간 고속 도로 노선 변경 의혹, 명품 가방 수수 의혹, 주가 조작 의혹'을 아울러 이르는 말. 특정 시기의 정치 · 사회적 담론에서 반복적으로 언급된 여러 사건을 한데 묶어 지칭하는 표현이다. ¶ 시사 토론에서는 이른바 **이채양명주를** 둘러싼 의혹 제기와 반박이 치열하게 오갔다. 【2024년 3월 신어】 <2024년 빈도: 45>

이형^두릅(二形두릅)

한^고 『식물』 〔동식물〕 두릅의 개량 품종 중 하나. 일 년 중 봄과 여름에 두 번 수확할 수 있는 것이 특징이다. ¶ 농가들은 **이형 두릅을** 재배해 출하량을 늘리며 더 큰 경제적 이득을 얻고 있다. 【2024년 1월 신어】 <2024년 빈도: 2>

익티오티탄^세베르넨시스(<영>ichthyotitan severnensis)

영^영 『동물』 〔동식물〕 중생대 트라이아스기 말기에 생존하였던 것으로 추정되는 거대 해양 파충류. 몸의 길이는 약 22~26미터로 추정되며, 지금까지 알려진 해양 파충류 가운데 가장 큰 종류로 평가된다. ¶ 영국 서머

싯에서 발견된 턱뼈 화석은 **익티오티탄 세베르넨시스라는** 새로운 어룡 종으로 학계에 보고되었다. 【2024년 4월 신어】 <2024년 빈도: 0>

인류-뽕(人類<일>←hiropon)

한+일 「명」 〔인간〕 인류애나 세계적 연대 의식 등을 느꼈을 때의 감정을 과장하여 속되게 이르는 말. ¶ 지구촌 공동 기부 캠페인이 성공적으로 마무리되자 **인류뽕이라는** 단어가 누리 소통망 서비스(SNS)에서 화제가 되었다. 【2024년 5월 신어】 <2024년 빈도: 2>

인솔 밴드(引率<영어>band)

한_영 「구」 〔사회생활〕 여러 사람을 이끌고 갈 때 사용하는 밴드. 주로 어린이집이나 유치원에서 아이들을 안전하게 인솔하기 위해 사용한다. ¶ 교사는 아이들이 **인솔 밴드를** 단단히 잡고 있는지 확인하며 이동했다. 【2024년 5월 신어】 <2024년 빈도: 1>

인스타그래니(<영>instagranny)

영 「명」 〔인간〕 '인스타그램'을 사용하는 할머니를 이르는 말. 누리 소통망 서비스(SNS)인 '인스타그램(Instagram)'과 할머니를 뜻하는 영어 단어 '그래니(granny)'를 결합하여 만든 말이다. ¶ 패션과 뷰티 분야에서 활발히 활동하는 **인스타그래니들은** 젊은 세대 못지 않은 영향력을 발휘하고 있다. 【←Instagram+granny】 【2023년 7월 신어】 <2024년 빈도: 1>

인용 답글(引用答글)

한_(한+고) 「구」 〔사회생활〕 특정 대댓글을 지정하여 응답한 글. ¶ 일부 이용자는 **인용 답글이** 댓글 작성자 간 갈등을 증폭시킬 수도 있다고 지적했다. 【2023년 11월 신어】 <2024년 빈도: 2>

인증 쇼츠(認證shorts)

한_영 「구」 〔사회생활〕 어떤 일이나 경험이 사실임을 증명하기 위해서 만든 짧은 영상. ¶ 그는 콘서트에 다녀온 뒤 현장 분위기를 담은 **인증 쇼츠를** 누리 소통망 서비스(SNS)에 올렸다. 【2023년 11월 신어】 <2024년 빈도: 1>

인태^대화(印太對話)

한^한 『정치』 〔정치와 행정〕 '인도 · 태평양 대화'를 줄여 이르는 말. 인도 · 태평양 지역의 정세와 안보, 협력 과제 등을 논의하기 위해 양자 또는 다자 간 이루어지는 대화 협의체이다. ¶ 한국과 독일은 역내 평화와 안정을 위한 협력 방안을 논의하기 위해 첫 한독 **인태 대화를** 개최했다. 【2023년 8월 신어】 <2024년 빈도: 9>

임차인^등록제(賃借人登錄制)

한^한 『경제』 〔정치와 행정〕 임차인이 임대차 계약의 내용을 공적 시스템에 직접 등록하는 제도. 임대차 시장의 투명성을 확보하고, 전세 사기 등으로부터 임차인을 보호하기 위한 방안으로 제안되었다. ¶ 야당은 기존의 임대차법을 유지하면서 **임차인 등록제를** 새로 도입해 전세 사기를 방지하겠다는 입장을 밝혔다.【2024년 3월 신어】 <2024년 빈도: 5>

ㅇ

ㅈ

자랑질그램(자랑질←Instagram)

고+영「명」〔사회생활〕 외모나 재력, 생활 방식 등을 자랑하기 위한 누리 소통망 서비스(SNS). 또는 그러한 게시물. ¶한 연예인은 자신의 계정을 **자랑질그램이** 아니라 평범한 일상 공유의 공간으로 만들고 싶다고 말했다.【2024년 4월 신어】 <2024년 빈도: 1>

자퇴 각(自退角)

한_한「구」〔삶〕 스스로 학교를 그만두고 싶을 만한 상황이나 일. ¶새벽까지 과제를 했지만 제출 직전에 파일이 날아가자, 그의 머릿속에는 **자퇴 각이라는** 말밖에 떠오르지 않았다.【2024년 4월 신어】 <2024년 빈도: 1>

작먼귀

고+고+고「명」〔인간〕 '작고 먼지처럼 귀여움'을 줄여 이르는 말. ¶요즘 영화 시청자들은 슈퍼히어로보다 **작먼귀** 캐릭터를 더 선호한다.【2024년 3월 신어】 <2024년 빈도: 1>

잔-수박(殘수박)

한+고「명」〔인간〕 겉으로 드러내는 태도와 속마음이 다른 사람들이 여전히 남아 있는 상황을 겉은 초록색이지만 속은 빨간색인 수박에 빗대어 비판적으로 이르는 말. ¶ 현 지도부의 강성 지지층은 탈당하지 않고 남은 인사들을 **잔수박이라** 부르며 이들의 퇴출을 요구했다. 【2024년 1월 신어】 <2024년 빈도: 1>

장관 런(長官<영>run)

한_영「구」〔정치와 행정〕 국무 장관이 스스로 책임져야 할 일을 피하는 모습을 비꼬아 이르는 말. ¶ 야당 의원들은 국회 출석 요구에 응하지 않은 장관을 두고 **'장관 런'이라고** 비꼬았다. 【2023년 8월 신어】 <2024년 빈도: 5>

재렉스(財<영>←flex)

한+영「명」〔삶〕 주식, 펀드, 암호 화폐 투자 등을 통해 미래를 위한 자산 관리를 하면서 명품 의류 구입이나 해외여행 등 현재의 가치와 만족 또한 중시하는 생활 방식. 투자 활동을 의미하는 '재테크(財tech)'와 과시적 소비를 뜻하는 '플렉스(flex)'를 결합하여 만든 말이다. ¶ 그녀는 주식으로 번 돈을 재투자하면서도 자신을 위한 새 명품 가방을 구매하는 **재렉스를** 실천하고 있다. 【2024년 1월 신어】 <2024년 빈도: 5>

저축-템(貯蓄<영>←item)

한+영「명」〔경제생활〕 저축이나 절약에 도움을 주는 물건을 이르는 말. 주로 생활비를 기간별로 나누어 쓰도록 만든 수첩이나 상자 따위를 말한다. ¶ 고물가 시대에 저축과 절약의 중요성이 확산되면서, 누리 소통망(SNS)에 자신만의 **저축템을** 소개하는 게시글이 늘어나고 있다. 【2023년 8월 신어】 <2024년 빈도: 1>

저출생-세(低出生稅)

한+한 「명」 『행정』 〔정치와 행정〕 저출생 문제 해결을 위한 재원을 마련하고자 제안된 세금. 출산율 하락과 인구 감소가 사회 전반에 위기를 불러오자, 육아 지원 등에 필요한 예산을 확충하기 위해 논의되는 목적세 중 하나이다. ¶ 전문가들은 국회 토론회에서 **저출생세를** 도입했을 때의 실효성과 형평성에 대해 치열하게 논의했다. 【2024년 2월 신어】 <2024년 빈도: 2>

전관^용역(前官用役)

한^한 『사회 일반』 〔사회생활〕 공공 기관에서 퇴직한 고위 공직자가 소속된 업체가 수주하거나 수행하는 용역. 퇴직한 전관의 영향력이나 인맥을 기반으로 특정 용역 사업을 독점하거나 과점하는 행태를 비판적으로 이르는 표현이다. ¶ 감사원은 **전관 용역으로** 의심되는 일부 입찰 과정에 대한 조사에 착수했다. 【2023년 8월 신어】 <2024년 빈도: 5>

전세^사기^피해자법(傳貰詐欺被害者法)

한^한^한 『법률』〔정치와 행정〕 전세 사기 피해를 당한 임차인의 주거권을 보장하기 위해 제정한 법률. 거주하고 있는 임차 주택의 우선 매수권을 부여하거나 장기 및 낮은 금리의 융자 지원, 피해 주택을 매입한 후 공공 임대 주택을 제공하는 방안 등이 포함된다. 정식 명칭은 '전세 사기 피해자 지원 및 주거 안정을 위한 특별법'이다. ¶국토 교통부는 **전세 사기 피해자법에** 근거해 피해 주택을 처음으로 매입했다고 밝혔다. 【2023년 8월 신어】 <2024년 빈도: 10>

전투-템(戰鬪<영>←item)

한+영 「명」〔삶〕 실제 사용 환경에서 튼튼하고 편리한 물건을 비유적으로 이르는 말. ¶셰프들은 요리할 때 튀어 오르는 기름을 막아 주는 특수 조리복을 주방의 필수 **전투템으로** 꼽는다. 【2024년 4월 신어】 <2024년 빈도: 1>

젊-공(젊公)

고+한 「명」〔정치와 행정〕 '젊은 공무원'을 줄여 이르는 말. ¶수직적인 조직 문화에 적응하지 못해 공직을 떠나는 **젊공들이** 늘고 있다. 【2024년 3월 신어】 <2024년 빈도: 9>

제닌그라드(Jeningrad)

영「명」〔정치와 행정〕 팔레스타인 무장 세력이 이스라엘군을 대상으로 승리를 거둔 제닌 전투를 스탈린그라드 전투에 빗대어 이르는 말. ¶ 팔레스타인 언론은 제닌에서 벌어진 치열한 교전을 **제닌그라드로** 지칭하며 저항의 상징으로 소개했다. 【←Jenin+Stalingrad】【2023년 7월 신어】 <2024년 빈도: 2>

제주남방-밤달팽이(濟州南方밤달팽이)

한+고「명」『동물』〔동식물〕 제주도 남부 지역에 서식하는 밤달팽이의 하나. 주로 한라산 국립 공원 내에서 발견되는 고유종으로, 껍데기는 노르스름한 갈색에 얇고 반투명하며, 배꼽 모양의 작은 구멍이 있는 것이 특징이다. ¶ 이번 조사에서는 **제주남방밤달팽이를** 비롯한 한국 고유종 4종이 한라산 국립 공원에서 확인됐다. 【2023년 12월 신어】 <2024년 빈도: 1>

젠새너티(Jensanity)

영「명」〔인간〕 미국 기업 '엔비디아(NVIDIA)'의 최고 경영자인 젠슨 황(Jensen Huang)의 열광적 인기를 이르는 말. ¶ 구름 같은 인파를 몰고 다니는 젠슨 황의 인기를 외신들은 **젠새너티라고** 부르는데, 이 현상은 엔비디아의 실적과 함께 젠슨 황의 인싸력도 작용한 것이다. 【←Jensen Huang+insanity】【2024년 6월 신어】 <2024년 빈도: 3>

젤리-쌈(<영>jelly쌈)

영+고 「명」 〔식생활〕 얇게 펼친 젤리에 아이스크림 따위를 싸 먹는 간식. ¶ 달콤하고 새콤한 **젤리쌈을** 만들어 먹는 영상이 수백만 조회 수를 기록하며 청소년들 사이에서 큰 인기를 끌고 있다. 【2023년 10월 신어】 <2024년 빈도: 1>

조비이락(曺飛李落)

한+한+한+한 「명」 『정치』 〔삶〕 조씨가 날면 이씨가 떨어진다는 뜻으로, 한 사람의 성공이 다른 사람의 실패로 이어짐을 비유적으로 이르는 말. ¶ 당내 계파 간 경쟁이 치열해지자 **조비이락이라는** 표현이 다시 등장했다. 【2024년 3월 신어】 <2024년 빈도: 1>

조퇴 런(早退<영>run)

한_영 「구」 〔삶〕 학교나 직장에서 조퇴한 뒤 병원이나 맛집, 행사장 등 대기 시간이 긴 곳에 서둘러 가는 일. 또는 그곳에 사람이 몰리는 현상. ¶ 독감 환자가 몰리면서 **조퇴 런을** 해도 진료를 못 받고 발길을 돌리는 사례가 속출했다. 【2023년 12월 신어】 <2024년 빈도: 2>

존재^지속심(存在持續心)

한^한 『불교』 〔종교〕 존재를 계속 이어지게 하는 마음. 불교에서 한순

간의 생각이 끝난 뒤 곧바로 다음 생각으로 이어지게 하는 마음의 작용을 이른다. ¶한 스님은 **존재 지속심을** 일상에서도 유지하면 마음이 흔들리지 않고 삶이 한결 평온해진다고 말했다.【2024년 4월 신어】 <2024년 빈도: 2>

졸리^컷(<프>joli<영>cut)

프^영『건설』〔주생활〕 벽재나 타일의 모서리 단면을 사선으로 가공해 이어 붙이는 마감 방식의 하나. 주로 깔끔하고 미니멀한 인테리어 연출에 쓰인다. ¶시공업체는 욕실 타일 모서리에 **졸리 컷을** 적용해 매끈하고 깔끔한 마감을 완성했다.【2023년 9월 신어】 <2024년 빈도: 2>

종북 횡재(從北橫財)

한_한「구」〔사회생활〕 종북 세력이 뜻밖의 이익이나 혜택을 얻는 일을 비꼬아 이르는 말. ¶정치권에서는 기형적인 선거 제도가 자칫 **종북 횡재로** 이어질 수 있다는 우려가 제기됐다.【2024년 3월 신어】 <2024년 빈도: 1>

종합 방탄 세트(綜合防彈<영>set)

한_한_영「구」〔정치와 행정〕 수사나 재판을 앞둔 사람이 책임을 피하기 위해 여러 수단을 한꺼번에 동원하는 것을 비유적으로 이르는 말. ¶여야 대립이 격화되자 일각에서는 **종합 방탄 세트를** 내놓는 행태가 반복되

고 있다는 지적이 나왔다. 【2023년 8월 신어】 <2024년 빈도: 2>

주가 리튬 비율(株價<영>lithium比率)

한_영_한 「구」 〔경제생활〕 리튬 관련주의 급등 현상을 이르는 말. 리튬을 원재료로 하는 이차 전지 종목의 가격이 비정상적으로 오르자, 기존의 주가 수익 비율로는 설명하기 어렵다는 뜻에서 나온 표현이다. ¶ 이차 전지 종목이 연일 상한가를 기록하면서, 투자자들 사이에서는 **주가 리튬 비율이라는** 말이 농담처럼 쓰이기 시작했다. 【2023년 7월 신어】 <2024년 빈도: 3>

주가 배터리 비율(株價<영>battery比率)

한_영_한 「구」 〔경제생활〕 배터리 관련주의 급등 현상을 이르는 말. 배터리 관련 종목의 가격이 비정상적으로 오르자, 기존의 주가 수익 비율로는 설명하기 어렵다는 뜻에서 나온 표현이다. ¶ 경제 전문가는 배터리 관련주에서 **주가 배터리 비율과** 같은 풍자적 표현이 나오는 것은 그만큼 시장이 비정상적이라는 신호라고 지적했다. 【2023년 7월 신어】 <2024년 빈도: 3>

주식^가치^연동^현금(株式價值連動現金)

한^한^한^한 『경제』 〔경제생활〕 기업에서 임직원에게 부여한 자사의 주식을 지급 시점의 주식 가격을 기준으로 계산하여 현금으로 지급하는 일. ¶ 최근 여러 기업에서는 임직원의 장기적인 성과를 유도하기 위해 주식과 함께 **주식 가치 연동 현금을** 함께 지급하는 방식을 채택하고 있다. 【2024년 2월 신어】 <2024년 빈도: 3>

주저^세대(躊躇世代)

한^한 『사회 일반』 〔인간〕 사회 · 경제적 상황으로 인해 결혼과 출산을 주저하는 세대. ¶ **주저 세대의** 결혼과 출산에 대한 걸림돌은 경제적 문제와 관련이 깊기 때문에, 정책과 제도 개선을 통해 해결 가능하다. 【2024년 3월 신어】 <2024년 빈도: 7>

주죽야스(晝竹夜<일>←sushi[壽司])

한+한+한+일 「명」 〔정치와 행정〕 정치적으로는 반일을 외치면서 실제로는 일본 여행이나 음식 등을 즐기는 모습을 풍자적으로 이르는 말. 낮에는 죽창가를 부르고, 밤에는 스시를 먹는다는 뜻에서 나온 표현이다. ¶ 언론은 한 국회 의원이 본회의에서 일본을 규탄한 뒤, 사적으로는 일본 음식을 검색한 모순적 행동을 **주죽야스라** 비꼬았다. 【2023년 7월 신어】 <2024년 빈도: 1>

중간선-론(中間線論)

한+한 「명」 〔정치와 행정〕 두 나라 해안에서 같은 거리에 있는 중간선을 기준으로 해양 경계를 정해야 한다는 이론. ¶ 두 나라는 배타적 경제

수역의 경계를 정하는 협상에서 **중간선론을** 기준으로 삼았다. 【2024년 2월 신어】 <2024년 빈도: 3>

중대^범죄^신상^정보법(重大犯罪身上情報法)

한^한^한^한 『법률』 〔정치와 행정〕 국가, 사회, 개인에게 중대한 해악을 끼치는 특정 범죄에 대해 수사 및 재판 과정에서 피의자 신상 정보 공개의 대상과 절차를 규정한 법률. 국민의 알 권리를 보장하고 범죄를 예방하기 위해 제정되었다. 정식 명칭은 '특정 중대 범죄 피의자 등 신상 정보 공개에 관한 법률'이다. ¶ 경찰은 해당 사건으로 인한 국민의 불안감을 해소하기 위해 **중대 범죄 신상 정보법에** 따라 피의자의 신상을 공개했다. 【2024년 5월 신어】 <2024년 빈도: 2>

중심^지역^관서제(中心地域官署制)

한^한^한 『행정』 〔정치와 행정〕 치안 수요가 높은 곳을 중심 관서로 지정하여 집중적으로 운영하고, 나머지 관서는 최소한의 인력만으로 운영하는 제도. ¶ 전문가들은 **중심 지역 관서제가** 치안의 효율성은 높이지만, 그 외 지역의 치안 공백을 초래할 수도 있다고 지적했다. 【2023년 9월 신어】 <2024년 빈도: 0>

증빙^어음(證憑어음)

한^고 『경제』 〔경제생활〕 금전 거래 등의 사실을 증명하기 위해 발행된 어음. ¶ 재판부는 **증빙 어음을** 금전적 지원이 이루어진 사실을 입증하는 증거로 삼았다. 【2024년 5월 신어】 <2024년 빈도: 2>

지갑-비(紙匣費)

한+한 「명」 〔경제생활〕 불법 대부업자가 돈을 빌려주면서, 자신의 지갑을 대신 사용한다는 구실로 받는 부당한 비용. ¶ 정부는 수고비, **지갑비라는** 명목으로 불법 수수료를 요구하는 대부업체를 대대적으로 단속하겠다고 밝혔다. 【2023년 11월 신어】 <2024년 빈도: 3>

지구^열대화(地球熱帶化)

한^한 『환경』 〔자연〕 지구의 기온이 높아져 열대 기후 수준의 고온 상태에 이르는 현상. ¶ **지구 열대화에** 따른 폭염과 가뭄이 전 세계적으로 확산되고 있다. 【2023년 7월 신어】 <2024년 빈도: 65>

지국비국(地國比國)

한+한+한+한 「명」 〔정치와 행정〕 '지역구 의원은 국민의 힘 후보에, 비례 대표 의원은 국민의 미래 후보에 투표'를 줄여 이르는 말. 2024년 4월 10일에 실시된 대한민국 제22대 국회 의원 선거에서 나온 표현이다. ¶ 온라인 게시판에는 **지국비국을** 강조하며 보수 결집을 주장하는 글이 게시되었다. 【2024년 3월 신어】 <2024년 빈도: 5>

지국비조(地國比祖)

한+한+한+한 「명」 〔정치와 행정〕 '지역구 의원은 국민의 힘 후보에, 비례 대표 의원은 조국 혁신당 후보에 투표'를 줄여 이르는 말. 2024년 4월 10일에 실시된 대한민국 제22대 국회 의원 선거에서 나온 표현이다. ¶보수 성향 지역에서도 **지국비조가** 나타난 것으로 분석되었다. 【2024년 3월 신어】 <2024년 빈도: 4>

지기비소(地棄比所)

한+한+한+한 「명」 〔정치와 행정〕 '지역구 의원 투표는 기권하고, 비례 대표 의원 투표는 소신대로 함'을 줄여 이르는 말. 2024년 4월 10일에 실시된 대한민국 제22대 국회 의원 선거에서 나온 표현이다. ¶일부 유권자는 선택할 만한 지역구 후보가 없다는 이유로 **지기비소의** 방식으로 투표했다. 【2024년 4월 신어】 <2024년 빈도: 3>

지민비민(地民比民)

한+한+한+한 「명」 〔정치와 행정〕 '지역구 의원은 더불어민주당 후보에, 비례 대표 의원은 더불어민주연합 후보에 투표'를 줄여 이르는 말. 2024년 4월 10일에 실시된 대한민국 제22대 국회 의원 선거에서 나온 표현이다. ¶선거를 앞두고 야권 진영에서는 **지민비민을** 선택해 교차 투표 대신 결집을 택해야 한다는 목소리가 나왔다. 【2024년 3월 신어】 <2024년 빈도: 0>

ㅈ

지민비정(地民比正)

한+한+한+한 「명」 〔정치와 행정〕 '지역구 의원은 더불어민주당 후보에, 비례 대표 의원은 정의당 후보에 투표'를 줄여 이르는 말. 2024년 4월 10일에 실시된 대한민국 제22대 국회 의원 선거에서 나온 표현이다. ¶ 언론 보도는 **지민비정이** 진보 지지층의 표심이 갈라진 양상을 보여 준다고 전했다.【2024년 3월 신어】 <2024년 빈도: 1>

지민비조(地民比祖)

한+한+한+한 「명」 〔정치와 행정〕 '지역구 의원은 더불어민주당 후보에, 비례 대표 의원은 조국혁신당 후보에 투표'를 줄여 이르는 말. 2024년 4월 10일에 실시된 대한민국 제22대 국회 의원 선거에서 나온 표현이다. ¶ 선거 현장에서는 **지민비조가** 전략적 선택으로 거론되었다.【2024년 3월 신어】 <2024년 빈도: 152>

지방^분권^균형^발전법(地方分權均衡發展法)

한^한^한^한 『법률』 〔정치와 행정〕 지역 간 불균형을 해소하고 지역의 특성에 맞는 자립적 발전을 추진하기 위해 제정한 법률. 정식 명칭은 '지방 자치 분권 및 지역 균형 발전에 관한 특별법'이다. ¶ 지방 시대 시행 계획은 **지방 분권 균형 발전법에** 따라 매년 수립되는 법정 계획이다.【2023년 7월 신어】 <2024년 빈도: 4>

지역^필수^의사제(地域必須醫師制)

한^한^한 『보건 일반』〔정치와 행정〕 의과 대학 입학생 중 일정 비율을 지역 인재 전형으로 선발하는 대신 졸업 이후 일정 기간 해당 지역에서 근무하도록 하는 제도. '계약형 지역 필수 의사 제도'를 줄여 이르는 말이다. =지역 필수 의사 제도. ¶ 보건 복지부는 지역 의료 체계의 붕괴를 막기 위해서 **지역 필수 의사제** 도입을 추진하기로 했다. 【2024년 2월 신어】 <2024년 빈도: 144>

지역^필수^의사^제도(地域必須醫師制度)

한^한^한^한 『보건 일반』〔정치와 행정〕 의과 대학 입학생 중 일정 비율을 지역 인재 전형으로 선발하는 대신 졸업 이후 일정 기간 해당 지역에서 근무하도록 하는 제도. '계약형 지역 필수 의사 제도'를 줄여 이르는 말이다. =지역 필수 의사제. ¶ ○○당은 지역 의대 신설을 추진함과 동시에 **지역 필수 의사 제도를** 도입해 지역의 의료 환경 개선을 위한 계획을 세웠다. 【2024년 2월 신어】 <2024년 빈도: 7>

ㅈ

지차비소(地次比所)

한+한+한+한 「명」〔정치와 행정〕 '지역구 의원은 차선 또는 차악에 투표하고, 비례 대표 의원 투표는 소신대로 함'을 줄여 이르는 말. 2024년 4월 10일에 실시된 대한민국 제22대 국회 의원 선거에서 나온 표현이다. ¶ 정치 평론가는 **지차비소가** 거대 양상 중심의 구조 속에서 유권자의 소신을

반영하는 방법이 될 수 있다고 설명했다. 【2024년 4월 신어】 <2024년 빈도: 3>

질병 휴직 심사제(疾病休職審査制)

한_한_한「구」〔정치와 행정〕 질병 휴직 신청 시 별도의 심사 절차를 통해 그 필요성을 검토하도록 한 제도. 법적으로 규정된 제도가 아닌, 기관마다 임의적으로 시행하는 제도이다. ¶ 법적 근거가 없는 **질병 휴직 심사제가** 기관마다 다르게 시행되면서 형평성 논란이 제기되었다. 【2024년 5월 신어】 <2024년 빈도: 1>

집-가락

고+고「명」〔식생활〕 집게와 젓가락의 기능을 결합한 기구. 주로 긴 면이나 작은 반찬 등을 집을 때 사용한다. ¶ 한 먹방 크리에이터가 **집가락으로** 국수 한 그릇을 통째로 들어 올리자 시청자들이 놀랍다는 반응을 보였다. 【2023년 11월 신어】 <2024년 빈도: 4>

집단^항명^수괴죄(集團抗命首魁罪)

한^한^한『법률』〔정치와 행정〕 집단적으로 상관의 명령에 불복하는 행위를 주도하여, 그 우두머리 역할을 한 군인 또는 군무원 등의 준군인에게 적용되는 군 형법상의 죄. ¶ 군검찰은 부대 내 항명 사태를 주도한 인물에게 **집단 항명 수괴죄를** 적용했다. 【2023년 8월 신어】 <2024년 빈도:

12>

집단^항명죄(集團抗命罪)

한^한 『법률』 〔정치와 행정〕 군인 또는 군무원 등의 준군인이 무리를 지어 상관의 정당한 명령에 반항하거나 복종하지 않을 때 적용되는 군 형법상의 죄. ¶ 군사 재판에서 피고인들은 자신들의 행동이 단순 불만 표시였다고 주장했지만, 법원은 이를 상관 명령에 대한 조직적 거부로 보아 **집단 항명죄를** 인정했다. 【2023년 8월 신어】 <2024년 빈도: 11>

짭투리

고+고 「명」 〔사회생활〕 실제 사투리 화자가 아닌 사람이 따라하거나 흉내 낸 사투리. ¶ 그는 부산 출신이라고 우겼지만 **짭투리를** 쓰다 곧 부산 사람이 아님이 들통났다. 【2024년 1월 신어】 <2024년 빈도: 1>

쫀복-이

고+고 「명」 〔식생활〕 쫀득한 복숭아를 줄여 이르는 말. 일반적인 복숭아에 비해 과육이 부드러우면서 씹는 맛이 있는 것이 특징이다. ¶ **쫀복이는** 달콤한 맛과 쫀득한 식감으로 입소문을 타며 온라인몰에서는 일찌감치 완판됐다. 【2023년 7월 신어】 <2024년 빈도: 2>

찐명-일색(眞▽明一色)

한+한「명」〔정치와 행정〕 특정 집단이 친이재명계 인사로만 이루어진 상태. ¶ 공천 결과가 발표되자, 후보 명단이 **찐명일색이라는** 평가가 정치권 안팎으로 퍼져 나갔다.【2024년 2월 신어】 <2024년 빈도: 1>

찐명-횡재(眞▽明橫財)

한+한「명」〔정치와 행정〕 친이재명계 인사들이, 공직 인사 등의 과정에서 뜻밖의 큰 이익을 얻는 상황을 이르는 말. ¶ 공천 배제 명단에 비명계만 몰리자, 당 안에서는 **찐명횡재라는** 반응이 나왔다.【2024년 2월 신어】 <2024년 빈도: 2>

찐윤-무사(眞▽尹無事)

한+한「명」〔정치와 행정〕 친윤석열계 인사가 무사히 공천을 받은 상황을 이르는 말. ¶ 일부 지역구에서는 윤석열 측근만 공천을 받으며 **찐윤무사라는** 말이 나왔다.【2024년 3월 신어】 <2024년 빈도: 1>

차일드 페널티(<영>child penalty)

영_영 「구」 〔사회생활〕 임금이 줄어들거나 승진이 어려워지는 등 출산한 여성이 노동 시장에서 받게 되는 불이익을 이르는 말. ¶ ○○는 출산에 따른 여성의 고용상 불이익을 의미하는 **차일드 페널티가** 국내 출산율 하락의 주요 원인이라고 분석했다. 【2023년 10월 신어】 <2024년 빈도: 1>

채상병-법(蔡上兵法)

한+한 「명」 『법률』 〔정치와 행정〕 2023년 예천군 수해 실종자 수색 작전 중 순직한 채 상병과 관련된 수사 방해 의혹 등을 밝히기 위해 특별 검사를 임명하도록 한 법률. 정식 명칭은 '순직 해병 수사 방해 및 사건 은폐 등의 진상 규명을 위한 특별 검사의 임명 등에 관한 법률'이다. =채상병 특검법. ¶ 대통령이 **채상병법에** 대한 거부권을 행사하자 야당은 재의결을 추진했다. 【2024년 5월 신어】 <2024년 빈도: 1>

채상병^특검법(蔡上兵特檢法)

한^한 『법률』 〔정치와 행정〕 2023년 예천군 수해 실종자 수색 작전 중 순직한 채 상병과 관련된 수사 방해 의혹 등을 밝히기 위해 특별 검사를 임명하도록 한 법률. 정식 명칭은 '순직 해병 수사 방해 및 사건 은폐 등의 진상 규명을 위한 특별 검사의 임명 등에 관한 법률'이다. =채상병법. ¶ 여

大

야는 국회 마지막 본회의에서 **채상병 특검법의** 처리를 두고 끝까지 충돌했다.【2023년 9월 신어】 <2024년 빈도: 977>

채소 런(菜蔬<영>run)

한_영 「구」〔경제생활〕 한정 수량으로 판매되는 채소를 사기 위해 서둘러 가는 일. 또는 그곳에 사람이 몰리는 현상. ¶ 연일 오르는 채솟값 탓에 대형 마트 행사장에는 아침부터 **채소 런이** 이어졌다.【2024년 3월 신어】 <2024년 빈도: 3>

책태-기(冊怠期)

한+한 「명」〔삶〕 책 읽기에 흥미를 잃고 싫증을 느끼는 시기. ¶ 글쓰기에만 매달리다 보니 책을 손에 잡기 싫어져 긴 **책태기를** 겪었다.【2023년 7월 신어】 <2024년 빈도: 1>

철도^지하화^통합^개발법(鐵道地下化統合開發法)

한^한^한^한 『법률』〔정치와 행정〕 철도를 지하화하고 철도 부지와 주변 지역을 개발하여 공공 복리를 증진하고자 제정된 법률. 정식 명칭은 '철도 지하화 및 철도 부지 통합 개발에 관한 특별법'이다. ¶ 의회는 **철도 지하화 통합 개발법을** 적용해 지역 교통 문제와 주거 문제를 동시에 해결할 수 있을 것으로 기대했다.【2024년 3월 신어】 <2024년 빈도: 4>

청정^경제^협정(淸淨經濟協定)

한^한^한 『경제』〔정치와 행정〕 인도 태평양 경제 프레임워크 참여국들이 에너지 전환, 온실가스 감축 등 청정 에너지 분야에서 협력하기 위해 맺은 협정. ¶ 산업계에서는 **청정 경제 협정이** 친환경 기술의 중요성을 부각시켜 국내 에너지 솔루션 기업들이 해외 시장으로 진출하는 데 힘이 되었다고 평가했다. 【2023년 11월 신어】 <2024년 빈도: 14>

체이스퍼(<영>▼chase←percent)

영+영 「명」〔개념〕 야구에서, 타자가 스트라이크 존 바깥의 공에 스윙한 비율. ¶ 그는 **체이스퍼를** 낮추면서 볼넷을 늘려 팀이 경기를 풀어 가는 데 중요한 역할을 했다. 【2023년 9월 신어】 <2024년 빈도: 4>

초격차^기술^특례^상장(超隔差技術特例上場)

한^한^한^한 『경제』〔정치와 행정〕 국가 차원에서 육성이 필요한 첨단 기술 보유 기업을 빠르게 상장할 수 있도록 마련한 제도. ¶ 첨단 재생 의료 기술을 보유한 기업이 **초격차 기술 특례 상장** 1호로 상장해 국내 주식 시장의 관심을 끌었다. 【2023년 7월 신어】 <2024년 빈도: 0>

초광역^특별시(超廣域特別市)

한^한 『행정』〔정치와 행정〕 인접한 자치 단체 간의 행정 기능 및 지역

자원을 통합하여, 하나의 대규모 광역권 형태로 운영하기 위해 제안된 새로운 형태의 자치 단체 명칭. ¶ 위원회는 광역 시도를 묶어 **초광역 특별시로** 지정하는 방안을 검토하고 있다.【2023년 12월 신어】 <2024년 빈도: 1>

초일^가점(初日加點)

한^한 『경제』〔정치와 행정〕 공모주 수요 예측에서, 첫날 주문을 넣은 기관 투자자에게 가산점을 주는 제도. ¶ 공모주 시장에서는 첫날 주문에 참여해 **초일 가점을** 확보하는 것이 필수 전략으로 자리를 잡았다.【2023년 12월 신어】 <2024년 빈도: 3>

초저온^회복^처치기(超低溫回復處置機)

한^한^한 『보건 일반』〔보건 · 의학〕 액화 질소 등으로 몸을 영하의 온도에 잠시 노출시켜 피로 회복을 돕는 장치. ¶ 훈련 직후, 선수들은 근육의 피로도를 줄이기 위해 **초저온 회복 처치기를** 이용하기도 한다.【2023년 8월 신어】 <2024년 빈도: 6>

추구-미(追求美)

한+한 「명」〔인간〕 스스로 추구하는 미적 기준이나 스타일. ¶ ○○○의 옷차림은 평소 상남자다운 매력을 어필하는 ○○○의 **추구미와는** 완전히 다른 비주얼을 자아냈다.【2023년 8월 신어】 <2024년 빈도: 31>

췌도^부전증(膵島不全症)

한^한 『의학』〔보건 · 의학〕 췌장에서 인슐린을 만드는 세포가 제 기능을 하지 못해 혈당 조절이 어려워지는 병. ¶ 그는 **췌도 부전증** 판정을 받고 난 뒤 하루도 빠짐없이 혈당을 확인하며 생활하고 있다. 【2023년 11월 신어】 <2024년 빈도: 3>

치킨^노조법(<영>chicken勞組法)

영^한 『법률』〔정치와 행정〕 '가맹 사업 거래의 공정화에 관한 법률'의 개정안을 비판적으로 이르는 말. 프랜차이즈 가맹점주 단체에 노동조합과 같은 교섭권을 부여한 개정안이 점주에게만 유리하다고 평가된 데서 비롯한 표현이다. ¶ 일각에서는 **치킨 노조법이** 시행되면 프랜차이즈 본사와 점주 간 자유 계약의 질서가 무너질 것이라고 우려했다. 【2023년 12월 신어】 <2024년 빈도: 1>

大

ㅋ

칼틀막

고+고+고「명」〔사회생활〕'칼로 틀어막음'을 줄여 이르는 말. 위협적인 언행으로 다른 사람의 비판이나 의견 표출을 억압하는 일을 비유적으로 이르는 말이다. ¶ 일부 기자들은 이번 사건을 '입틀막'을 넘어선 **'칼틀막'이라며** 언론 자유를 정면으로 위협하는 행태라고 비판했다.【2024년 3월 신어】<2024년 빈도: 25>

캐리오버-템(<영>▼carryover←item)

영+영「명」〔경제생활〕한 시즌이 지나도 계속 판매되는 기본 상품을 이르는 말. 주로 특정 브랜드의 로고 티셔츠나 셔츠, 청바지 등을 말한다. ¶ 이번 시즌 매출에서 큰 비중을 차지한 것은 전 시즌부터 꾸준히 팔린 **캐리오버템이었다.**【2023년 7월 신어】<2024년 빈도: 1>

캐시 펍(<영>▼cash pub)

영_영「구」〔삶〕카드 게임과 음주가 가능한 술집으로 가장하지만, 칩을 현금으로 바꾸어 주는 불법 도박 업소. ¶ 지난 7월 경찰청은 수백억 원 규모에 달하는 **캐시 펍** 도박 사례가 연이어 적발됨에 따라 이들 업소를 집중적으로 단속하겠다고 밝혔다.【2023년 12월 신어】<2024년 빈도: 2>

커피크닉(<영>▼coffee←picnic)

영+영「명」〔삶〕 야외에서 커피를 마시며 여유를 즐기는 일. ¶경포 호수 광장에선 **커피크닉이** 운영되어 여행객들이 잔디밭에서 커피와 함께 아름다운 경포호를 보며 가을밤을 즐겼다.【2023년 10월 신어】 <2024년 빈도: 2>

컨셔슈머(<영>▼←consious consumer)

영+영「명」〔경제생활〕 환경, 건강, 윤리 등 자신이 중요하게 생각하는 가치에 따라 물건을 구매하는 소비자. ¶환경과 건강에 높은 관심을 가진 **컨셔슈머가** 소비 트렌드를 주도하면서 비건 제품 시장이 확대되고 있다.【2024년 1월 신어】 <2024년 빈도: 2>

케이인니-팝(K印尼pop)

(영+한)+영「명」『음악』〔문화〕 케이팝에 인도네시아 대중음악이 결합된 음악 장르. 강렬하고 힙한 사운드와 중독성 있는 멜로디가 특징이다. ¶○○은 국내 최초로 한국어 가사와 인도네시아어 가사가 섞인 **케이인니팝** 신곡을 공개했다.【K: Korean】【2023년 8월 신어】 <2024년 빈도: 2>

ㅋ

코스피^이백^위클리^커버드^콜^에이티엠^지수(KOSPI二百weekly covered call ATM指數)

영^한^영^영^영^영^한 『경제』 〔개념〕 코스피 200 지수에 기반하여 주간 단위로 계산되는 금융 지수. 코스피 200 지수를 현물로 매수하는 동시에, 코스피 200 옵션 시장에 상장된 가장 가까운 만기의 에이티엠(ATM) 콜 옵션을 매도하는 '커버드 콜 매도 전략'을 주간 단위로 실행하여 산출된다. ¶ **코스피 이백 위클리 커버드 콜 에이티엠 지수가** 산출된 2019년 이후 현재까지 월 평균 옵션 프리미엄은 월 3% 수준이다. 【KOSPI: Korea Composite Stock Price Index】, 【ATM: at the money】 【2023년 11월 신어】 <2024년 빈도: 0>

쾌룡-적(快龍的)

한+한 「관 · 명」 〔인간〕 외모나 재주 등이 아주 우세하여 남을 능가할 만한. 또는 그런 것. =폭룡적. ¶ 저 피아니스트의 연주는 정말 **쾌룡적이다.** 【2023년 11월 신어】 <2024년 빈도: 0>

쿠키^컷(<영>▼cookie cut)

영^영 『건설』 〔주생활〕 쿠키 틀에서 쿠키를 찍어 내는 것처럼, 특정 디자인 등을 반복해 구조물을 건축하는 공법. ¶ ○○은 국내 최초로 표준화된 공장을 찍어 내는 **쿠키 컷** 방식을 적용해 내년까지 공장을 완공하겠다는 계획이다. 【2023년 10월 신어】 <2024년 빈도: 11>

클린^임대인^제도(<영>clean賃貸人制度)

영^한^한 『행정』〔정치와 행정〕 서울시가 임차 주택의 권리 관계와 임대인의 신용 정보 등을 확인해, 안심하고 거래할 수 있는 매물임을 인증하는 제도. =클린 임대제. ¶ 서울시는 위축된 빌라 전세 시장이 **클린 임대인 제도를** 통해서 활력을 찾고, 안심하고 거래가 가능한 임대차 계약 문화가 정착되길 바란다고 말했다. 【2024년 6월 신어】 <2024년 빈도: 9>

클린^임대제(<영>clean賃貸度)

영^한 『행정』〔정치와 행정〕 서울시가 임차 주택의 권리 관계와 임대인의 신용 정보 등을 확인해, 안심하고 거래할 수 있는 매물임을 인증하는 제도. =클린 임대인 제도. ¶ 서울시는 **클린 임대제는** 매물 자체에 문제가 없다는 정보를 제공하며, 올해 6월부터 온라인상에서 클린 마크가 붙은 물건을 볼 수 있을 것이라고 전했다. 【2024년 6월 신어】 <2024년 빈도: 2>

ㅋ

키슐랭(<영>▼←kids Michelin)

영+프 「명」 『사회 일반』〔식생활〕 아동과 가족의 방문을 환영하는 식당 및 카페. 아동 친화적인 외식 문화를 지원하기 위해 서울 성동구에서 만든 '아이사랑 맛집' 인증 제도로, '키즈(kids)'와 '미슐랭(Michelin)'을 결합하여 만든 말이다. ¶ ○ 씨는 **키슐랭** 식당을 운영하면서, 성동구에 거주하는 6살 이하 아이를 동반하는 가족에게는 할인 혜택을 제공한다. 【2023년 11월 신어】 <2024년 빈도: 7>

킥^스테이지(<영>kick stage)

영^영 『천문』〔정보 · 기술〕 로켓 발사체에서 위성이나 탐사체를 최종 적으로 정밀 궤도에 배치하기 위해 사용되는 엔진 모듈. ¶ ○○은 1단 엔진과 위성 보호 덮개 분리, 2단 엔진 분리 등의 과정을 마치고 **킥 스테이지를** 이용해 오전 8시 22분 1호 위성을 최종 궤도에 투입하였다. 【2024년 4월 신어】 <2024년 빈도: 1>

킹-무직(<영>king務職)

영+한 「명」『사회 일반』〔사회생활〕 직업 안정성이 높고 급여나 복지 등의 처우가 좋은 공무직 또는 대기업 사무직을 비유적으로 이르는 말. 왕을 의미하는 '킹(king)'과 '사무직(事務職)'을 결합하여 만든 말이다. ¶ 커뮤니티에는 공무직의 처우가 좋은 것에 비해 업무 강도가 낮은 것 때문에 **킹 무직이나** 갓무직이라고 칭하며 노골적으로 비판하는 글이 자주 올라온다. 【2024년 3월 신어】 <2024년 빈도: 1>

ㅌ

탄핵^만능주의(彈劾萬能主義)

한^한 『정치』〔인간〕 탄핵을 통해 모든 정치적 문제를 해결할 수 있다고 믿는 태도. ¶ ○ 의원은 정부에 반대하고 정책을 바로잡는 일이 **탄핵 만능주의로** 빠져서는 안 된다고 비판했다. 【2023년 9월 신어】 <2024년 빈도: 3>

탄핵^만능주의자(彈劾萬能主義者)

한^한 『정치』〔인간〕 탄핵을 통해 모든 정치적 문제를 해결할 수 있다고 믿거나 주장하는 사람. ¶ 해당 의원들은 **탄핵 만능주의자와** 정치적 수단으로 탄핵을 언급하는 정치인을 당직에서 전면 배제해야 한다고 주장했다. 【2023년 11월 신어】 <2024년 빈도: 0>

탈쿠팡-족(脫Coupang族)

한+영+한 「명」 『사회 일반』〔인간〕 쿠팡의 서비스 이용 요금 인상으로 인해 쿠팡 구독 서비스를 중단한 사람. 또는 그런 무리. ¶ 유통업체들은 구독료 인상에 따른 **탈쿠팡족을** 잡기 위해서 구독료를 할인하는 마케팅을 펼치고 있다. 【2024년 4월 신어】 <2024년 빈도: 4>

탈팡-족(脫←Coupang族)

한+영+한「명」『사회 일반』〔인간〕‘탈쿠팡족’의 준말. ¶ **탈팡족이** 적은 이유는 요금 인상을 고려해도 무료 반품, 무료 배달 등 멤버십 혜택이 더 크기 때문으로 보인다.【2024년 4월 신어】 <2024년 빈도: 1>

탈핑크^타이드(脫<영>pink tide)

(한+영)^영『정치』〔정치와 행정〕남아메리카에서 1990년대 말부터 20여 년간 온건 사회주의 정당이 연속해서 집권한 정치적 흐름에서 벗어나, 보수 정권이 집권하게 되는 흐름. ¶ 중남미에서의 **탈핑크 타이드** 흐름이 내년에도 계속해서 거세질 수 있을지에 대해서 관심이 쏠리고 있다.【2023년 11월 신어】 <2024년 빈도: 2>

텀꾸(<영>←tumbler꾸)

영+고「명」〔삶〕‘텀블러 꾸미기’를 줄여 이르는 말. 다양한 색의 스티커, 키링, 스트랩 등을 이용해 텀블러를 꾸미는 행위를 말한다. ¶ 미국에서 유행하던 **텀꾸가** 유명 유튜버를 통해 국내에 전해지면서 **텀꾸에** 대한 젊은 층의 관심이 높아지고 있다.【2024년 2월 신어】 <2024년 빈도: 4>

테무-깡(Temu깡)

영+고「명」〔경제생활〕중국의 전자 상거래 플랫폼인 ‘테무’에서 물건을 대량으로 구매한 뒤 이를 개봉하는 영상 콘텐츠. 또는 이러한 영상 콘텐츠를 업로드하는 행위. 구독자 수와 클릭 수를 쉽게 늘려 곧바로 수익을 얻는 현상을 '카드깡'에 빗대어 이르는 말이다. ¶ 최근 10대와 20대를 중심으로 테무에서 구입한 상품을 쇼트 폼으로 올려 조회 수와 수익을 동시에 얻는 **테무깡이** 유행하고 있다. 【2023년 11월 신어】 <2024년 빈도: 7>

테무 지옥(Temu地獄)

영_한 「구」 〔경제생활〕 상품의 가격이 낮은 중국의 전자 상거래 플랫폼인 '테무'에서 물건을 계속해서 구매하는 행위를 영원히 빠져나올 수 없는 지옥에 빗대어 이르는 말. ¶ **테무 지옥에** 빠진 사람들이 늘어나면서 우리나라의 유통 시장은 중국 기업에 빠르게 잠식되고 있다. 【2024년 1월 신어】 <2024년 빈도: 2>

테무^차단법(Temu遮斷法)

영^한 『법률』 〔정치와 행정〕 '테무'와 '알리익스프레스' 등 중국의 전자 상거래 플랫폼의 가품 판매, 성인용품 노출, 마약성 의약품 같은 불법 제품 유입 등의 부작용을 막기 위해 미국, 영국, 프랑스에서 도입을 논의 중인 법안. ¶ 테무에 의해 세계의 유통이 초토화되자, 미국, 영국, 프랑스에서는 **테무 차단법** 도입을 고려하고 있다. 【2024년 3월 신어】 <2024년 빈도: 2>

토마토-뿔나방(<영>tomato뿔나방)

영+고「명」『동물』〔동식물〕 뿔나방과의 곤충. 성충의 몸길이는 7mm 정도이며, 회색 비늘과 날개 앞면에 검은 점이 있다. 잎, 줄기, 꽃, 과일 등을 먹고 산다. ¶ 친환경 농업을 하는 농가의 경우 **토마토뿔나방** 때문에 작년에 비해 토마토의 수확량이 80%나 줄었다고 한다.【2024년 4월 신어】 <2024년 빈도: 3>

통-공매(통公賣)

고+한「명」『법률』〔정치와 행정〕 법률에 의해서 공공 기관이 강제적으로 아파트 단지나 상가 따위의 전체를 처분하여 돈으로 변환하는 일. ¶ 아파트 건축 시행사가 2,800억 원의 대출 만기를 연장했지만, 100억 원대 이자를 갚지 못하며 아파트가 **통공매가** 될 상황이 되었다.【2024년 2월 신어】 <2024년 빈도: 1>

통-꾸(通꾸)

한+고「명」〔경제생활〕 '통장 꾸미기'를 줄여 이르는 말. 돈을 열심히 벌어 통장에 모으는 행위를 말한다. ¶ 노동으로 생각하면 하기 싫은 일을 **통꾸로** 생각하면 할 수 있다는 사고의 전환은 꾸미기의 본질은 즐겁다는 시대적 합의를 바탕으로 한다.【2024년 4월 신어】 <2024년 빈도: 4>

통뼈 캐슬(통뼈<영>castle)

고_영「구」〔주생활〕 부실 시공된 아파트를 비하하여 이르는 말. 롯데건설에서 지은 한 아파트에서 철근이 콘크리트 밖으로 돌출되면서 붙여진 이름이다. ¶ 아파트 외벽에 철근이 드러난 사례가 나타나면서 **통뼈 캐슬이라는** 우려 섞인 별칭도 등장하였다. 【2023년 7월 신어】 <2024년 빈도: 8>

투어플레이션(<영>tourflation)

영「명」『경제』〔경제생활〕 유명 가수들의 콘서트 투어로 인해 해당 지역의 호텔, 식당 등의 수요가 급증해 물가가 치솟는 현상. ¶ 미국 팝 스타들의 월드 투어 콘서트가 물가 상승을 부추긴다는 **투어플레이션** 논란이 커지고 있다. 【←tour+inflation】【2023년 7월 신어】 <2024년 빈도: 6>

트리플-벌이(<영>triple벌이)

영+한「명」〔사회생활〕 부부가 합해서 세 개의 직업을 가지고 돈을 벎. 또는 그런 일. ¶ 이러한 부업 행위는 한 가정에서 맞벌이를 넘어 **트리플벌이를** 하는 것으로 일컬어진다. 【2023년 12월 신어】 <2024년 빈도: 1>

E

틱톡^강제^매각법(Tiktok強制賣却法)

영^한^한『법률』〔정치와 행정〕 중국계 기업이 소유한 틱톡의 미국 내

서비스 유지를 조건으로 270일 이내에 미국 사업권을 매각하도록 의무화하고, 이를 이행하지 않을 경우 미국 내 틱톡의 유통과 업데이트를 전면 금지하는 내용을 담은 법률. 2024년 4월 24일 조 바이든 미국 대통령의 서명 및 공포로 정식 법률로 확정되었다. ¶ 미국 하원이 안보 위협을 이유로 **틱톡 강제 매각법을** 통과시킨 가운데 서방 주요국에서도 중국 기업에 대한 규제 강도를 높이고 있다. 【2024년 3월 신어】 <2024년 빈도: 32>

ㅍ

파묘-들다(破墓들다)

한+고「동」〔사회생활〕 24년 2월에 개봉한 영화인 '파묘'의 매력에 빠지다. '파묘'와 '스며들다'를 결합하여 만든 말이다. ¶ 이젠 전 세계가 영화 파묘에 **파묘들** 시간이다.【2024년 2월 신어】 <2024년 빈도: 0>

파틀막

고+고+고「명」〔사회생활〕 '파를 가지고 오는 것을 틀어막음'을 줄여 이르는 말. 제22대 국회 의원 선거 투표장에 대파를 반입할 수 없게 선관위에서 금지한 일로, 제20대 대통령 윤석열이 대파의 가격을 시장가보다 매우 낮게 발언한 것에 반발한 유권자들이 투표장에 대파를 들고 간 것에서 비롯되었다. ¶ 이 대변인은 대파 가격으로 국민 눈을 속이려고 해도 좋지만, 선관위까지 **파틀막을** 해서야 되겠냐고 했다.【2024년 3월 신어】 <2024년 빈도: 32>

패낳괴(<영>←passive낳怪)

영+고+한「명」〔경제생활〕 '패시브가 낳은 괴물'을 줄여 이르는 말. 패시브 펀드의 매수 흐름이 과열되어 실제 종목의 가치와 괴리가 발생하는 종목을 비유적으로 일컫는다. ¶ ○○이 코스피 이백 지수에 편입될 가능성이 커지면서 **패낳괴** 대열에 합류했다는 평가가 나온다.【2023년 11월 신

ㅍ

어】 <2024년 빈도: 2>

펫 파킹(<영>▼pet parking)

영_영「구」〔삶〕 반려동물의 목줄을 고리로 걸어 동물을 대기시키는 장소. ¶ ○○시는 골목마다 **펫 파킹을** 설치해 반려동물을 동반한 고객의 상점 이용률을 높이고자 했다.【2023년 9월 신어】 <2024년 빈도: 3>

편법 휴진(便法休診)

한_한「구」〔보건 · 의학〕 개원의가 휴진 신고를 하지 않은 채로 자리를 비워 진료를 하지 않거나 오전에 소수의 환자만을 진료하는 행위. 윤석열 정부의 의대 정원 증원에 반대하며 일어난 시위의 하나이다. ¶ 대통령 역시 **편법 휴진에** 엄정하게 대응할 것을 주문하는 등 강경한 대응 방침을 밝혔다.【2024년 6월 신어】 <2024년 빈도: 1>

평화누리-특별자치도(平和누리特別自治道)

(한+고)+한「명」『지명』〔정치와 행정〕 공모를 통해 선정된 '경기북부특별자치도'의 명칭. ¶ 출범 예정인 경기북부특별자치도의 새 이름이 **평화누리특별자치도로** 정해지자, 경기도 북부에 거주하는 사람들 사이에서는 엇갈린 반응이 나오고 있다.【2024년 3월 신어】 <2024년 빈도: 39>

포괄^소득화(包括所得化)

한^한 『경제』 〔경제생활〕 실제 벌어들인 소득뿐만 아니라 귀속 임대료 등과 같은 암묵적인 소득을 포함함. ¶ **포괄 소득화를** 했을 때 2017년 기준 우리나라의 노인 빈곤율은 34.8%로 독일, 영국, 미국 등 주요 8개국 중에서 가장 높았다. 【2023년 9월 신어】 <2024년 빈도: 3>

폭룡-적(爆龍的)

한+한 「관 · 명」 〔인간〕 외모나 재주 등이 아주 우세하여 남을 능가할 만한. 또는 그런 것. =쾌룡적. ¶ 연예인 ○○○은 날렵한 턱선과 오똑한 콧대로 **폭룡적인** 비주얼을 자랑하였다. 【2023년 9월 신어】 <2024년 빈도: 0>

표준^학급^수(標準學級數)

한^한^한 『교육』 〔교육〕 학급당 교부금을 균등하게 산정하기 위해 실제 학급의 수가 아니라 학생의 수를 기준으로 하여 학급의 수를 계산하는 방식. ¶ ○○○ 교수는 도시권과 비도시권 학급 간의 학생 수 차이가 큰 만큼, 전국적으로 동일한 **표준 학급 수** 개념을 만들어 교부금을 산정해야 한다고 말했다. 【2024년 6월 신어】 <2024년 빈도: 2>

ㅍ

표틀막(票틀막)

한+고+고 「명」 〔정치와 행정〕 '표를 틀어막음'을 줄여 이르는 말. 법안을 부결시키기 위해서 당에 소속된 국회 의원들의 투표권을 행사하지 못하게 압박을 넣는 행위를 이르는 말이다. ¶ ○○○ 원내 대표도 이날 특검법 재의결이 하루 앞으로 다가왔다고 말하며 이번에는 **표틀막이냐고** 지적했다. 【2024년 4월 신어】 <2024년 빈도: 9>

푸드^큐아르(<영>food QR)

영^영『정보 · 통신』〔정보 · 기술〕 식품에 대한 자세한 정보가 담긴 큐아르 코드. 식품을 고유하게 구분하기 위한 상품 식별 코드와 해당 식품에 관한 다양한 정보로 연결되는 인터넷 주소가 포함되어 있다. =푸드 큐아르 코드. ¶ 식품 안전 의학처에서는 일상화된 온라인 식품 유통 환경에 빠르게 대응하기 위해 **푸드 큐아르를** 활용한다. 【QR: quick response】【2023년 7월 신어】 <2024년 빈도: 0>

푸드^큐아르^코드(<영>food QR code)

영^영^영『정보 · 통신』〔정보 · 기술〕 식품에 대한 자세한 정보가 담긴 큐아르 코드. 식품을 고유하게 구분하기 위한 상품 식별 코드와 해당 식품에 관한 다양한 정보로 연결되는 인터넷 주소가 포함되어 있다. =푸드 큐아르. ¶ ○○은 **푸드 큐아르 코드** 국제 표준화 추진을 위한 업무 협약을 체결했다. 【QR: quick response】【2024년 6월 신어】 <2024년 빈도: 0>

푹스^디스트로피(Fuchs<영>dystrophy)

독^영 『의학』 〔보건 · 의학〕 각막 내피세포의 점진적인 손상 및 감소로 각막 부종과 시력 손실을 유발하는 유전성 안과 질환. ¶ 질병 관리청이 **푹스 디스트로피** 등을 포함한 83개 질환을 국가 관리 대상 희귀 질환으로 지정했다고 밝혔다. 【2023년 11월 신어】 <2024년 빈도: 1>

푼타데바카스-잎귀쥐(Punta de Vacas잎귀쥐)

에+고 「명」 『동물』 〔동식물〕 쥣과의 하나. 해발 고도 6,000미터 이상의 고도에서 서식하여 현재 발견된 포유류 중 가장 높은 고도에서 서식하는 포유류이다. ¶ 미국 연구 팀이 남아메리카 안데스산맥 해발 고도 6,000미터 이상 고산 지대에서 살았던 것으로 추정되는 **푼타데바카스잎귀쥐의** 미라를 발굴했다. 【2023년 10월 신어】 <2024년 빈도: 0>

풀 더빙 툰(<영>▼full dubbing←cartoon)

영_영_영 「구」 〔문화〕 등장인물의 대사 전체에 성우의 목소리를 더하여 녹음한 웹툰. ¶ 출판사는 민담집을 무빙툰이나 **풀 더빙 툰** 등으로도 제작하는 등 콘텐츠의 다각화도 계획하고 있다. 【2023년 11월 신어】 <2024년 빈도: 1>

플러그엔비(<영>pluggnb)

영 「명」 『음악』 〔문화〕 힙합의 하위 장르인 플러그와 아르 앤드 비가 결합한 음악 장르. 몽환적인 음악 스타일이 특징이다. ¶ ○○은 **플러그엔비와** 하우스를 결합한 음원으로 빌보드 입성에 성공했다. 【←plugg+R&B】【2024년 3월 신어】 <2024년 빈도: 1>

플레우로시스티티드(<라>pleurocystitid)

라 「명」 『동물』 〔동식물〕 극피동물문에 속하는 해저 동물. 크기는 10㎝ 정도이며, 약 4억 5천만 년 전 바다 밑바닥에서 서식하였다. ¶ 미국 ○○ 대 연구진은 4억 5,000만 년 전 바다 밑바닥을 기어다녔던 동물인 **플레우로시스티티드를** 로봇으로 만들어 재현하는 데 성공했다고 밝혔다. 【2023년 11월 신어】 <2024년 빈도: 12>

피드 블록(<영>feed block)

영_영 「구」 〔경제생활〕 난연성 스티로폼을 첨가하여 블록의 형태로 가공한 것으로, 갈색거저리의 애벌레인 밀웜의 먹이. ¶ **피드 블록을** 급여한 밀웜은 스티로폼 처리 속도가 45% 정도 빠르고, 밀웜이 거의 죽지 않는다는 장점이 있다. 【2024년 4월 신어】 <2024년 빈도: 3>

피코-플레어(<영>picoflare)

영+영 「명」 『천문』 〔자연〕 태양에서 발생하는 가장 큰 플레어의 약 1조분의 1만큼의 에너지를 가진 플레어. 피코는 약 10의 12승(1조)을 의미하는 단위이다. ¶ **피코플레어는** 에너지는 작지만 그 수가 많아 1분만 활동해도 거대한 태양풍에 플라스마를 제공할 수 있다. 【2023년 8월 신어】 <2024년 빈도: 2>

피코플레어^제트(<영>picoflare jet)

영^영 『천문』 〔자연〕 태양에서 발생하는 가장 큰 플레어에 비해 에너지가 약 1조분의 1에 불과한 소규모 플레어에서 나오는 제트 기류. 피코는 약 10의 12승(1조)을 의미하는 단위이다. ¶ 연구 팀은 **피코플레어 제트와** 같은 작은 가스 분출 현상으로 인해 태양 외부로 물질들이 분출되고, 우주로 밀어낸 많은 수의 입자가 강력한 태양풍을 일으킨다고 추정하고 있다. 【2023년 8월 신어】 <2024년 빈도: 2>

필수^의료^유지^명령(必須醫療維持命令)

한^한^한^한 『행정』 〔정치와 행정〕 국민의 생명권과 건강 보호를 위해, 정부가 의료 기관에 필수 진료를 중단하지 않도록 강제하는 행정 명령. 2024년 의과 대학 입학 정원 확대에 반발하여 전공의들이 집단 연가를 신청하자 발령되었다. ¶ 정부는 전공의 복귀를 유도하기 위해 **필수 의료 유지 명령과** 업무 개시 명령, 사직서 수리 금지 명령을 내렸다. 【2024년 2월

ㅍ

신어】 <2024년 빈도: 29>

필수^의료^패키지(必須醫療<영>package)

한^한^영 『보건 일반』 〔보건 · 의학〕 생명과 직결되는 필수 의료에 대한 접근성을 높이기 위해 도입한 네 가지 핵심 과제인 '의료 인력 확충, 지역 의료 강화, 의료 사고 안정망 구축, 보상 체계 공정성 확보'를 이르는 말. ¶ ○ 회장은 자신의 소셜 네트워크 서비스에 정부의 일방적인 의대 증원과 **필수 의료 패키지** 발표에 유감이라는 글을 게시하였다. 【2023년 7월 신어】 <2024년 빈도: 231>

ㅎ

하이볼-족(highball族)

영+한 「명」 〔인간〕 하이볼을 즐겨 마시는 사람. 또는 그런 무리. ¶ 최근 **하이볼족을** 겨냥한 저가 위스키 수요가 늘어나고 있다. 【2024년 2월 신어】 <2024년 빈도: 1>

학교^폭력^전담^조사관(學校暴力專擔調査官)

한^한^한^한 『교육』 〔교육〕 학교 폭력 사건을 전담하여 전문적으로 조사하고 처리하는 조사관. 교사의 업무 부담을 줄이고 학생과 학부모의 신뢰를 높이며, 조사 과정의 공정성과 전문성을 확보하는 역할을 한다. ¶ ○○○ 의장은 학교 폭력이 발생하면 발생 장소가 학교 안이든 밖이든 **학교 폭력 전담 조사관이** 조사하겠다고 말했다. 【2023년 12월 신어】 <2024년 빈도: 51>

학교^폭력^전담^조사관제(學校暴力專擔調査官制)

한^한^한^한 『교육』 〔정치와 행정〕 학교 폭력 사건을 전문적으로 조사하고 처리하기 위하여 전담 조사관을 두는 제도. 교사의 업무 부담을 줄이고 학생과 학부모의 신뢰를 높이며, 조사 과정의 공정성과 전문성을 확보하기 위하여 도입되었다. ¶ **학교 폭력 전담 조사관제가** 도입되면 학교 측은 교육의 기능 강화 및 피해 학생과 가해 학생의 관계 개선에 집중할 수

있다. 【2023년 12월 신어】 <2024년 빈도: 6>

한우-법(韓牛法)

한+한 「명」 『법률』 〔정치와 행정〕 탄소 중립 실현과 기후 변화 대응을 위한 축산 환경의 전환, 한우 산업의 경쟁력 강화를 위해 제정한 법률. 정식 명칭은 '탄소 중립에 따른 한우 산업 전환 및 지원에 관한 법률'이다. =한우 사업법. ¶ 오는 24일, 전국 한우 협회는 국회 의원 회관 대강당에서 지속 가능한 한우 산업을 위한 **한우법** 제정 국회 토론회를 개최한다. 【2023년 8월 신어】 <2024년 빈도: 37>

한우^사업법(韓牛事業法)

한^한 『법률』 〔정치와 행정〕 탄소 중립 실현과 기후 변화 대응을 위한 축산 환경의 전환, 한우 산업의 경쟁력 강화를 위해 제정한 법률. 정식 명칭은 '탄소 중립에 따른 한우 산업 전환 및 지원에 관한 법률'이다. =한우법. ¶ 한우 산업 발전을 위해 농가를 지원하는 **한우 사업법과** 농어업인 대표 조직 설립을 위한 농어업 회의소 법이 여당의 반대 속에 처리되었다. 【2023년 8월 신어】 <2024년 빈도: 1>

한토컴(韓<영>←TOEIC computer)

한+영+영 「명」 〔사회생활〕 취업에서 요구되는 '한국사 능력 검정 시험', '토익', '컴퓨터 활용 능력 시험'을 아울러 이르는 말. ¶ **한토컴으로** 불리는 한국사 능력 검정 시험, 토익, 컴퓨터 활용 능력 등은 인문 계열 취업 준비생에게 필수 코스로 여겨진다. 【TOEIC: Test of English for International Communication】【2024년 3월 신어】 <2024년 빈도: 3>

합가^보류(合家保留)

한^한 『행정』〔삶〕 결혼 이후 혼인 신고를 바로 하지 않고 나중으로 미루어 둠. ¶ 취득세 강화 정책으로 주택 매수를 감소시키는 데 일부 기여했지만, **합가 보류를** 통해 보유 주택 수를 낮추는 등의 규제 회피 방안으로 인해 그 효과가 반감됐다. 【2024년 5월 신어】 <2024년 빈도: 1>

핫끈-하다(<영>hot끈하다)

(영+고)+고 「형」〔인간〕 맵고 뜨거운 음식을 먹어 몸이 달아오르는 느낌이 있다. 영어 단어 '핫(hot)'과 '화끈하다'가 결합한 말이다. ¶ 맵부심을 부릴 수 있는 **핫끈한** 케이(K)-소스의 수출액이 역대 최대치를 기록했다. 【2024년 2월 신어】 <2024년 빈도: 0>

항로^표지^식별^장치(航路標識識別裝置)

한^한^한^한 『교통』〔사회생활〕 배가 항로에 따라 안전하게 항해하도록 돕기 위해 해상이나 육상에 설치된 표식 장치. ¶ 항로 표지 관리원은 **항로 표지 식별 장치를** 점검하고, 이상이 발생하면 직접 수리까지 한다. 【2024년 1월 신어】 <2024년 빈도: 1>

ㅎ

해밑-섬

고+고 「명」 〔정치와 행정〕 일본을 가리키는 표현. 일본의 일(日)을 우리말 '해'에, 본(本)은 우리말 '밑'에 대응하여 표현한 말이다. ¶ 이 책은 저자가 **해밑섬으로** 건너가 백제 문물을 전한 도래인들의 자취를 추적한 내용을 담고 있다. 【2023년 3월 신어】 <2024년 빈도: 3>

해병대원^특검법(海兵隊員特檢法)

한^한 『법률』 〔정치와 행정〕 해병대 제1사단 소속 상병의 사망 사고와 관련된 수사 과정에서 일어난 수사 방해 또는 은폐 의혹을 해소하기 위해 제정된 특검법. 정식 명칭은 '순직 해병 수사 방해 및 사건 은폐 등의 진상 규명을 위한 특별 검사의 임명 등에 관한 법률안'이다. ¶ ○○당은 국회 임기 마무리 전 **해병대원 특검법의** 본회의 통과를 촉구했다. 【2024년 3월 신어】 <2024년 빈도: 391>

해풍-법(海風法)

한+한 「명」 『법률』 〔정치와 행정〕 해상 풍력 사업 절차를 정부 주도 방식으로 단순화하고 신속히 추진하기 위해 제정된 법안. 정식 명칭은 '해상 풍력 보급 촉진 및 산업 육성에 관한 특별법'이다. ¶ ○○○ 산업 통상 자원부 차관은 **해풍법을** 바탕으로 해당 지역을 집적화 단지로 추진하려 한다고 설명했다. 【2024년 2월 신어】 <2024년 빈도: 13>

핸들-밥(<영>handle밥)

영+고「명」〔사회생활〕 핸들로 번 수입으로 먹는 밥이라는 뜻으로, 운전으로 꾸리는 생계를 비유적으로 이르는 말. ¶30년 넘게 **핸들밥을** 먹은 ○○○ 씨는 지난 9월 회사에 사표를 냈다.【2023년 10월 신어】 <2024년 빈도: 2>

행동^후성^유전학(行動後成遺傳學)

한^한^한『생명』〔교육〕 개인의 행동 및 경험이 유전자 발현을 활성화시키거나 패턴을 변화시키고, 이것이 다음 세대로 유전되는 현상을 연구하는 학문. ¶**행동 후성 유전학은** 디엔에이(DNA)가 우리를 통치하는 것이 아니라 발달 체계의 일원이라는 것을 알려 준다.【2023년 9월 신어】 <2024년 빈도: 8>

행복 분기점(幸福分岐點)

한_한「구」〔삶〕 개인이나 사회의 행복 수준이 크게 달라지는 지점이나 시기. 소득과 관련하여, 일정 소득 수준 이하에서는 소득이 증가함에 따라 행복이 증가하지만, 일정 소득 수준 이상을 넘으면 행복 증가 효과가 정체되는 지점을 이른다. ¶행복하지 않은 사람들 중에는 **행복 분기점인** 연 소득 1억 원을 이미 넘긴 경우들도 있다.【2024년 5월 신어】 <2024년 빈도: 1>

행정^카르텔(行政<독>Kartell)

한^독 『행정』 〔사회생활〕 행정 기관이 자신들만의 이익을 극대화하기 위하여 서로 협력하는 행위. 또는 그런 집단. ¶ ○○ 협회는 문화 체육 관광부의 퇴행적 출판 정책을 비판하며 **행정 카르텔을** 해체하라는 목소리를 냈다. 【2023년 8월 신어】 <2024년 빈도: 2>

향기-멍(香氣멍)

한+고 「명」 〔삶〕 꽃, 향수 따위에서 나는 좋은 냄새를 멍하니 맡으며 시간을 보내는 일. ¶ 관계자는 축구장의 세 배에 달하는 넓은 공간이 **향기멍을** 할 수 있는 대표 정원이 될 것이라 했다. 【2024년 5월 신어】 <2024년 빈도: 1>

헥사하이드로칸나비헥솔(<영>hexahydrocannabihexol)

영 「명」 『약학』 〔보건 · 의학〕 대마초의 주요 향정신성 성분인 테트라하이드로칸나비놀과 구조적으로 유사한 합성 화합물. ¶ 일본 후생 노동성에 따르면 **헥사하이드로칸나비헥솔은** 대마 성분을 포함해서 규제된 유해 성분 티에이치시(THC)와 유사하게 만들어진 합성 화합물이다. 【2023년 11월 신어】 <2024년 빈도: 0>

헬스테리어-족(<영>health←interior族)

영+한 「명」 〔인간〕 세련된 디자인과 작은 크기로 된 헬스케어 제품으로 인테리어를 하는 사람. 또는 그런 무리. ¶ 건강과 인테리어를 둘 다 포기하지 않는 **헬스테리어족이** 늘어나면서 세련된 스타일의 가구형 안마의자의 판매가 늘고 있다. 【2023년 10월 신어】 <2024년 빈도: 1>

현금 바인더(現金<영>binder)

한_영 「구」 〔경제생활〕 과소비를 막기 위해 현금을 분류하여 보관해 두는 물건. ¶ 현금 챌린지 유행과 함께 돈을 날짜별 혹은 용도별로 분류하는 **현금 바인더가** 인기이다. 【2023년 8월 신어】 <2024년 빈도: 8>

현기까(←Hyundai←Kia까)

영+영+고 「명」 〔인간〕 현대 자동차와 기아 자동차에 대해 맹목적이고 비합리적으로 비난하는 사람. ¶ 최근에는 현대차와 기아차를 막연하게 비난하는 이들을 뜻하는 **현기까라는** 비속어가 생길 정도다. 【2023년 7월 신어】 <2024년 빈도: 1>

현미-무스(玄米<프>mousse)

ㅎ

한+프 「명」 〔식생활〕 현미에 생크림과 설탕, 버터 등을 넣고 저어 부드럽게 만든 음식. 주로 빵의 속에 넣거나 올려 먹는다. ¶ ○ 셰프의 제과가 독특한 점은 볶은 메밀, 대추 크림, **현미무스** 등 다양한 한국적 재료를 이용한다는 것이다. 【2024년 3월 신어】 <2024년 빈도: 1>

현생 공감(現生共感)

한_한 「구」 〔인간〕 현실적인 삶과 관련된 예시에 대해 자기도 그렇다고 느낌. 또는 그렇게 느끼는 기분. ¶ 짠내 나는 아저씨의 **현생 공감** 블랙 코미디 영화가 10월 23일 개봉한다. 【2024년 4월 신어】 <2024년 빈도: 1>

혐오 밈(嫌惡<영>meme)

한_영 「구」 〔사회생활〕 특정 대상을 싫어하고 미워하는 내용을 담은 인터넷 밈. ¶ 이번 사태에서 분명히 볼 수 있는 것은 **혐오 밈에** 대한 대중의 불관용이다. 【2023년 12월 신어】 <2024년 빈도: 4>

협수용강(協水龍江)

한+한+한+한 「명」 〔교육〕 '협성 대학교, 수원 대학교, 용인 대학교, 강남 대학교'를 아울러 이르는 말. 각 학교명의 첫 글자를 조합해 만든 말이다. ¶ **협수용강으로** 묶이는 네 개의 대학은 특성화 분야의 차별성을 통해 고등 교육과 산업 현장의 연계를 강화하고 있다는 점에서 주목된다. 【2023년 12월 신어】 <2024년 빈도: 1>

협틀막(協틀막)

한+고+고 「명」 〔정치와 행정〕 '협치를 틀어막음'을 줄여 이르는 말. 여야가 정치적으로 협력하지 않는 상황을 이르는 말이다. ¶ 최근 정치권은 **협틀막이** 새로운 기준이 되고 있다. 【2024년 5월 신어】 <2024년 빈도: 1>

호랑무늬-딱총새우(虎狼무늬딱銃새우)

(한+고)+(고+한+고) 「명」 『동물』 〔동식물〕 딱총새웃과의 갑각류. 몸은 5㎝ 정도이며 호랑이 무늬를 연상시키는 얼룩무늬가 있다. 주로 열대 및 아열대 바다에서 서식한다. ¶ **호랑무늬딱총새우는** 2018년부터 서귀포 연안에서 발견되었으나 이번에 정확한 종이 확인됐다. 【2024년 3월 신어】 <2024년 빈도: 5>

호모^프롬프트(<라>homo<영>prompt)

라^영 『정보 · 통신』 〔인간〕 생성형 인공 지능과의 상호 작용을 통해 최적의 프롬프트를 생산하는 인간. 라틴어 '호모'와 영어 '프롬프트'를 결합하여 만든 말이다. ¶ 생성형 인공 지능 시대는 새로운 인류인 **호모 프롬프트의** 출현을 알리면서, 이제는 인공 지능에 질문하고 명령하는 기술이 중요해졌다. 【2023년 10월 신어】 <2024년 빈도: 19>

ㅎ

호주 런(濠洲<영>run)

한_영 「구」 〔정치와 행정〕 정치적 책임이나 수사를 피하기 위해 호주로 도망을 치는 모습을 비꼬아 이르는 말. ¶ 여당은 ○○○ 전 장관의 **호주 런이** 총선의 악재로 커지는 것을 막기 위해서 안간힘을 쓰고 있다. 【2024년 3월 신어】 <2024년 빈도: 7>

혼쭐-러(혼쭐<영>←er)

고+영 「명」 〔인간〕 잘못된 소비 습관에 대하여 호되게 나무라는 사람. ¶ ○ 대표는 최근 청년층의 잘못된 소비 습관을 바로잡는 **혼쭐러로** 유명하다. 【2023년 11월 신어】 <2024년 빈도: 1>

홀인-투(<영>hole in two)

영+영 「명」 〔삶〕 골프에서, 티 샷 이후 두 번째에 친 공이 홀에 들어가는 일. ¶ ○○○가 첫 티 샷을 워터 해저드에 빠트려 벌타를 받고 친 티 샷이기 때문에 **홀인투임에도** 버디로 기록됐다. 【2023년 11월 신어】 <2024년 빈도: 1>

홈-태교(<영>home胎敎)

영+한 「명」 〔삶〕 임신부가 집에서 편안하게 할 수 있는 태교. 외부 교육 프로그램이나 여행 등을 하지 않고도 집이나 일상 속에서 태아와 교감하는 일을 이른다. ¶ 전북도는 산모를 위해서 고위험 임산부 건강 관리 및 **홈태교** 지원 사업을 추진한다. 【2024년 6월 신어】 <2024년 빈도: 1>

환절-통(換節痛)

한+한 「명」 〔보건 · 의학〕 계절이 바뀔 때 발생하는 몸이나 마음에 발생하는 통증. ¶ 이렇게 계절이 바뀔 때면 **환절통을** 앓는 사람들이 있다. 【2024년 2월 신어】 <2024년 빈도: 2>

환형^유치율(換刑留置率)

한^한 『법률』 〔개념〕 벌금이나 과료를 내지 못하는 사람을 노역장에 유치하는 등의 환형이 실행되는 비율. ¶ 대검찰청에 따르면 벌금형 대상 범죄자 중 노역형으로 전환된 비율인 **환형 유치율이** 지난달 기준 6.76%로 나타났다. 【2024년 11월 신어】 <2024년 빈도: 2>

활성-뇌(活性腦)

한+한 「명」 〔인간〕 외부에서 자극이 들어올 때 사용되는 뇌. 효율, 이성, 의식, 논리 등에 영향을 미친다. ¶ 의식, 이성, 논리를 담당하는 **활성뇌만큼** 무의식, 직관, 창의, 감정을 담당하는 휴식뇌의 역할도 중요하다. 【2024년 1월 신어】 <2024년 빈도: 4>

ㅎ

회생^저항^장치(回生抵抗裝置)

한^한^한『전기 · 전자』〔정보 · 기술〕 전동 시스템에서 발생한 회생 전력을 열로 변환시켜 전력 계통의 손상을 방지하고 시스템의 안정을 확보하는 전력 전자 장치. ¶ 조사 결과 이번에 일어난 화재는 기계실에 설치된 **회생 저항 장치의** 노후화로 인해 발생하였다.【2023년 8월 신어】 <2024년 빈도: 3>

휴식-뇌(休息腦)

한+한「명」〔인간〕 외부 자극에서 벗어나 휴식할 때 사용되는 뇌. 공감, 정서, 무의식, 직관, 창의력 등에 영향을 미친다. ¶ 의식, 이성, 논리를 담당하는 활성뇌만큼 무의식, 직관, 창의, 감정을 담당하는 **휴식뇌의** 역할도 중요하다.【2024년 1월 신어】 <2024년 빈도: 4>

흔싸귀비(흔싸貴비)

고+고+한+고「명」〔경제생활〕 '흔하면 싸고 귀하면 비쌈'을 줄여 이르는 말. ¶ **흔싸귀비로** 일컬어지는 시장 경제 원칙에 따라서 리셀러들이 고가로 되팔이를 하는 것이 당연하다는 의견도 있다.【2024년 3월 신어】 <2024년 빈도: 1>

희소^비만증(稀少肥滿症)

한^한 『의학』 〔보건 · 의학〕 유전적 · 내분비적 이상 등으로 인해 포만감을 느끼지 못해 식욕이 제어되지 않아 발병하는 비만증. ¶ 국내 기업이 유전자 결함으로 포만감을 느끼지 못해 식욕이 제어되지 않는 질병인 **희소 비만증을** 치료할 수 있는 신약을 개발하여 임상 실험에 돌입하였다. 【2024년 1월 신어】 <2024년 빈도: 3>

히어로노믹스(<영>▼hero←economics)

영+영 「명」 〔경제생활〕 트로트 가수 임영웅으로 인해 파생되는 경제적 효과를 이르는 말. 임영웅의 이름 '영웅'을 영어로 표기한 '히어로'와 '노믹스'가 결합한 말이다. ¶ 마케팅 전문가는 임영웅 신드롬이 **히어로노믹스라는** 용어를 만들어 낼 만큼 우리 사회 각 분야에 큰 영향을 미치고 있다고 말했다. 【2023년 9월 신어】 <2024년 빈도: 5>

ㅎ

Ⅲ. 2024년 이전 신어

기간 외 신어 | 2020년부터 2023년까지 신어

기간 외 신어 | 2020년부터 2023년까지 신어[1]

세이 온 클라이메트(<영>say on climate)

영_영_영 「구」 〔경제생활〕 기업이 온실가스 배출량 감축이나 탄소 중립 계획과 같은 기후 전략을 수립하고, 이를 주주 총회에 보고하여 정기적으로 주주들의 의견을 수렴하는 제도. ¶ 글로벌 기업들이 **세이 온 클라이메트를** 도입하고 있는 이유는 기업의 기후에 관련된 책임과 정보 공개를 강화하는 국제적인 흐름 때문이다. 【2021년 4월 신어】 <2024년 빈도: 0>

1 기간 외 신어는 『신어 2020』 및 『신어 2021』, 『신어 2022』, 『신어 2023』에 해당하는 기간인 2019년 7월 1일부터 2023년 6월 30일까지 최초 출현한 신어 가운데 『신어 2020』 및 『신어 2021』, 『신어 2022』, 『신어 2023』에 수록되지 않은 신어가 해당된다.

열풍^방상^팬(熱風防霜<영>fan)

한^한^영 『기계』〔사회생활〕 과수의 저온 피해를 최소화하기 위한 목적으로 설치한 팬. ¶ 최근 밤 기온이 급격하게 떨어져 과수 농가가 많은 피해를 봤지만, **열풍 방상 팬을** 설치한 농가의 경우 피해가 거의 없었던 것으로 조사되었다. 【2020년 4월 신어】 <2024년 빈도: 8>

Ⅳ. 기획 주제
신어 탐지의 패러다임 전환: 말뭉치, LLM, 인간 전문가의 협업

1. 들어가며

2. 〈신어 2023〉 수집 과정의 재현

3. LLM을 활용한 〈신어 2023〉 수집 과정의 확장

4. 인간과 LLM의 신어 판별 목록 검토 및 인간 평가의 의의

5. 나가며: 신어 탐지 패러다임의 전환과 인간-LLM 협업의 미래

1. 들어가며[1]

말뭉치와 동적 웹 텍스트의 등장은 신어 탐지의 방식에도 상당한 변화를 가져왔다. 한국어의 경우, 국립국어원에서 신어 조사 사업을 시작한 1994년 이후, 수작업 조사와 웹 기반 말뭉치 구축, 웹 기반 신어 추출기 도입 등의 과정을 거쳐 왔고(최혜원, 2018; 최준, 2020; 남길임 외, 2022 등), 특정 텍스트와 기존 사전 목록 비교를 통한 반자동 추출의 방식은 신어 추출의 보편화된 관행으로 논의되고 있다(Rundell & Kilgariff, 2011; Klosa & Lüngen, 2018; 남길임 외, 2023; 이수진, 2024).

한편 이와 더불어, 최근 말뭉치의 한계를 극복하기 위해 신어 탐지와 수집, 사전 등재 가능성 등에서 인간 판단의 중요성을 논의한 연구(Freixa & Torner, 2020; Nam, 2021), 신문 말뭉치가 아닌 블로그 등 웹 데이터를 대상으로 한 신어 탐지의 의의를 논의한 연구(남길임 외, 2024; 이수진 · 남길임, 2024) 등도 당대 신어의 완벽한 추출을 지향하기 위한 최선의 모든 방

1 이 장은 남길임 외(2025)의 내용을 기획 의도에 맞게 수정 · 보완한 것이다.

법이 무엇인지를 탐색한 주요 사례라고 할 수 있다. 더 나아가 거대언어모델(Large Language Models, 이하 LLM)의 출현 이후, LLM의 신어 탐지 가능성에 대한 연구(Nam et al., 2025; Tomaszewska et al., 2025; Ferrazzo, 2025 등[2])는 특정 시기에 언어 공동체에 출현한 신어의 총체적 탐지와 생산성을 극대화하려는 삼각측량(triangulation)의 방법론으로서 의의를 가진다.

본 연구는 말뭉치와 LLM, 인간 전문가 등 다양한 시각에서 신어 탐지의 이상적인 방향성을 추구해 온 최근 주요 연구 현황을 점검하고, 현재 한국어 연도별 신어 탐지의 절차적 효율성을 재점검하기 위한 것으로 다음과 같은 두 가지 하위 목표를 가진다.

첫째, <신어 2023> 목록 추출의 과정을 미등록어 추출기 5종을 대상으로 재실험함으로써 말뭉치 기반 신어 목록 추출의 재현 가능성(replicability)을 점검하고, 절차적 투명성을 제고한다. 재현 가능성의 원리는 반증 가능성과 함께 말뭉치언어학의 핵심 원리로서 McEnery & Brezina(2022:25)에서 비중 있게 다루어진 바 있다. 본 연구에서는 말뭉치 기반 신어 추출의 재현 가능성을 가장 최근 신어 자료집인 <신어 2023>의 기존 목록과 동일한 말뭉치를 대상으로 널리 활용되는 미등록어 추출기 5종의 성능을 비교 · 분석하고자 한다. 이러한 분석을 통해 지금까지 신어 추출에서 점검이 부족했던 명사 기반 추출기의 의의와 한계를 논의함과

2 Nam et al.(2025)는 한국어 접사 '-스럽-' 신어를 대상으로 LLM과 실제 신어를 비교함으로써 LLM의 잠재적 신어 생성 능력과 탐지 가능성을 논의하고 있으며, Tomaszewska et al.(2025)는 폴란드어 신어에 대한 LLM의 탐지 능력을, Ferrazzo(2025)는 LLM의 신어 수용성 판단을 논의하고 있다. 특히 Ferrazzo(2025)는 모국어 화자의 신어에 대한 직관(Neological Intuition, 신어성 판단, Lombard et al., 2021)을 LLM과 비교한 결과를 제시하고 있다. 이는 향후 신어 탐지의 생산성과 정확성을 확보하기 위한 핵심이 화자의 직관을 모델링하는 것이라고 할 때, LLM의 강점과 한계를 분석했다는 점에서 의의가 있다.

동시에 신어 탐지의 재현 가능성과 반증 가능성을 점검할 수 있을 것이다.

둘째, 말뭉치 기반 후보 목록에 대한 인간 전문가의 수작업 평가에 의존해 온 기존 신어 탐지 절차에 검색 증강 생성(Retrieval Augmented Generation, 이하 RAG) 기반 LLM을 도입함으로써, 신어 탐지 방법론의 확장과 신어 추출 목록의 확장성을 모색한다. 이 역시 최신 신어 목록인 <신어 2023>의 목록을 대상으로 이루어지며, 기존 인간 전문가의 평가 결과와 LLM의 결합을 비교 분석함으로써 각각이 지닌 특성과 한계를 논의할 것이다. 이를 통해 인간-AI 협업 기반 신어 추출 방식의 가능성과 한계, 특히 고유명사와 합성어 판별 등의 난제에 있어서 인간 직관의 복잡성을 모사하는 LLM 활용 가능성과 쟁점을 논의하고자 한다.

이러한 두 가지 목적, 즉 <신어 2023> 목록 추출의 재현과 확장을 위한 실험의 구성과 절차는 다음과 같다.

(1) ㄱ. 실험 대상 목록
- 〈신어 2023〉 목록 중 기간 내 신어 325개[3]

ㄴ. 신어 후보군 재추출

---

3 〈신어 2023〉(남길임 외, 2024)의 전체 표제어 목록(386개)은 2023년 신어 324개(22.7.1. ~23.6.30. 최초 출현, 이하 '최초 출현' 생략), 2022년 신어 39개(21.7.1.~22.6.30.), 2021년 신어 18개(20.7.1.~21.6.30.), 2020년 신어 5개(19.7.1.~20.6.30.)로 구성된다. 〈신어 2023〉의 작업 과정에서는 2019년 7월 1일 이후 미수집 신어의 사용 양상이 관찰될 경우 이들을 포괄적으로 수집 · 집필하였다.
그러나 본고에서는 신어 후보군 정제 과정에서, 신어 후보 어휘가 〈네이버 뉴스〉를 기준으로 기간 내에 최초로 출현했는지도 재현하였기 때문에 〈신어 2023〉의 표제어 중 2023년 신어 324개만을 대상으로 연구를 진행하였다. 한편, 324개 중 동형어인 '국폭01'과 '국폭02'는 하나의 정답 세트로 간주하였고, 고빈도 1, 2위로 사용된 '생성(형) 에이아이'는 로마자 표기형인 '생성(형) AI'를 추가하였기 때문에, 문자열을 기준으로 한 정답 세트(='기존 신어 목록')는 총 325개이다.

- 신어 후보군 추출 도구 평가와 선정
- 신어 후보군 정제의 재현과 분석

ㄷ. LLM을 활용한 신어 재판별

- 신어 탐지를 위한 프롬프트 설계와 RAG 활용
- 인간 전문가 판별 결과(325개, 이하 '기존 신어 목록')와 LLM 판별 결과(368개, 이하 '확장 신어 목록') 비교

2장에서는 동일한 말뭉치와 새로운 미등록어 추출기를 활용하여 <신어 2023>의 추출 과정을 재현하며, 5종의 추출기를 통한 단계별 후보 목록 도출 결과를 비교 · 검토한다. 이를 통해 연도별 신어 연구의 재현 가능성을 점검하고 신어 탐지 성능 향상을 위한 명사 기반 신어 추출기 활용의 의의와 한계, 신어 식별 기준의 쟁점 등을 살펴본다.[4] 3장에서는 인간-AI 협업 모델의 가능성을 탐색하기 위한 실험으로, 3.1에서는 GPT-4o를 대표 모델로 활용, 프롬프팅과 RAG 기법을 적용하여 '확장 신어 목록'을 추출한다. 이러한 실험을 통해 도출된 '확장 신어 목록'은 기존 <2023 신어>의 인간 전문가에 의한 '기존 신어 목록'보다 13% 이상 확장된 양상을 보이는데, 이들의 양적 특성은 3.2에서, 질적 특성은 4장에서 별도로 논의된다. 4장에서는 기존 신어 목록과 확장 신어 목록의 공통점과 차이점을 분석함으로써 인간 전문가와 LLM 협업 가능성, '단어'와 '신어'에 대한 인간 전문가 평가의 역할과 의의에 대해 논의할 것이다.

4 이러한 추출 방식은 후보 목록의 정확성을 높이고 인간 검토자의 노력을 줄이는 데 의의가 있으나, 주로 명사구 중심의 어휘에 편향된다는 한계를 함께 지닌다.

2. <신어 2023> 수집 과정의 재현

2.1. 미등록어 추출기 평가 과정의 재현

국립국어원의 <2019년 신어 조사> 이후, 경북대학교 언어정보연구센터에서 수행한 일련의 신어 조사 연구(남길임 외, 2021~2024)에서는 SoyNLP의 'LRNounExtractor v2'를 활용해 신어 후보군을 추출해 왔다. 이 절에서는 미등록어 추출기의 평가 과정을 재현하고, 관련 쟁점을 논의한다. 아래 (2)는 미등록어 추출기 평가 방법을 요약적으로 제시한 것이고, <표 1>은 그 결과를 후보군 수와 정답 수(TP, True Positive), 정밀도(Precision)와 재현율(Recall) 등과 함께 제시한 것이다.[5]

5 평가 대상 중, 'extract_words'를 제외한 나머지는 모두 한국어 자연어 처리 라이브러리인 'SoyNLP'에서 제공하는 미등록어 추출기이다. 이들은 모두 'L-R 그래프'를 활용하고 있기 때문에(김현중, 2019), 실질적으로는 한 가지 방법론에 기반한 다양한 버전을 평가하는 것으로 해석될 수도 있다. 그러나 동일한 방법론으로 설계되었더라도 설계 시 활용된 학습 및 평가 데이터가 다르기 때문에, 모든 버전을 대상으로 평가할 필요가 있다. 한편, 오픈소스로 활용할 수 있는 비지도 학습 기

(2) 미등록어 추출기 평가 방법

ㄱ. 평가 대상: SoyNLP 'LRNounExtractor v2' 등 오픈소스 5종

ㄴ. 학습 파라미터: 최소 출현 빈도 1회, 이외는 추출기별 기본값[6]

ㄷ. 학습 데이터: '기존 신어 목록(총 325개)'의 기반 자료[7]

ㄹ. 평가 기준: '기존 신어 목록(총 325개)'

ㅁ. 평가 지표: F1 점수(F1 Score) × 재현율(Recall)

<표 1> 미등록어 추출기 평가 결과

미등록어 추출기	후보군	TP	정밀도(P)	재현율(R)	F1	F1 × R
WordExtractor	7,151,540	96	0.00001	0.29538	0.00003	0.00001
LRNounExtractor v1	175,081	25	0.00014	0.07692	0.00029	0.00002
LRNounExtractor v2	**1,165,196**	**103**	**0.00009**	**0.31692**	**0.00018**	**0.00006**
NewsNounExtractor	979,216	73	0.00008	0.23077	0.00015	0.00004
extract_words	2,665	0	0	0	0	0

<표 1>에서 확인할 수 있듯 후보군이 최소 2.6천여 개에서 최대 715만여 개 규모로 추출되어, 미등록어 추출기별 정밀도는 상당히 낮은 수준을 보였다. <표 1>의 재현율, 즉 '기존 신어 목록(325개)' 중 후보군에 포함된 신어의 비율을 살펴보면, 실질적으로 전체 신어의 23~32%의 수준으로 반자동 추출이 가능함을 알 수 있다. 후보군 규모, 정밀도와 재현율 등을 종합적으로 고려하되, 재현율에 가중치를 두고 평가한다면 'F1 점수 × 재현율'의 값이 가장 높은 'LRNounExtractor v2'가 신어 후보군 추출의 도구로서 가

반의 미등록어 추출기는 〈표 1〉에 제시된 5종 정도로 다소 제한적이다.

6 '최소 출현 빈도'는 신어 후보 어휘의 포괄적 추출을 위해 '1회'로 고정한 것이다. 빈도 기준을 높이면 후보군의 수가 줄어들기 때문에 정밀도는 높아지나, 저빈도로 사용되는 실제 신어가 누락되어 재현율은 낮아질 수 있다. 본고에서는 재현율에 초점을 두어, 1회로 출현하는 후보 어휘도 목록에 포함하였으며, 평가 지표도 'F1 점수와 재현율의 곱'을 활용하였다.

7 신어 수집 기간 내(2022.7.1.~2023.6.30.) 5대 주요 일간지(조선일보, 중앙일보, 동아일보, 한겨레, 경향신문)에서 생산된 약 7,800만 어절 규모의 신문 말뭉치이다.

장 적합하다.[8]

다음으로, 'LRNounExtractor v2'를 신어 후보군 추출 도구로 선정한 후 그 최적 파라미터를 탐색하는 과정은 다음과 같이 재현할 수 있다.

(3) LRNounExtractor v2 최적 파라미터 탐색 방법
ㄱ. 탐색 목표: min_noun_score 조정을 통한 F1 점수 × 재현율 극대화
ㄴ. 탐색 기법: 베이지안 최적화(Bayesian Optimization)
ㄷ. 탐색 범위: [0.1, 1.0]
ㄹ. 탐색 방식
- 초기 랜덤 탐색 5회, 자동 탐색 15회
ㅁ. 최적 파라미터: min_noun_score≈0.922
- 후보군 873,056개, TP 94개, F1 점수 × 재현율≈0.00006

(3)의 결과, 주요 파라미터인 '최소 명사 점수(min_noun_score)'가 약 0.922일 때 가장 우수한 성능을 보인다는 점이 확인된다. 이는 최소 명사 점수를 높게 설정함으로써, 신어 후보군 수를 제한하여 정밀도를 높이는 동시에, 재현율을 일정 수준으로 유지할 수 있게 하기 때문이다. 다만, <표 1>과 비교했을 때, 최적 파라미터 탐색 과정에서 후보군이 약 28만 개 줄어들었기 때문에, 정답 수는 103개에서 94개로 줄었다. 이러한 상충 관계는 신어 후보군 목록의 검토 과정에서 '정확성'과 '생산성 및 효율성'을 모두 고려하여, 학습 파라미터를 전략적으로 조정해야 함을 의미한다.

'LRNounExtractor v2'를 활용한 신어 후보군 추출의 쟁점은 다음과 같다.

---

8 한편, 한국어 형태소 분석기 'Kiwi'의 미등록 단어 추출 모듈인 extract_words는 2,665개의 후보 어휘를 추출하였으나, 이 중 실제 신어는 단 하나도 포함되지 않았다. 이는 전반적인 후보군 규모가 다른 추출기에 비해 지나치게 적었다는 점과 관련된다. 또한, 해당 모듈은 학습 파라미터의 조정 없이 사용할 경우 신어 탐지에는 효과적으로 활용되기 어려운 한계를 보인다.

먼저, ‘LRNounExtractor v2’는 명사 범주의 미등록 단어를 추출하기 위해 설계된 것이다.[9] 물론 대부분의 신어가 새로운 개념, 지시물 등을 표현하기 위해 만들어진 명사라는 점은 분명하므로, 명사 기반 추출기는 신어 탐지의 출발점으로서 유의미하다. 그러나 그간 신어 조사 사업에서 지적되어 왔듯이, 부사, 동사, 형용사 등 다양한 품사의 신어를 수집하기 위해서는 반자동 신어 추출 · 검토 작업과 함께 인간 전문가의 수작업을 통한 보완이 필수적이다.

다음으로 ‘LRNounExtractor v2’는 비지도 학습 기반의 미등록어 추출기로, 별도의 정답 세트(실제 미등록어 목록) 없이, 입력된 텍스트 데이터 내에서 미등록어를 탐지할 수 있다는 데 장점이 있다. 그러나 그 설계와 평가 과정에 활용된 말뭉치의 대부분이 ‘세종 문어 말뭉치’, ‘신문 말뭉치’ 등의 문어 말뭉치였다는 점은 유의할 필요가 있다(김현중, 2019:57-67). 그간의 신어 조사에서는 신문 말뭉치를 기반 자료로 사용해 왔기 때문에 ‘LRNounExtractor v2’가 신어 후보군 추출 도구로서 유용하게 활용될 수 있었다. 그러나 남길임 외(2024)에서 논의된 바와 같이, ‘신문’은 신어 수집과 분석을 위한 최적의 자원이 아닐 수도 있다. 향후 ‘웹의 소우주(Biber et al., 2015)’로 명명되는 ‘블로그’나 ‘온라인 댓글’ 등으로 기반 자료를 확장한다면, 미등록어 추출기의 성능 및 기존 모델의 적용 가능성에 대한 재검토가 필요할 것이다.

---

9 ‘LRNounExtractor v2’는 말뭉치 내에서 관찰되는 한국어 어절을 이분한 모든 조합인 ‘L-R 그래프’(예: 드라마를 → (드, 라마를), (드라, 마를), (드라마, 를), (드라마를, ␣))의 통계적 특성에 기반하여, 단일 혹은 복합 명사를 추출하는 비지도 학습 기반 명사 추출 알고리즘이다. 이 모델은 별도의 정답 데이터 없이 학습되며, 각 문자열이 가지는 명사로서의 가능성을 수치화한 ‘명사 점수(noun score)’를 계산한다(김현중, 2019:46-56).

2.2. 신어 후보군 정제 과정 재현

여기에서는 2.1절에서 추출한 신어 후보군(총 873,056개, LRNoun Extractor v2, min_noun_score ≈ 0.922)의 정제 과정을 논의한다. 아래 <표 2>는 '기존 신어 목록'을 정답 세트로 활용하여 세부 정제 작업별 재현 결과를 제시한 것이다.

<표 2> 신어 후보군 정제 과정의 재현 결과

세부 정제 작업 내용		결과				
		후보군	TP	정밀도(P)	재현율(R)	F1
후보군 정제 전		873,056	94	0.00011	0.28923	0.00022
a.	한글/로마자 외 포함 어형 제거	416,684	94	0.00023	0.28923	0.00045
b-1.	『표준국어대사전』 어형 제거[10]	369,291	94	0.00025	0.28923	0.00051
b-2.	『개체명 사전』 어형 제거[11]	328,974	94	0.00029	0.28923	0.00057
c-1.	굴절형 추정 어형 제거	303,540	93	0.00031	0.28615	0.00061
c-2.	복수형 추정 어형 제거	296,730	93	0.00031	0.28615	0.00063
d.	기간 외 출현 어형 제거	6,301	91	0.01444	0.28000	0.02747
e~f.	1차 및 최종 신어 판별(인간)	-	91	-	-	-
g.	계열어 등 추가 수집(인간)	-	325(+234)	-	-	-

'a~c 단계'에서 확인할 수 있듯이 배제 목록 기반의 자동 정제 기법은 최초로 추출한 신어 후보군의 수를 줄여 정밀도를 높이는 데 활용된다. 정밀도는 후보군 정제 전 0.00011에서, 'c-2 단계'를 끝으로 0.00031까지 높아진

10 〈표 2〉의 'b-1 단계'에서는 국립국어원의 『표준국어대사전』 표제어 목록(총 362,390개, ver 2025.05.04.)을 활용하였다.

11 〈표 2〉의 'b-2 단계'에서는 국립국어원의 〈개체명 사전 2021〉(ver 1.1)과 〈개체명 사전 2022〉(ver 1.2)의 표제어 목록(총 340,075개)을 활용하였다.

다. 이후 <네이버 뉴스>를 기준으로, 수집 기간(2022.7.1.~2023.6.30.) 외에 출현한 어형을 제거하는 'd 단계'에서 정밀도가 급격히 상승함(0.00031 → 0.01444)을 알 수 있다.

<표 2>의 정답 수(TP)는 최초 94개에서 91개로 줄어든다. 'c-1 단계'에서는 '한일믹스어'가, 'd 단계'에서는 '발레코어'와 '평균 실종'이 제외되었다. 전자는 형태소 분석기를 활용한 굴절형 추정의 오류와 관련되는데, '한일믹스어'는 '한일/NNP+믹스/NNG+이/VCP+어/EF'로 잘못 분석되어 실제 신어임에도 불구하고 굴절형 추정 규칙에 따라 제외된 것이다.[12] 이러한 사례는 형태적 신어, 즉 기존에 없던 새로운 형태를 추출하기 위해서는 형태소 분석기를 보조적 도구로만 활용해야 함을 보여 준다. 신어 후보는 형태소 분석기를 설계할 때 활용하는 학습용 말뭉치에 나타나지 않은 어휘인 '미등록어'일 가능성이 높고, 그에 따라 분석 실패 확률이 높아지기 때문이다(최준, 2020:162).

(4) ㄱ. **'발레코어(발레+코어)'** 등 슬로 엑서사이즈의 퓨전화가 가속화할 것이라고 전망했다. (동아일보, 2005.06.24., 밑줄 필자)

ㄴ. 프라다에 페니 로퍼가 있다면, 미우미우에는 발레 슈즈가 있습니다. (중략) 미우미우로부터 촉발된 이 트렌드는 나아가 **'발레코어'라는** 신조어를 만들어내기에 이르렀습니다. (VOGUE, 2022.12.02., 밑줄 필자)

'발레코어'와 '평균 실종'은 어형(문자열)을 기준으로 신어 후보를 추출

12 〈표 2〉의 'c 단계'에서는 한국어 형태소 분석기 'Kiwi(0.21.0)'를 기본값으로 활용하였다.
[c-1 단계] '조사(J)' 혹은 '어미(E)'로 끝나는 경우 굴절형 추정 어형
[c-2 단계] '들/XSN' 혹은 '들/NNB'인 끝나는 경우 복수형 추정 어형

하고, 최초 출현 시점을 어형 출현일로 판단하는 방식의 한계를 보여 주는 사례이다. (4)에서 볼 수 있듯 '발레코어'는 '발레와 코어 운동을 결합한 새로운 운동'이라는 의미로 2005년 6월에 단 한 건의 기사 내에서 최초로 사용되었으나, 이후 '발레복 혹은 발레 소품들을 활용하여 일상복처럼 자연스럽고 아름답게 표현하는 패션 스타일'의 의미로 2022년 12월 이후 다수의 기사에서 출현하며 2023년 신어로 수집되었다.[13] 다시 말해 <표 2>의 'a~d 단계'는 모두 의미가 아닌, 형태를 기준으로 한 자동 정제 작업이라는 점에서 근본적인 한계를 가진다. 이를 통해 웹 크롤러를 활용한 최초 출현일 확인 등 자동화된 작업 단계에서도, 새로운 형태와 새로운 의미를 동시에 판별할 수 있는 인간 전문가의 검토는 여전히 필요함을 알 수 있다.

'g 단계'에서는 인간 전문가가 계열어 등을 추가적으로 수집한다. 아래의 (5)는 신어 후보 목록을 검토하는 과정에서 전문가가 추가적으로 수집한 예시이고, (6)은 전문가가 수작업으로 수집한 예시이다.

(5) 신어 후보군 검토 시 추가적으로 수집한 신어 예시
(목록 내 후보→추가 수집 신어)
감사완박(→감사완박법), 검수원복(→검수원복법), 공공반납처(→공공반납기), 기후보상금(→기후플레이션, 기후행동지수), 도심복합개발특별법(→도심복합개발지원법), 불법파업조장법(→불법파업보장법), 예테크족(→예금테크족), 자기공감력(→자기추앙), 재해취약주택(→재해우려주택), 전세사기특별법(→전세왕), 중꺾마(→중꺾허) 등

(6) 인간 전문가의 수작업을 통해 수집한 신어 예시

13 '평균 실종'은 2008년 1월부터 '평균 실종 건수', '하루 평균 실종 아동' 등의 명사구의 구성 요소로 일치되어 검색되었으나, 2022년 10월부터 〈트렌드 코리아 2023〉의 키워드('다수의 평균적인 방식보다 개개인의 취향이나 방식을 중요하게 생각하는 사회적 풍조를 이르는 말.')로 소개되며 2023년 신어로 수집되었다.

(수작업 수집 신어→추가 수집 신어)
댕댕존(→댕댕욕장, 댕댕버스, 댕댕크루즈), 신파포비아(→신파프레임), 킹산직(→킹차킹산직), 잼테크(→기프테크, 상추테크), 운친자(→농친자, 돌친자), 술플레이션(→드링크플레이션, 면플레이션, 버거플레이션, 슈거플레이션, 케이크플레이션) 등

전체 325개 중 234개에 달하는 신어(72%)는 신어 후보 어휘 검토 과정에서, 그 사용 맥락을 분석하며 수행되는 계열어 추가 수집, 합성어 및 파생어 추가 수집, 의미 관계(유의어, 반의어 등)에 대한 검토 등을 통해 수집된다. 또한 전문가들의 수작업 과정에서는 정치, 경제, 법, IT 등 전문 분야별 전문 용어, 혹은 사회 문화적 변화와 관련된 이른바 '문화적 핵심어(cultural keyword)' 등이 수집된다.

지금까지 <신어 2023>의 신어 후보군 추출과 정제의 과정을 재현한 결과, 1) 학습 파라미터 최적화(103개 → 94개), 2) 굴절형 추정 어형 제거(94개 → 93개), 3) 기간 외 출현 어형 제거(93개 → 91개)의 세부 작업에 따라 정답 수가 줄어드는 것을 확인하였다. 이러한 결과는 신어 추출 도구 활용 시, 학습 데이터 및 학습 파라미터에 대한 메타 정보, 그리고 세부 정제 작업의 단계별 입력값과 출력값, 작업 일시 및 소요 시간 등의 로그를 자동적으로 기록할 필요가 있음을 말해 준다.

한편 위의 (5)와 (6)에서는 인간 전문가 직관에 기반한 추가 수집의 중요성을 강조하였다. 그러나 재현 가능성과 반증 가능성의 관점에서는 추상적인 개념인 언어 직관, 작업자별 인지적 편향, 최종 판단의 근거가 되는 언어 내외적 맥락의 출처 등은 과학적 방법론을 활용한 언어 연구에서 위협 요소가 될 수도 있다. 따라서 반자동 신어 추출 방법론의 검증과 더불어, 인간 전문가의 작업 과정 역시 세부 작업 단계별로 구분하여 통제하

고, 전체 과정과 결과를 기록 · 관리해야 할 것이다.

이상에서 기존 미등록어 추출기의 성능을 점검한 결과, 도구 간 추출 기준과 산출 결과에 적지 않은 편차가 존재함을 확인할 수 있었다. 이는 신어 탐지 과정에서 단일 도구나 방식만으로는 충분하고 균형 잡힌 후보어 목록을 구축하기 어렵다는 점을 더욱 강조한다. 특히 규칙 기반 도구의 한계와 말뭉치의 편향성은 신어의 다양한 유형을 포괄적으로 포착하는 데 한계를 드러낸다.

이에 다음 3장에서는 LLM(GPT-4o)을 활용한 신어 판별 실험을 설계하고 그 가능성과 한계를 점검해 봄으로써, 기존의 말뭉치 기반 신어 수집 방식을 보완하는 수단으로 LLM이 유의미하게 기여할 수 있는지를 검토하고자 한다.

3. LLM을 활용한 <신어 2023> 수집 과정의 확장

3.1. LLM을 활용한 신어 판별 방법

LLM의 등장 이후, 사전학 분야에서 LLM의 활용 가능성은 표제어와 용례, 정의 등의 단계에서 폭넓게 실험되고 논의되어 왔는데(Lew, 2024; McKean & Fitzgerald, 2024), 최근에는 신어 표제어의 추출 및 LLM의 신어 이해와 관련된 연구도 수행되고 있다(Zheng et al., 2024; Nam et al., 2025; Ferrazzo, 2025 등). 이 장에서는 LLM의 신어 탐지 가능성을 실험하기 위해, 대표 모델로서 OpenAI의 GPT-4o[14]를 활용하여 인간-AI 협업을 통한 신어

14 본고에서 제안하는 거대언어모델을 활용한 신어 판별을 논의할 때는 'LLM(Large Language Models)'을, 신어 판별 결과를 논의할 때는 'GPT-4o'를 사용한다. 본 연구에서는 신어 판별 작업의 모델별 성능을 비교하는 실험은 수행하지 않았는데, 본 연구의 초점이 모델 성능 비교에 있는 것이 아니기 때문이다. 애플리케이션 통계 분석 플랫폼 모바일 인덱스에 따르면 2025년 4월 기준, ChatGPT의 국내 '월간 활성 이용자 수(MAU)'는 1,072만 227명을 기록했다(조선비즈, 2025.05.07., "ChatGPT, 한국에서 1,000만 사용자 돌파.").

탐지의 가능성을 모색하기로 한다. GPT-4o를 활용한 신어 판별의 개요는 아래와 같다.

(7) LLM을 활용한 신어 판별 방법
ㄱ. 모델: OpenAI GPT-4o(API 호출, temperature=0.2)
ㄴ. 프롬프트[15]
- 판단: {신어, 비신어, 판단 불가}
- 포함 기준: {신어 DB, 웹 용례, 기타}
- 배제 기준: {굴절형 추정, 고유명 추정, 기타}
- 이유: 포함 혹은 배제 기준에 따른 판단 이유를 한 문장으로 설명할 것
ㄷ. RAG 기법 추가 활용
- 신어 DB(2002년~2022년, 총 8,185개 신어)[16]에 대한 임베딩
- 신어 DB에서 신어 후보 어휘(질의어)와 코사인 유사도가 높은 상위 5개 항목 제시

이 실험에서는 모델 생성 결과(신어 판별 결과)의 일관성을 높이기 위해서 하이퍼 파라미터인 'temperature'[17]를 기본값 0.7에서 0.2로 하향 조절했으며(7ㄱ), 응답 형식을 고정하여 포함 기준과 배제 기준, 판단 결과 및 그 이유를 함께 출력하게 했다(7ㄴ).

본고에서는 RAG를 통해 GPT-4o가 신어 판별에 활용할 수 있는 근거를

---

15 전체 프롬프트는 <부록>을 참고할 수 있다.

16 2002년부터 2019년까지의 신어(2005 · 2006 · 2011년 제외)는 국립국어(연구)원의 <신어 자료집>을, 2020년부터 2022년까지의 신어는 경북대학교 언어정보연구센터의 <신어 2020>, <신어 2021>, <신어 2022>의 결과물을 활용한 것이다. 한편, 2005년, 2006년, 2011년은 <신어 자료집>의 공개 또는 발간이 되지 않은 해이다.

17 'temperature'는 생성형 언어 모델이 가지는 출력 확률 분포의 무작위성을 조절하는 하이퍼파라미터로, 이 값이 낮을수록 모델은 보다 결정적인 응답을 생성하며, 값이 높을수록 다양하고 예측 불가능한 출력을 생성한다.

추가적으로 제공하였다(7ㄷ). RAG에 활용된 벡터스토어는 신어 DB에 포함되어 있는 신어의 표제항 정보(색인/등재표제어, 원어, 어종, 품사, 전문 분야, 뜻풀이, 용례, 어원)를 OpenAI의 임베딩 모델인 'text-embedding-3-large'를 이용해 구축된 것이다.[18] 신어 후보 어휘(질의어)에 대해, 벡터스토어 내 코사인 유사도 상위 5개 항목(참고 어휘)을 추출하여 GPT-4o에 함께 제공하였다. 모델의 응답 편향(response bias)을 방지하기 위해 신어 후보 어휘를 1개씩 독립적으로 처리하였다.

3.2. LLM을 활용한 신어 판별 결과

<신어 2023>의 재현 과정에서 기간 외 출현 어형을 제거한 이후의 후보군 6,301개를 대상(2.2절, <표 2>, 'd 단계')으로, 인간과 GPT-4o의 신어 판별 결과를 비교한다. 아래의 <표 3>은 GPT-4o를 활용하여 추가적으로 수집한 신어가 포함된 '확장 신어 목록(총 368개)'을 기준으로 인간과 GPT-4o 각각의 1차 판별 결과를 평가한 것이다.

18 RAG 기반 응답 생성을 위한 벡터스토어 예시(3,072차원)는 아래와 같다.

표제항 정보 예시	임베딩 예시
카플레이션 (<영>carflation) 영, 「명」, 『경제』 자동차의 가격이 급등하는 현상. 원자재 가격 상승과 공급망 장애 등 복합적 원인에 의해 발생한 인플레이션이다. ¶ 원자재값 상승, 반도체 공급난 등 복합적인 이유로 인해 차값이 오르는 '{카플레이션'이} 본격화되고 있다.	[−0.045842, −0.071081, −0.016560, −0.008492, −0.032527, −0.026243, −0.055062, −0.009278, −0.041541, −0.011106, −0.010012, 0.021775, … 0.014525, −0.014615, 0.002089, −0.002130, 0.024969, 0.011937, −0.006162, 0.003960, 0.011023, −0.027557, 0.002234, 0.006606]

<표 3> '확장 신어 목록' 기준의 인간/GPT-4o 1차 판별 결과 평가

세부 작업 내용		후보군 TP	혼동 행렬[19]				F1
			FN	FP	TN		
e.	1차 신어 판별(인간)	6,301	91	43	0	6,167	0.80899
e'.	1차 신어 판별(GPT-4o)[20]	6,301	85	49	288	5,879	0.33516
f.	최종 신어 판별(인간)	-	134	-	-	-	-
g.	계열어 등 추가 수집(인간)	-	368 (+234)	-	-	-	-

<표 3>에서 주목할 점은 회색 음영으로 강조된 혼동 행렬의 세 가지 요소와 F1 점수이다.

(8) GPT-4o를 활용한 〈신어 2023〉의 추가 수집 예시

19 혼동 행렬(confusion matrix)은 기계 학습 분야에서 지도 학습으로 훈련된 분류 알고리즘의 성능을 시각적으로 나타낸 표이다. 본 연구에서는 혼동 행렬의 각 요소를 아래와 같이 정의한다. 한편 프롬프트 설계 시에는 모델의 과도한 추정을 방지하고, 불확실한 후보 어휘에 대한 판단 회피를 유도하기 위해 '판단 불가'를 포함하였으나, 혼동 행렬에 기반한 정량적 분석에서는 '판단 불가'를 '비신어'로 처리하여 '신어'와 '그 외(비신어, 판단 불가)'의 이진 분류 체계로 단순화하였다.

	예측값: 신어	예측값: 비신어
실제값: 신어	TP(True Positive)	FN(False Negative)
실제값: 비신어	FP(False Positive)	TN(True Negative)

20 본고에서는 프롬프트 설계 시에는 '판단 불가'를 포함하되, 정량적 분석에서는 이를 '비신어'로 간주하였다. GPT-4o는 전체 후보 어휘 6,301개 중 2,069개(약 33%)대해 '판단 불가'로 응답하였다. '판단 불가'에는 '연개특위(연금 개혁 특별 위원회)'와 같은 두음절어, '웨스트얼라이언스' 등의 고유명 추정 항목, '음바키(인명)', '이음요시(인명)'처럼 고유명이지만 고유명으로 확실하게 판단할 수 있는 근거가 부족한 항목, 혹은 연구자의 관점에서도 의미를 추정할 수 없는 항목('피어링요') 등이 포함되어 있다.

AI커버곡, 고유수용감각장대, 기억외교, 디인플루언싱, 디컨슈머, 멀티데믹, 벼락발전, 생성테크, 엠제트노조, 키즈오케이존, 트러스노믹스, 프롬프트엔지니어 등 총 43개

위의 (8)의 예시에서 확인할 수 있듯, 인간 판별 결과(e) 중 FN(총 43개), 즉 인간 전문가가 누락하였으나 GPT-4o를 활용한 재작업 과정에서 추가적으로 수집한 신어들은 인간의 작업을 보완하는 LLM의 가능성을 보여준다. 그러나 GPT-4o 판별 결과(e′)에서 GPT-4o가 신어를 비신어라고 판단한 경우(FN, 총 49개)와 비신어를 신어로 판단한 경우(FP, 총 288개)가 상당수 관찰된다는 점은 인간의 개입이나 추가 검토 없이 GPT-4o가 단독으로 신어 판별 작업을 수행하기에는 아직 한계가 있음을 의미한다.[21]

두 번째로 인간과 GPT-4o의 정답 목록(TP) 간 교집합은 총 42개로, 위 실험만으로 보았을 때 인간과 GPT-4o 판단의 일치율은 50%(인간 TP 기준 약 47.25%)를 넘지 않는다. 이는 인간 전문가의 부주의 혹은 GPT-4o의 자연어 이해 및 생성 능력의 한계로 비춰질 수도 있으나, 신어 판별 지침의 정교화, RAG 기법의 고도화, 프롬프트 압축 기법 등의 적절한 활용 등 기술적 문제를 해결한다면, 신어 판별 작업에서 인간 전문가와 LLM 각각이 좀 더 효율적으로 기여 가능한 영역이 있을 수 있음을 암시한다.

세 번째로 본 연구에서는 <신어 2023> 목록의 최종 포함 여부를 기준으로 인간의 신어 판별 결과를 반영하였기 때문에, <표 3>의 'e 단계'에서 FP가 0으로 기록되었다. <신어 2023>의 실제 작업에서는 일반 작업자가 신어라고 판별한 항목을 상위 작업자가 신어가 아니라고 판별할 수도 있기 때문에, 작업자별로 혼동 행렬을 작성한다면 FP가 0이 아닐 수 있다. 또한

21 혼동 행렬의 요소별 질적 분석 결과는 4장에서 좀 더 자세히 논의한다.

<표 2>에서는 총 325개의 신어를, <표 3>에서는 총 368개의 신어를 정답 세트로 활용하였으나, 정답 세트 역시 신어 조사 작업에 활용되는 기반 자료의 구성, 신어 후보 추출 방법, 신어 판별 지침 등에 따라 달라질 수 있다.

<표 3>에서 확인할 수 있듯이 결론적으로 인간은 약 80%, GPT-4o는 약 34%의 F1 점수를 달성했다. 이는 인간과 LLM 각각의 한계를 보여 줌과 동시에, 향후 신어 조사에서는 인간과 LLM의 상호 보완적 '협업 모델'이 신어 탐지의 생산성과 효율성 확보에 긍정적인 영향을 미칠 가능성을 시사한다. 그러나 <표 3>의 'g 단계'에서 알 수 있듯, 말뭉치와 LLM에 의존한 반자동 신어 추출 방법론으로는 전체 368개 중 134개(약 36%)의 신어만을 수집할 수밖에 없다. 이러한 사실은 LLM을 활용하더라도 인간 전문가의 역할이 여전히 중요함을 의미한다.

4. 인간과 LLM의 신어 판별 목록 검토 및 인간 평가의 의의

4.1. 인간과 LLM 작업 목록의 특성

인간과 GPT-4o가 모두 '비신어'라고 판단하고 실제로도 '비신어'인 경우인 5,879개를 제외하면 인간 또는 GPT-4o가 '신어'라고 판별한 목록은 모두 422개이다. 이 422개는 다시 인간 평가에 따라 '실제 신어' 134개와 '실제 비신어' 288개로 나뉜다. 최종 평가에서 '실제 신어'인 134개는 판별 주체와 판별 결과에 따라 구분하면 다음과 같다.

구분	인간: TP	인간: FN
GPT-4o : TP	[1유형](42개) 감사완박, 검수원복, 경제완박, 계묘늑약, 군중유체화,금리폭리방지법, 기후기술허브, 기후보상금, 긴급벌채제도, 누칼협, 맞폭, 명절테크, 뱅크데믹, 블록코어룩, 빵플레이션, 생성AI, 생성에이아이, 생성형AI, 셀프세일, 소득동질혼, 안심거래존, 안심전세앱, 알고스피크, 예테크족, 원두대란, 웨딩플레이션, 유급휴재,자기공감력, 잘파세대, 정언공범, 중꺾마, 창툭튀, 체리슈머, 초부자감세, 치팅범, 컴프테크, 클릭코노미, 키드코어, 타다진흥법, 펫위탁소, 평생학습휴직제, 폴리시피싱	[3유형](43개) AI소총, AI커버, AI커버곡, 건폭수사단, 검폭, 고유수용감각장애, 공간혁신구역, 공유바구니, 과로사조장법, 그린빈와인, 기억외교, 기후파괴시설, 긴축만능론, 남녀동등참여지원법, 디인플루언싱, 디지털서비스안전법, 디컨슈머, 멀티데믹, 물가지원금, 미래차전환특별법, 바비코어, 방탄벼슬, 벼락발전, 분리요청권, 비혼출산지원법, 생성테크, 서브아빠, 승패사회, 실외이동로봇, 엠제트노조, 우주농법, 윤핵공, 은퇴연옥, 이당완박, 이자폭리방지법, 짠물쇼핑, 코티지코지룩, 키즈오케이존, 탄소치유농업, 트러스노믹스, 프롬프트엔지니어, 피스워싱, 피시주의
GPT-4o : FN	[2유형](49개) 가상근무표, 건강보정기대수명, 건폭몰이, 건폭수사, 계약정원제, 고등평생교육특별회계, 고특법, 고특회계, 공공반납처, 교육자유특구법, 군졸교과서, 군집자살, 금안계정, 금융교육진흥법, 금융안정계정, 기초연금확대법, 노면컬러안내선, 노조방탄법, 녹색항로, 녹색해운항로, 농촌소멸기금, 도심복합개발특별법, 바지임대인, 반강성고정술, 부모돌봄법, 불법일임투자, 불법파업조장법, 사회서비스진흥법, 세계구매자지수, 실감문화공간, 심야호출비, 안심전세포털, 안티스티어링, 암석플라스틱, 양곡처리법, 연개특위, 열대림생태학, 우주항공기금, 유공유리분말, 유급휴재권, 이태원참사특별법, 입법독주법, 재해취약주택, 전세사기특별법, 직방금지법, 폐교장려금, 한국멸시론자, 합법파업보장법, 해양레저호텔	

<그림 1> 인간 VS GPT-4o의 신어 판별 결과 비교: TP/FN 사분면

[인간:GPT-4o]의 신어 판별 결과 [1유형](TP:TP)의 신어 42개는 두 작업 주체가 모두 '신어'로 판별한 어휘들이다. 구 단위 신어 24개와 단어 단위 신어 18개로 구성되어 있는데, '기존 신어 목록'의 구:단어 비율이 약 51:49인 점을 고려해 볼 때 [1유형]에 포함된 어휘들은 기존 신어 목록 분포의

일반적인 경향을 상당히 반영하고 있다고 할 수 있다.

[2유형](TP:FN)의 신어 49개는 '기존 신어 목록'에 포함된 것들이지만 GPT-4o가 신어가 아니라고 오판한 어휘들이다. 이중 '안티스티어링, 연개특위, 고특법' 3개를 제외한 나머지 46개는 모두 구 단위 신어들로 '고등 평생 교육 특별 회계, 교육 자유 특구법, 금융 교육 진흥법'과 같은 정책명이나 법안명 등의 상대적으로 긴 명사 나열형 구조를 다수 포함하고 있다. 이는 LLM이 담화 맥락상 일정한 의미를 형성하는 구 단위 표현들을 하나의 의미 단위로서 인식하지 못하는 경향을 보이는 것이다.

[3유형](FN:TP)의 신어 43개는 '기존 신어 목록'에서는 신어로 포착하지 못하였으나, 이번 작업을 통해 GPT-4o가 포착하여 '확장 신어 목록'을 구성하는 데 기여한 부분이다. 구 단위 33개, 단어 단위 10개로 구성되어 있으며, '디컨슈머, 멀티데믹, 트러스노믹스'와 같이 <2002~2022 한국어 신어 DB>에 기반하여 기존 신어들과 형태적 유사성이 있는 어휘를 GPT-4o가 놓치지 않고 잘 포착한다는 점을 알 수 있다. [2유형]에 비하면 낮지만 여기서도 구 단위의 비율이 상당히 높게 나타나고 있는데, 이는 구 단위 신어의 포착이 LLM은 물론 인간 전문가의 경우에도 쉽지 않다는 점을 보여준다.

한편, GPT-4o가 '신어'로 판별했으나 실제로는 비신어였던 '오답'에 대해서도 살펴볼 필요가 있다. 이에 해당하는 신어는 모두 288개이다.

(9) GPT-4o의 FP(False Positive) 예시-①

ㄱ. 고유명(117개): 글램벅스(회사명), 노스다이튼(지명), 두부리또(상품명) 등

ㄴ. 부분어(52개): 기부플랫(폼), 동죽김치(찌개), (콰이어트)퀴팅족 등

ㄷ. 자유결합(50개): 멀티테마존, 살인의욕, 상상연애담 등

ㄹ. 단발어 · 임시어(27개): 거짓새, 걸식카드, 조폭체육관 등
ㅁ. 역사적 어휘(8개): 사계학파, 만한일체론, 아전계급 등
ㅂ. 생산적 접사 결합(6개): 챗GPT용, 졸병화, 폐원안 등
ㅅ. 음식명(6개): 바게트명란, 파기름국수, 가자미카레 등

(10) GPT-4o의 FP(False Positive) 예시-②
텍스트 경계 겹침(31개): 겨울마이크론, 깜깜이세입자, 카페출산율 등

위 예시들은 GPT-4o가 신어로 오판했지만 실제로는 신어로 수집될 수 없는 이유에 따라 유형화한 것이다. 다수의 배제 사유가 복합적으로 관련될 수 있어, 한 어휘는 여러 유형에 걸쳐있을 수 있다.

가장 두드러지는 GPT-4o의 오판 유형은 '고유명' 유형이다. 사명, 지명, 상품명, 인명 등의 어휘는 형태적 관점에서 새로운 대상에 새로운 형식의 언어 표현이 부여된 것이라는 점에서 기존의 신어 연구들에서 '형태적 신어'라고 분류하는 유형과 유사하다. 어휘 형태에 기반한 신어 자동 추출/탐지 시스템상에서는 이러한 '고유명'류 신어와 일반 형태적 신어를 구분하기 어렵다. 그러나 참조 대상의 유일성 또는 고유성으로 인해 대부분의 '고유명'류 신어는 언어 공동체의 공통 어휘부에 도입되기 어려우며 기존 신어 조사에서도 적극적으로 수집하는 대상에서는 제외되어 왔다.

두 번째 유형은 '부분어(sub-word)'류이다. 이들은 실제 신어 형태의 일부, 즉 어형의 일부가 생략 또는 탈락된 사례이다. 전통적인 형태론에서 다루어지는, 단어보다 더 작은 언어 단위는 의미를 가지는 최소 단위인 '형태소'이다. 그러나 NLP 분야에서는 '토큰(token)'을 기본 단위로 자연어 처리를 하며 이때 '토큰'은 언어학적 의미 단위인 '형태소'나 '단어'는 물론 일정한 의미를 담지 못하는 음절 또는 철자 연쇄 등을 포함하는 기술적 처

리 단위일 수도 있다. 텍스트 데이터를 '토큰'으로 분석하기 위해 사용하는 도구인 토크나이저는 형태소 기반과 서브워드 기반의 토크나이저가 사용되는데, 조사나 어미 등을 분리하여 문법적 정확성을 높이는 데 유리한 형태소 기반 토크나이저에 비해 서브워드 기반 토크나이저는 비표준형과 사전 미등록 어휘(Out of Vocabulary) 문제를 해결하는 데 더 높은 성능을 보인다(정찬우 · 정현준, 2024:1172). 그러나 '기부플랫(폼)', '(콰이어트)퀴팅족', '동죽김치(찌개)'와 같은 의미적으로 불완전한 단위가 신어 후보군으로 제시될 때, 인간 전문가의 경우 어휘가 출현한 맥락을 검토한 후 이들이 전체 어휘 단위에서 일부만 노출된 예로 해석하고 신어로 판단하지 않지만, LLM은 부분어 분절 결과만을 기준으로 해석하여 신어로 오판하게 된다. 이는 의미의 완결성이나 언어 사용 맥락, 모어 화자의 직관적 수용성과 같은 비형식적 요소에 기반한 인간의 판단 능력이 LLM에 의해 충분히 재현되기는 어렵다는 점을 시사한다. 따라서 이러한 부분어의 예시는 LLM이 신어 탐지 과정에서 높은 형식적 민감도를 보여 주지만 정확한 신어 판단에 인간 전문가의 평가가 여전히 필수적임을 보여 준다.

세 번째 유형은 '자유결합(free combination)'에 해당하는 사례들이다. 이들은 어휘 합성으로 인해 일정한 새로운 의미를 형성하지 않고 통사적으로 허용되는 단어들의 일반적인 결합으로 의미적으로 투명한 특성을 가진다. 그러나 이들은 구 단위 신어 또는 합성에 의한 신어와 형식적으로 동일한 구조를 보이므로 LLM이 형태 기반의 패턴 인식에 의존할 경우 신어로 오판할 가능성이 높다. 그러나 인간 전문가는 이러한 조합이 기존 단어들의 일반적 통합 범위 안에 있으며 결합에 의해 형성되는 의미가 일시적이거나 맥락 의존적이라는 점을 고려하여 신어로 판단하지 않는다.

이 외에도, GPT-4o가 신어로 오판한 유형은 인간 연구자들에게도 판단이 쉽지 않고 주관성이 있으며, 신어의 특정한 지침과 관련되는 '단발어 · 임시어', '생산적 접사 결합', '음식명'과 같은 유형들이다. '단발어 · 임시어'에 해당되는 예들은 고정된 의미나 반복 사용 가능성이 희박한 일회성 표현이라는 점에서 신어로서의 지속성과 확산 가능성이 부족하여 현재 신어 수집의 기준에서 배제되는 유형이다. 또한, 다양한 기존 단어에 '-용', '-화', '안'과 같이 생산적인 접사나 기능적인 명사가 결합하여 규칙적인 조어를 형성하기도 하는데, 이들 유형 중 의미가 고정적이지 않고 즉각적인 형성 규칙을 통해 사용되는 임시어의 경우에는 신어 목록에는 적극적으로 포함하지 않는다.[22]

다음으로 '사계학파', '만한일체론', '아전계급'과 같이 이미 사료나 고문헌에서 사용되었지만 현대적 사용이 제한적인 '역사적 어휘'도 LLM은 신어로 오인할 수 있다. 이들은 신어로서의 조어적 또는 개념적 참신성을 지니지 않으므로, 인간 전문가는 과거 시기의 언어 사용에 기반한 어휘를 현대 신어 목록에서 제외하지만, LLM은 형식적으로 낯선 조합이나 저빈도를 기준으로 이들을 신어로 오판하는 것이다.

한편, (10)의 예시와 같이 제목의 마지막 단어('겨울', '깜깜이', '카페')와 본문 첫 번째 단어('마이크론', '세입자', '출산율')의 연쇄를 신어로 잘못 판별하는 경우가 있다. 이들은 다음 그림을 통해 알 수 있듯이, 실제 언어 사용의 사례가 아니라, 신어 후보군 추출 단계에서 텍스트의 구조적 경계 처리 미비로 인해 발생한 비의도적 결합 사례이다.

---

22 이러한 신어 수집의 기준은 〈우리말샘〉 등의 사전 등재 기준과 다소 연관성이 있으며, 사전 표제어 구성에 대한 관행과도 일정한 관련이 있는 것으로 보인다. 오히려 기존 인쇄사전 기반의 전통적인 표제어의 틀을 넘어 새로이 생성된 단어를 적극적으로 수집하는 관점에서는 생산적인 접사가 결합된 단어라도 그 단위가 일정 빈도를 확보할 때 배제되어야 할 이유는 없다.

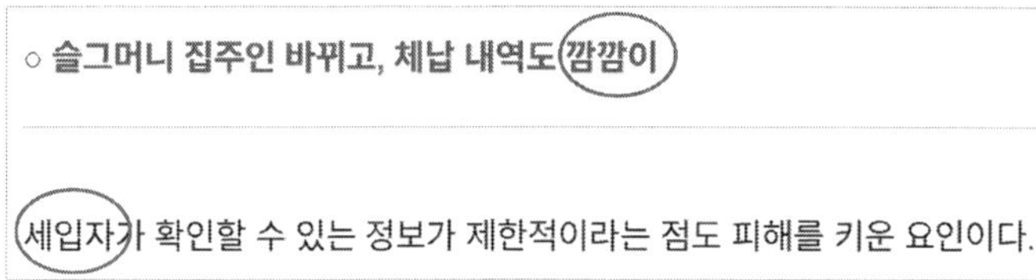

<그림 2> 텍스트 경계 겹침 예시: '깜깜이세입자'

이러한 오류는 신어 추출 작업에서 전처리 단계의 문장 및 텍스트 경계 설정 등을 보다 정교하게 수행할 필요가 있으며, LLM을 활용할 경우에도 전처리 품질이 모델의 신어 탐지 정확도를 좌우할 수 있는 중요한 변수로 작용함을 보여 준다.

이상의 GPT-4o 오판 사례들은 프롬프트 조정을 통해 GPT-4o가 신어 판별에 더 많은 용례와 맥락 정보들을 참조하도록 할 경우 상당 부분 개선될 수 있다. 그럼에도 불구하고, GPT-4o가 신어로 오판한 사례들은 형식에 기반한 판단의 한계, 맥락 이해 부족, 기계적 형태 학습에 따른 분류 오류를 여실히 보여 준다. 특히 고유명, 부분어, 텍스트 경계 겹침 등은 인간 전문가에게서는 비교적 명확한 배제 기준을 통해 걸러질 수 있으나, LLM에게는 학습 데이터가 불균형적이거나 입력 데이터의 구조적 처리가 미흡할 경우 쉽게 혼동되는 유형들이다. 이러한 분석을 통해 확인할 수 있는 것은, 신어 추출 작업에서 LLM은 강력한 자동화 도구가 될 수 있지만, 언어적 · 사회 문화적 맥락과 어휘 의미 완결성에 대한 인간 전문가의 직관과 평가가 여전히 대체 불가능한 요소로 작용한다는 점이다.

4.2. '말뭉치-LLM-인간 전문가의 협업 모델'에 기반한 신어 조사의 가능성과 한계

이상으로 살펴본 바와 같이, 신어 추출 작업은 인간 전문가와 말뭉치의 분석, LLM의 상호 보완적인 협업 구조를 통해 수행될 때 효과적이며, 아래와 같은 삼각측량 접근이 필요함을 시사한다.

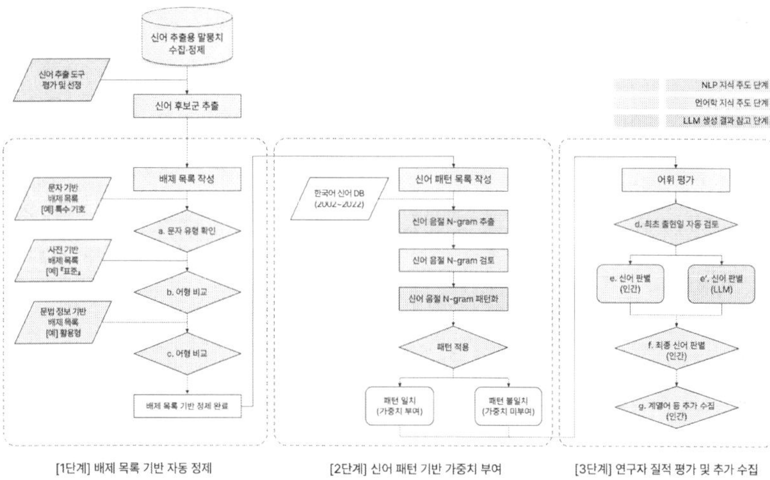

<그림 3> 신어 탐지를 위한 '말뭉치-LLM-인간 전문가의 협업 모델'

<그림 3>은 신어 탐지를 위한 '말뭉치-LLM-인간 전문가의 협업 모델'의 안을 제시한 것으로, <신어 2023>의 작업 과정을 기준으로, 'd. 최초 출현일 자동 검토'의 단계까지는 반자동 추출 및 정제 방법론이 적용되어 있다. 말뭉치, LLM, 인간 전문가의 역할과 세부 작업 내용별 쟁점을 요약하면 다음과 같다.

먼저 말뭉치의 가장 큰 역할은 신어 후보군 추출에 필요한 언어 자료를

제공한다는 것이다. 신어 조사 기간과 동일한 기간 내 생산된 언어 자료를 일정한 기준에 따라 수집 · 선별 · 정제 · 가공하고 표본 집합 내에서 신어 후보 어휘 목록을 추출하는 것을 통해 재현 가능성과 반증 가능성을 논의할 수 있게 된다. 즉, 말뭉치는 언어 자료로서의 가치를 넘어, 언어 연구의 과학적인 방법론으로 나아갈 수 있는, 재현 가능성과 반증 가능성을 가능하게 한다는 근거로서의 가치를 가진다. 실제 사용의 증거로서 말뭉치, 사용역에 대한 이해를 통해 신어 후보군 추출 자원으로서의 대표성과 균형성을 점검하고, 주제 보편적/주제 특정적 말뭉치를 실시간으로 구축함으로써 신어 수집과 분석의 시의성을 확보해야 할 것이다.

다음으로 LLM은 인간 전문가와 달리, 언어 능력과 실제 세계 지식을 통해 새로운 형태와 의미를 심층적으로 분석할 수 없다는 근본적 한계를 가진다. 그럼에도 불구하고, 본 연구의 실험에서는 인간 전문가의 신어 배제 규칙과 신어 DB만 제공하더라도, LLM이 신어 탐지에서 유의미한 성과를 도출할 수 있음을 확인하였다. 향후 말뭉치 기반 용례와 최신 웹 용례를 실시간으로 수집 · 제공함으로써 탐지의 정밀도와 재현율을 제고할 수 있을 것으로 기대된다.[23]

---

23 본고에서 활용한 RAG 기법은 입력된 신어 후보 어휘에 대해 “이 단어는 새로운 형태나 의미를 가진 단어인가?”와 같은 단순 질의문을 벡터화하여, 신어 DB에 대한 벡터스토어와 코사인 유사도를 계산하는 구조이다. 그러나 이처럼 단순하고 짧은 질의문은 신어 후보 어휘의 사용 맥락을 표현하는 데 제한적이기 때문에, 다양한 언어 정보가 임베딩되어 있는 벡터스토어와의 코사인 유사도 계산에서 구조적 한계를 가진다. 신어 판별을 위한 방법론은 말뭉치 기반 용례 제시와 최신 웹 용례를 검색(네이버 오픈 API의 뉴스/블로그/카페 검색 결과 등)하여 제공하는 방식 등을 통해 고도화될 수 있을 것이다. 다만, 말뭉치나 웹 문서의 맥락이 신어 사용 맥락과 무관하거나 부정확할 수 있으며, 질의문에 포함되는 텍스트 양이 늘어날 경우, 프롬프트 토큰 수 증가로 인한 성능 저하를 초래할 수 있다는 한계도 있다.

다만, 인간 전문가의 모든 경험을 프롬프트에 완전히 반영하는 것은 불가능하며, 포함 및 배제 기준에 대한 명확한 정의와 다양한 예시를 충분히 제공하지 못했다는 점은 본 연구에서 활용한 프롬프트의 주요 한계로 지적될 수 있다. 그러나 프롬프트에 포함된 정보의 양과 모델 응답의 일관성은 상충 관계에 있으며, Upadhayay et al. (2024)에서 언급한 바와 같이 프롬프트의 맥락이 지나치게 길 경우 LLM도 인간과 유사하게 '인지 과부하(cognitive overload)'가 생기고, 이로 인해 모델의 성능이 저하될 수 있다. 향후 LLM 기반 신어 탐지에서는 작업 지침의 정보성과 모델 응답의 정확성 및 일관성 간의 균형을 고려한 프롬프트 설계가 필요하다.[24]

마지막으로 인간 전문가의 경험과 직관에 기반한 협업 모델의 설계이다. 신어 수집 및 집필, 사전 편찬 등과 관련된 인간 전문가의 경험은 <그림 3>의 '배제 목록'의 판정에서 결정적이다. 활용형과 고유명사의 판단, 구성 요소의 합성성을 순수하는 자유결합의 판단은 인간이 가진 강점으로 판단된다. 의미 단위인 '단어'에 대한 인식, 고유명사와 일반명사의 구분 기준 합성성의 원리 등은 언어학에서도 고전적인 난제로 인간 연구자들에게도 단일한 원리로 설명하기 어려운 부분이다. 이 부분은 LLM의 신어 탐지와 평가라는 주제가 인간 연구자의 직관으로 이어지는 부분으로, 향후 인간의 언어 직관을 반영한 협업 모델 설계가 신어 탐지의 정확도와 신뢰도를 높이는 핵심 과제가 될 것이다.

한편 <표 4>에 제시된 부분어(sub-word) 유형의 '신어 패턴 목록'은 LLM

---

24 GPT-4o와 같은 생성형 언어 모델은 제한된 맥락 내에서 신어인지 아닌지를 판별하는 작업보다, 명확한 생성 지침이 존재하는 신어 집필 작업에 더 적합할 것이다. 후속 연구를 통해서는 동일한 신어 목록을 활용한 인간과 GPT-4o의 신어 집필 결과를 비교하고 분석할 예정이다.

을 위한 사전학적 데이터(lexicographical data)로 기능할 수 있을 뿐만 아니라, 모어 화자의 인지적 판단 기준에서 '단어'란 무엇인가에 대한 근본적인 질문을 던진다는 점에서 이론적 함의가 크다.

<표 4> 음절 N-gram 기반의 신어 패턴 예시

순위	신어 패턴	빈도	패턴 위칫값 평균	패턴 위칫값 표준 편차
1	캉스	235	0.9574	0.1735
2	세대	83	0.9301	0.2388
3	테크	77	0.7829	0.3255
4	**파라치**	**76**	**1**	**0**
5	지수	49	1	0
6	제도	43	1	0
7	세권	41	1	0
8	노믹스	38	1	0
9	플레이션	32	1	0
10	포비아	29	0.977	0.1216

<표 4>는 신어 DB(2002년~2022년, 총 8,185개) 및 기타 미등록어 DB의 표제어 목록에서 음절 N-gram을 추출하여 구성한 신어 패턴의 예시이다. '빈도'는 기준 어휘 목록 내에서 해당 음절 N-gram이 출현한 횟수를 의미한다. '패턴 위칫값'은 해당 N-gram이 표제어의 전체 음절 중 어느 위치에 등장했는지를 상대적인 수치로 나타낸 것이다. 평균 위칫값이 1에 가까울수록 N-gram은 표제어의 끝부분에 주로 등장하며, 표준 편차가 0에 가까울수록 해당 위치에서의 위치 안정성이 높다는 것을 뜻한다. 예를 들어, '파라치'는 [X+파라치] 형식으로 구성된 76개의 표제어에서 동일하게 어말 위치에 나타난 3-gram이며, 표준 편차가 0으로 위치 변동성이 없다. 따

라서 '파라치'는 신어 패턴으로서의 활용도가 매우 높은 사례로 볼 수 있다.

N-gram의 위칫값 변동성이 클수록 해당 N-gram을 신어 패턴으로 활용 가능한지의 여부는 인간의 판단(N-gram 혹은 부분어에 대한 형태론적 지위 판별)이 요구된다. 이러한 신어 패턴 목록은 모어 화자의 언어 경험과 직관을 반영하여 모델링한 사전학적 데이터로서의 활용 가능성을 지닌다. 특히 2장에서 논의한 바와 같이 신문 말뭉치에 기반하여 설계된 미등록어 추출기는 혼성이나 축약 등의 단어 형성 기제를 통해 만들어진 명사는 추출하기 어렵다는 한계를 지닌다. 반면, 신어 패턴의 지속적 수집과 활용은 이러한 통계 기반 어휘 추출 모델의 한계를 보완할 수 있는 대안으로서 의의가 있다. 이러한 신어 패턴 목록은 단순한 통계적 결과물이라기보다, 인간 전문가의 언어 직관과 축적된 경험을 바탕으로 해석되고 정교화될 때 비로소 진정한 사전학적 자원으로 기능할 수 있다.

결국 신어 탐지 기술이 상당한 진보를 이루더라도, 신어로서의 타당성, 사전 등재 가능성, 그리고 신어성 판단과 같은 최종적인 결정은 인간의 복합적 언어 인식과 판단 능력에 의해 보완될 수밖에 없다. 이러한 점에서 '말뭉치-LLM-인간 전문가'의 협업 모델에서 핵심 주체는 여전히 인간 연구자라 할 수 있다.

5. 나가며: 신어 탐지 패러다임의 전환과 인간-LLM 협업의 미래

본 연구에서는 <신어 2023>의 기존 신어 목록을 대상으로 절차적 투명성과 재현 가능성을 점검하고, 인간 전문가와 LLM의 협업을 통한 신어 탐지의 가능성을 탐색하고자 하였다. 본 연구를 간략히 요약하고 향후 이상적인 신어 탐지의 방향에 대해 논의함으로써 결론을 대신하고자 한다.

2장에서는 미등록어 추출기 5종의 성능을 검토하고 기존의 신어 후보군 정제 절차를 재현하였다. 그 결과, 자동 후보군 정제의 기술이 발전한다고 하더라도 신어 탐지에는 여전히 인간 전문가의 맥락에 대한 판단과 문법적 · 의미적 판단이 중요한 역할을 함을 살펴보았다. 동일한 말뭉치와 기존 목록을 대상으로 한 실험은 향후 신어 탐지 모델의 고도화를 모색할 수 있는 근거를 제공하며, 반자동 신어 추출 방식의 효율성과 생산성을 제고하는 데 기여할 것이다.

3장에서는 프롬프팅과 RAG 기법을 활용하여 GPT-4o의 신어 탐지를 실험하고 이를 인간 평가 목록인 <신어 2023>의 목록과 비교함으로써, LLM의 추가적인 활용이 기존 신어 목록을 확장할 수 있는 데 효율적인 방법론이 될 수 있음을 증명하였다. 실험을 통해 얻은 '확장 신어 목록'은 기존 신어 목록에 비해 약 13% 증가한 368개로, 신어의 포괄적인 탐지와 추출을 위해 말뭉치-LLM-인간 전문가 협업 모델의 방향을 모색할 필요가 있음을 보여 준다.

4장에서는 인간 평가와 LLM의 결과를 LLM의 FP 유형을 중심으로 검토함으로써 향후 고유명사, 부분어, 자유결합 등의 유형에서의 평가가 LLM의 신어 후보 목록 판별에서 정확도에 결정적인 역할을 미치게 될 것임을 논의하였다.

신어는 NLP 여러 영역 중 가장 도전적인 영역 중 하나이며(Cook, 2010; Tomaszewska et al., 2025 등), 향후 LLM의 신어 탐지 능력은 언어학뿐만 아니라 언어공학 및 사전학, 사회 문화적 연구 분야 전반에서도 중요한 연구 주제로 주목받을 것이다. Opitz et al.(2025)은 "Natural language processing RELIES on linguistics"라는 논문에서 NLP가 LLM을 중심으로 발전하고 있음에도 불구하고, 여전히 언어학적 전문성이 필수적임을 주장하고 있다. 여기서 언어학적 역할의 중요한 요소는 'RELIES'의 여섯 가지 요소로 '자원(Resources), 평가(Evaluation), 저자원 언어 환경(Low-resource settings), 해석가능성(Interpretability), 설명력(Explanation), 언어 연구(Study of language)' 각각의 영문 첫 자로 구성된다. 이러한 논의를 신어 탐지로 옮겨올 때, LLM의 괄목할 만한 탐지 능력에도 불구하고 대표성과 균형성을 갖춘 말뭉치 자원의 수집, 인간 평가의 개입, 그리고 영어에 비해 저자원 언어인 한국어에서의 해석 가능하고 설명 가능한 신어 탐지를 위해서는 여전히 언어학의 핵심적인 역할이 요구된다. 이는 또한 본 연구에서 밝혀졌듯이, 고유명사 판별, 합성성의 원리, 언어적 · 사회 문화적 맥락과 어휘 의미 완결성을 형식적으로 또는 기능적으로 표상할 수 있는 언어학 연구와 긴밀히 관련된다.

다만, GPT-4o 단일 모델로 실험을 진행하고 다양한 LLM 간 성능 비교나 프롬프트 유형별 탐지 민감도의 차이 등은 연구 범위를 고려하여 심화하지 않았다는 점은 본 연구의 한계이다. 향후 후속 연구를 통해 인간 전문가와 LLM 간의 협업 가능성을 보다 정교하게 규명하고, 신어 탐지 모델의 일반화를 위한 이론적 토대를 마련할 수 있기를 기대한다.

V. 부록: 찾아보기

1. 2024년 신어 빈도 목록 1: 단어 빈도
2. 2024년 신어 빈도 목록 2: 기사 빈도(인 링크)
3. 2024년 신어 빈도 목록 3: 기사 빈도(아웃 링크)
4. 신어 판별 및 집필을 위한 LLM 프롬프트
5. 2024년 신어 색인 1: 가나다순
6. 2024년 신어 색인 2: 단어 빈도순
7. 2024년 신어 색인 3: 역순
8. 2024년 신어 색인 4: 의미 영역 순

1. 2024년 신어 빈도 목록 1: 단어 빈도

순위	신어 어휘	단어 빈도(회)
1	채상병 특검법	977
2	오물 풍선	862
3	오송 참사	492
4	해병대원 특검법	391
5	필수 의료 패키지	231
6	알테쉬	167
7	지민비조	152
8	지역 필수 의사제	144
9	스트림플레이션	108
10	지구 열대화	65
11	개 식용 종식 특별법	57
12	학교 폭력 전담 조사관	51
13	여성 전략 특구	46
14	이채양명주	45
15	도파밍	43
16	상업 지역 총량제	40
17	평화누리특별자치도	39
18	디토 소비	37
19	분초 사회	37
20	한우법	37
21	수포당	34
22	틱톡 강제 매각법	32
23	파틀막	32
24	추구미	31
25	필수 의료 유지 명령	29
26	순살 아파트	27
27	영아 피난제	25
28	칼틀막	25
29	교자성	24

순위	신어 어휘	단어 빈도(회)
30	호모 프롬프트	19
31	그랜파코어	18
32	빵 서기관	18
33	사포당	18
34	블랙 키워드	17
35	비조지민	17
36	그린래시	16
37	알테무	15
38	우유 사무관	15
39	빈대믹	14
40	청정 경제 협정	14
41	동탄 룩	13
42	맑눈	13
43	해풍법	13
44	나체 추심	12
45	방탄 단식	12
46	스패무플라주	12
47	집단 항명 수괴죄	12
48	플레우로시스티티드	12
49	배터리 환경성 계수	11
50	법맥 경화	11
51	오피스코어 룩	11
52	집단 항명죄	11
53	쿠키 컷	11
54	구독플레이션	10
55	리파운더	10
56	외식 테크	10
57	의전 노동	10
58	전세 사기 피해자법	10

순위	신어 어휘	단어 빈도(회)
59	양자 비트 플랫폼	9
60	이분 도체육	9
61	인태 대화	9
62	젊공	9
63	클린 임대인 제도	9
64	표틀막	9
65	갈고리즘	8
66	뉴 머니 룩	8
67	소득 이동 통계	8
68	순금 챌린지	8
69	스킵래깅	8
70	통뼈 캐슬	8
71	행동 후성 유전학	8
72	현금 바인더	8
73	건생구팽	7
74	바이브세션	7
75	주저 세대	7
76	지역 필수 의사 제도	7
77	키슐랭	7
78	테무깡	7
79	호주 런	7
80	낙수과	6
81	댕플루언서	6
82	비전 파운데이션 모델	6
83	선납후검	6
84	엔시트화	6
85	역슈링크	6
86	연쇄상 구균 독성 쇼크 증후군	6
87	위기 임신 보호 출산법	6
88	유스 앱	6
89	초저온 회복 처치기	6

순위	신어 어휘	단어 빈도(회)
90	투어플레이션	6
91	학교 폭력 전담 조사관제	6
92	말따행따	5
93	미드퀄	5
94	버라이어티 가격 전략	5
95	선원 구하라법	5
96	순환 경제 사회법	5
97	스카이코럴	5
98	싱글노믹스	5
99	알테쉬톡	5
100	어싱족	5
101	예타완박법	5
102	의주빈	5
103	이 머니 토큰	5
104	임차인 등록제	5
105	장관 런	5
106	재렉스	5
107	전관 용역	5
108	지국비국	5
109	호랑무늬딱총새우	5
110	히어로노믹스	5
111	검수저	4
112	계약형 지역 필수 의사 제도	4
113	규제 책임관	4
114	극험지	4
115	뇌꾸	4
116	댕쪽이	4
117	딩콰드	4
118	리퀴드폴리탄	4
119	맵파민	4
120	봄 자살	4

순위	신어 어휘	단어 빈도(회)
121	블로케트	4
122	비둘기 룩	4
123	비지상 통신망	4
124	슬직생	4
125	알리깡	4
126	연체 지속률	4
127	완전 전자 주주 총회	4
128	원격 사격 무기 통제 체계	4
129	웹 시집	4
130	지국비조	4
131	지방 분권 균형 발전법	4
132	집가락	4
133	철도 지하화 통합 개발법	4
134	체이스퍼	4
135	탈쿠팡족	4
136	텀꾸	4
137	통꾸	4
138	혐오 밈	4
139	활성뇌	4
140	휴식뇌	4
141	가속주의자	3
142	감속주의자	3
143	관계 포비아	3
144	교권 보험	3
145	권역 의사 인력 뱅크	3
146	규제 책임관제	3
147	김모족	3
148	깔끼하다	3
149	노 썸바디 존	3
150	도너견	3
151	생재수	3
152	서이초 특별법	3
153	선금 특례제	3
154	숏 챗	3
155	안러경중	3
156	오송 지하도 참사	3
157	외국환 평형 관리 기금	3
158	워터밤 룩	3
159	원형 알엔에이	3
160	유럽 녹색 꽃게	3
161	육아 몰입 기간	3
162	의마스	3
163	젠새너티	3
164	주가 리튬 비율	3
165	주가 배터리 비율	3
166	주식 가치 연동 현금	3
167	중간선론	3
168	지깁비	3
169	지기비소	3
170	지차비소	3
171	채소 런	3
172	초일 가점	3
173	춰도 부전증	3
174	탄핵 만능주의	3
175	토마토뿔나방	3
176	펫 파킹	3
177	포괄 소득화	3
178	피드 블록	3
179	한토컴	3
180	해밑섬	3
181	회생 저항 장치	3
182	희소 비만증	3
183	교자성체	2
184	귀가팟	2

순위	신어 어휘	단어 빈도(회)
185	냥쿼벌레	2
186	네카엘스크	2
187	도장필	2
188	맵도르핀	2
189	바이털뽕	2
190	반려책	2
191	범용 일반 인공 지능	2
192	비디오 언어 모델	2
193	비전 언어 모델	2
194	빗살 모공	2
195	뼈말라약	2
196	상세오	2
197	세계뽕	2
198	슈퍼에이징 시대	2
199	스키코어	2
200	스키코어 룩	2
201	식후탕	2
202	신바벨 시대	2
203	안티알고리즘	2
204	알리 지옥	2
205	언틀막	2
206	얼음 과식증	2
207	엑사전자볼트	2
208	엔시티피케이션	2
209	역사 보행 공간	2
210	역응원	2
211	연쇄 흡연	2
212	영프스이	2
213	올콘족	2
214	옴니 유즈	2
215	우유 관리관	2
216	워크넥트	2

순위	신어 어휘	단어 빈도(회)
217	육아 친화 주택	2
218	의준생	2
219	이음 연령	2
220	이형 두릅	2
221	인류뽕	2
222	인용 답글	2
223	저출생세	2
224	제닌그라드	2
225	조퇴 런	2
226	존재 지속심	2
227	졸리 컷	2
228	종합 방탄 세트	2
229	중대 범죄 신상 정보법	2
230	증빙 어음	2
231	쫀복이	2
232	찐명횡재	2
233	캐시 펍	2
234	커피크닉	2
235	컨셔슈머	2
236	케이인니팝	2
237	클린 임대제	2
238	탈핑크 타이드	2
239	테무 지옥	2
240	테무 차단법	2
241	패낳괴	2
242	표준 학급 수	2
243	피코플레어	2
244	피코플레어 제트	2
245	핸들밥	2
246	행정 카르텔	2
247	환절통	2
248	환형 유치율	2

순위	신어 어휘	단어 빈도(회)
249	간판템	1
250	갓무직	1
251	강서용송	1
252	교권 미투	1
253	국고 만능론	1
254	국뽕 경제	1
255	국뽕 외교	1
256	굿짐당	1
257	그랜파코어 룩	1
258	나확행	1
259	남타커	1
260	내세가불	1
261	노 단체 존	1
262	노 아줌마 존	1
263	노 타투 존	1
264	노기원	1
265	노년돌	1
266	다산난사	1
267	대디 핏	1
268	댈토	1
269	동탄 미시 룩	1
270	맛그레이드	1
271	맥마카세	1
272	명언돌	1
273	문쿵	1
274	미식주의자	1
275	박스깡	1
276	벚꽃 개강	1
277	보더리스족	1
278	북켓팅	1
279	분유로이드	1
280	불꽃주	1

순위	신어 어휘	단어 빈도(회)
281	브래키톨로지	1
282	브러싱캠	1
283	비추템	1
284	비침습 연속 혈당 진단기	1
285	빅 헬퍼	1
286	빗무원	1
287	빨벌튀	1
288	사탐 런	1
289	사회 누리 소통망	1
290	삼쏘공	1
291	삼오더	1
292	서오녀01	1
293	서오녀02	1
294	세월호 참사 지원법	1
295	세종 법원법	1
296	세종 지법 설치법	1
297	센극기	1
298	소세권	1
299	스리가또	1
300	스위프톨로지	1
301	스킵젠	1
302	스팔로미	1
303	스팔완	1
304	스페이스덴티티	1
305	슬로 에이징족	1
306	슬림 다이닝	1
307	시간 가중 평균 환율	1
308	신스파이스 루트	1
309	썩파트	1
310	연못 뷰	1
311	연어 핑크색	1
312	영탐탐	1

순위	신어 어휘	단어 빈도(회)
313	예산 탄핵	1
314	예술 활동 준비금	1
315	예스족	1
316	온 디바이스 폰	1
317	온세뉴	1
318	온천 지도사	1
319	용산 로펌	1
320	원영적 사고	1
321	월천 도사	1
322	웨장센	1
323	유 키즈 존	1
324	육아 이행률	1
325	을평성대	1
326	의노예	1
327	의한민국	1
328	인솔 밴드	1
329	인스타그래니	1
330	인증 쇼츠	1
331	자랑질그램	1
332	자퇴 각	1
333	작먼귀	1
334	잔수박	1
335	저축템	1
336	전투템	1
337	제주남방밤달팽이	1
338	젤리쌈	1
339	조비이락	1
340	종북 횡재	1
341	주죽야스	1
342	지민비정	1
343	질병 휴직 심사제	1
344	짭투리	1
345	찐명일색	1
346	찐윤무사	1
347	차일드 페널티	1
348	채상병법	1
349	책태기	1
350	초광역 특별시	1
351	치킨 노조법	1
352	캐리오버템	1
353	킥 스테이지	1
354	킹무직	1
355	탈팡족	1
356	통공매	1
357	트리플벌이	1
358	편법 휴진	1
359	푹스 디스트로피	1
360	풀 더빙 툰	1
361	플러그엔비	1
362	하이볼족	1
363	한우 사업법	1
364	합가 보류	1
365	항로 표지 식별 장치	1
366	행복 분기점	1
367	향기멍	1
368	헬스테리어족	1
369	현기까	1
370	현미무스	1
371	현생 공감	1
372	협수용강	1
373	협틀막	1
374	혼쫄러	1
375	홀인투	1
376	홈태교	1

순위	신어 어휘	단어 빈도(회)
377	흔싸귀비	1
378	노 탕후루 존	0
379	다차원 피로도 척도	0
380	디토 사회	0
381	디토하다	0
382	러키비키	0
383	상세오 노선	0
384	상세오 라인	0
385	암룡적	0
386	어라랍스타	0
387	영아 피난 제도	0
388	온 센서 에이아이	0
389	우유 서기관	0
390	유금무죄 무금유죄	0
391	익티오티탄 세베르넨시스	0
392	중심 지역 관서제	0
393	지민비민	0
394	초격차 기술 특례 상장	0
395	코스피 이백 위클리 커버드 콜 에이티엠 지수	0
396	쾌룡적	0
397	탄핵 만능주의자	0
398	파묘들다	0
399	폭룡적	0
400	푸드 큐아르	0
401	푸드 큐아르 코드	0
402	푼타데바카스잎귀쥐	0
403	핫끈하다	0
404	헥사하이드로칸나비헥솔	0
405	비명횡사	3+
406	서오남	3+

2. 2024년 신어 빈도 목록 2: 기사 빈도(인 링크)

순위	신어 어휘	기사 빈도(회)	순위	신어 어휘	기사 빈도(회)
1	순살 아파트	2000+	30	도파밍	113
2	오물 풍선	2000+	31	학교 폭력 전담 조사관제	107
3	오송 지하도 참사	2000+	32	건생구팽	101
4	오송 참사	2000+	33	상업 지역 총량제	98
5	채상병 특검법	2000+	34	청정 경제 협정	96
6	필수 의료 패키지	2000+	35	예술 활동 준비금	92
7	학교 폭력 전담 조사관	2000+	36	비조지민	91
8	해병대원 특검법	2000+	37	리퀴드폴리탄	90
9	지민비조	1072	38	호모 프롬프트	89
10	방탄 단식	883	39	초격차 기술 특례 상장	87
11	개 식용 종식 특별법	614	40	배터리 환경성 계수	85
12	알테쉬	579	41	나체 추심	79
13	지역 필수 의사제	485	42	말따행따	79
14	이채양명주	452	43	인태 대화	77
15	스트림플레이션	352	44	통뼈 캐슬	74
16	필수 의료 유지 명령	352	45	빵 서기관	71
17	칼틀막	348	46	지국비조	70
18	파틀막	333	47	수포당	65
19	여성 전략 특구	323	48	집단 항명죄	64
20	평화누리특별자치도	289	49	선원 구하라법	62
21	분초 사회	237	50	원영적 사고	60
22	지구 열대화	230	51	차일드 페널티	59
23	한우법	216	52	서이초 특별법	58
24	전세 사기 피해자법	198	53	철도 지하화 통합 개발법	58
25	틱톡 강제 매각법	190	54	테무깡	58
26	연쇄상 구균 독성 쇼크 증후군	171	55	지역 필수 의사 제도	54
27	디토 소비	164	56	쉐도 부전증	54
28	지방 분권 균형 발전법	149	57	토마토뿔나방	54
29	집단 항명 수괴죄	131	58	버라이어티 가격 전략	52

순위	신어 어휘	기사 빈도(회)
59	스패무플라주	52
60	인용 답글	52
61	클린 임대인 제도	52
62	쿠키 컷	51
63	표틀막	50
64	완전 전자 주주 총회	48
65	호주 런	48
66	낙수과	46
67	법맥 경화	42
68	구독플레이션	41
69	빈대믹	41
70	이 머니 토큰	41
71	추구미	41
72	히어로노믹스	41
73	역슈링크	39
74	의주빈	39
75	노 탕후루 존	36
76	알리깡	36
77	현금 바인더	36
78	소득 이동 통계	35
79	그린래시	34
80	종북 횡재	34
81	의마스	33
82	오피스코어 룩	32
83	원격 사격 무기 통제 체계	32
84	계약형 지역 필수 의사 제도	30
85	사포당	30
86	뉴 머니 룩	29
87	어싱족	29
88	외식 테크	29
89	유스 앱	29
90	탄핵 만능주의	29

순위	신어 어휘	기사 빈도(회)
91	연쇄 흡연	27
92	갈고리즘	26
93	댕플루언서	26
94	위기 임신 보호 출산법	26
95	우유 사무관	25
96	해풍법	25
97	호랑무늬딱총새우	25
98	식후탕	24
99	초저온 회복 처치기	24
100	극험지	23
101	워크넥트	23
102	탈쿠팡족	23
103	탈팡족	23
104	노 아줌마 존	22
105	노 타투 존	22
106	상세오	22
107	지갑비	22
108	찐명횡재	22
109	시간 가중 평균 환율	21
110	지국비국	21
111	장관 런	20
112	그랜파코어	19
113	노가완	19
114	임차인 등록제	19
115	지민비민	19
116	초일 가점	19
117	탄핵 만능주의자	19
118	텀꾸	19
119	맵파민	18
120	스키코어	18
121	주죽야스	18
122	규제 책임관	17

순위	신어 어휘	기사 빈도(회)
123	초광역 특별시	17
124	포괄 소득화	17
125	사회 누리 소통망	16
126	세월호 참사 지원법	16
127	영아 피난제	16
128	이음 연령	16
129	순환 경제 사회법	15
130	슬직생	15
131	권역 의사 인력 뱅크	14
132	비지상 통신망	14
133	센극기	14
134	연체 지속률	14
135	맛그레이드	13
136	맵도르핀	13
137	미드퀄	13
138	비전 파운데이션 모델	13
139	스키코어 룩	13
140	엑사전자볼트	13
141	투어플레이션	13
142	패낳괴	13
143	그랜파코어 룩	12
144	슬림 다이닝	12
145	언틀막	12
146	전관 용역	12
147	젠새너티	12
148	알리 지옥	11
149	예타완박법	11
150	우유 서기관	11
151	이분 도체육	11
152	가속주의자	10
153	갓무직	10
154	비전 언어 모델	10
155	안러경중	10
156	안티알고리즘	10
157	유럽 녹색 꽃게	10
158	제주남방밤달팽이	10
159	종합 방탄 세트	10
160	커피크닉	10
161	컨셔슈머	10
162	교자성	9
163	노년돌	9
164	맥마카세	9
165	알테무	9
166	중대 범죄 신상 정보법	9
167	푹스 디스트로피	9
168	교권 보험	8
169	벚꽃 개강	8
170	싱글노믹스	8
171	용산 로펌	8
172	졸리 컷	8
173	채상병법	8
174	킥 스테이지	8
175	테무 지옥	8
176	규제 책임관제	7
177	리파운더	7
178	빗살 모공	7
179	워터밤 룩	7
180	유 키즈 존	7
181	이형 두릅	7
182	편법 휴진	7
183	행동 후성 유전학	7
184	검수저	6

순위	신어 어휘	기사 빈도(회)
185	관계 포비아	6
186	교권 미투	6
187	박스깡	6
188	사탐 런	6
189	예산 탄핵	6
190	젊공	6
191	주가 리튬 비율	6
192	펫 파킹	6
193	국뽕 외교	5
194	다차원 피로도 척도	5
195	뼈말라약	5
196	역사 보행 공간	5
197	온 디바이스 폰	5
198	옴니 유즈	5
199	외국환 평형 관리 기금	5
200	주가 배터리 비율	5
201	지민비정	5
202	집가락	5
203	케이인니팝	5
204	키슐랭	5
205	합가 보류	5
206	헥사하이드로칸나비헥솔	5
207	댕쪽이	4
208	도너견	4
209	바이털뽕	4
210	반려책	4
211	비디오 언어 모델	4
212	선납후검	4
213	순금 챌린지	4
214	슈퍼에이징 시대	4
215	스카이코럴	4

순위	신어 어휘	기사 빈도(회)
216	신스파이스 루트	4
217	역응원	4
218	우유 관리관	4
219	의한민국	4
220	젤리쌈	4
221	중심 지역 관서제	4
222	증빙 어음	4
223	한우 사업법	4
224	해밑섬	4
225	현생 공감	4
226	홈태교	4
227	희소 비만증	4
228	감속주의자	3
229	국뽕 경제	3
230	귀가팟	3
231	남타커	3
232	네카엘스크	3
233	댈토	3
234	딩콰드	3
235	바이브세션	3
236	세종 지법 설치법	3
237	스위프톨로지	3
238	스팔로미	3
239	스팔완	3
240	스페이스덴티티	3
241	알테쉬톡	3
242	양자 비트 플랫폼	3
243	얼음 과식증	3
244	엔시티피케이션	3
245	온세뉴	3
246	온천 지도사	3

순위	신어 어휘	기사 빈도(회)
247	웹 시집	3
248	의전 노동	3
249	잔수박	3
250	재렉스	3
251	주식 가치 연동 현금	3
252	주저 세대	3
253	중간선론	3
254	쪼복이	3
255	찐윤무사	3
256	캐시 펍	3
257	테무 차단법	3
258	트리플벌이	3
259	폭룡적	3
260	풀 더빙 툰	3
261	피드 블록	3
262	피코플레어	3
263	혐오 밈	3
264	교자성체	2
265	국고 만능론	2
266	김모족	2
267	다산난사	2
268	도장필	2
269	보더리스족	2
270	불꽃주	2
271	비추템	2
272	빗무원	2
273	생재수	2
274	세계뽕	2
275	세종 법원법	2
276	소세권	2
277	스리가또	2

순위	신어 어휘	기사 빈도(회)
278	스킵래깅	2
279	신바벨 시대	2
280	엔시트화	2
281	연못 뷰	2
282	영아 피난 제도	2
283	월천 도사	2
284	육아 몰입 기간	2
285	육아 친화 주택	2
286	의준생	2
287	인류뽕	2
288	인스타그래니	2
289	인증 쇼츠	2
290	제닌그라드	2
291	조퇴 런	2
292	질병 휴직 심사제	2
293	찐명일색	2
294	채소 런	2
295	책태기	2
296	클린 임대제	2
297	탈핑크 타이드	2
298	푼타데바카스잎귀취	2
299	플러그엔비	2
300	플레우로시스티티드	2
301	피코플레어 제트	2
302	하이볼족	2
303	핸들밥	2
304	현기까	2
305	현미무스	2
306	혼쫄러	2
307	흔싸귀비	2
308	강서용송	1

순위	신어 어휘	기사 빈도(회)
309	굿짐당	1
310	깔끼하다	1
311	나확행	1
312	내세가불	1
313	냥퀴벌레	1
314	노 단체 존	1
315	노 썸바디 존	1
316	뇌꾸	1
317	대디 핏	1
318	동탄 룩	1
319	동탄 미시 룩	1
320	러키비키	1
321	명언돌	1
322	문쿵	1
323	미식주의자	1
324	범용 일반 인공 지능	1
325	봄 자살	1
326	북켓팅	1
327	브러싱캠	1
328	블랙 키워드	1
329	블로케트	1
330	비둘기 룩	1
331	비침습 연속 혈당 진단기	1
332	빅 헬퍼	1
333	빨벌튀	1
334	삼쏘공	1
335	삼오더	1
336	서오녀01	1
337	서오녀02	1
338	선금 특례제	1
339	숏 챗	1

순위	신어 어휘	기사 빈도(회)
340	스킵젠	1
341	썩파트	1
342	연어 핑크색	1
343	영탐탐	1
344	영프스이	1
345	예스족	1
346	올콘족	1
347	원형 알엔에이	1
348	웨장센	1
349	육아 이행률	1
350	읃평성대	1
351	의노예	1
352	익티오티탄 세베르넨시스	1
353	인솔 밴드	1
354	자랑질그램	1
355	자퇴 각	1
356	작먼귀	1
357	저축템	1
358	저출생세	1
359	전투템	1
360	조비이락	1
361	존재 지속심	1
362	지기비소	1
363	지차비소	1
364	짭투리	1
365	치킨 노조법	1
366	캐리오버템	1
367	킹무직	1
368	통공매	1
369	통꾸	1
370	표준 학급 수	1

순위	신어 어휘	기사 빈도(회)
371	한토컴	1
372	항로 표지 식별 장치	1
373	행복 분기점	1
374	행정 카르텔	1
375	향기멍	1
376	헬스테리어족	1
377	협수용강	1
378	협틀막	1
379	환절통	1
380	환형 유치율	1
381	활성뇌	1
382	회생 저항 장치	1
383	휴식뇌	1
384	간판템	0
385	디토 사회	0
386	디토하다	0
387	맑눈	0
388	분유로이드	0
389	브래키톨로지	0
390	상세오 노선	0
391	상세오 라인	0
392	슬로 에이징족	0
393	암룡적	0
394	어라랍스타	0
395	온 센서 에이아이	0
396	유금무죄 무금유죄	0
397	체이스퍼	0
398	코스피 이백 위클리 커버드 콜 에이티엠 지수	0
399	쾌룡적	0
400	파묘들다	0

순위	신어 어휘	기사 빈도(회)
401	푸드 큐아르	0
402	푸드 큐아르 코드	0
403	핫끈하다	0
404	홀인투	0
405	비명횡사	3+
406	서오남	3+

3. 2024년 신어 빈도 목록 3: 기사 빈도(아웃 링크)

순위	신어 어휘	기사 빈도(회)
1	순살 아파트	2000+
2	오물 풍선	2000+
3	오송 지하도 참사	2000+
4	오송 참사	2000+
5	채상병 특검법	2000+
6	필수 의료 패키지	2000+
7	학교 폭력 전담 조사관	2000+
8	해병대원 특검법	2000+
9	개 식용 종식 특별법	616
10	지민비조	592
11	분초 사회	495
12	지역 필수 의사제	475
13	디토 소비	426
14	미드퀄	400
15	지구 열대화	384
16	방탄 단식	375
17	한우법	363
18	지방 분권 균형 발전법	361
19	스트림플레이션	356
20	원영적 사고	356
21	학교 폭력 전담 조사관제	349
22	이채양명주	341
23	연쇄상 구균 독성 쇼크 증후군	317
24	알테쉬	309
25	평화누리특별자치도	275
26	추구미	263
27	전세 사기 피해자법	261
28	필수 의료 유지 명령	247
29	리퀴드폴리탄	240
30	호모 프롬프트	239
31	예술 활동 준비금	233
32	도파밍	217
33	여성 전략 특구	213
34	칼틀막	154
35	파틀막	151
36	버라이어티 가격 전략	140
37	오피스코어 룩	138
38	배터리 환경성 계수	115
39	클린 임대인 제도	110
40	초격차 기술 특례 상장	109
41	사회 누리 소통망	92
42	철도 지하화 통합 개발법	90
43	상업 지역 총량제	89
44	현금 바인더	86
45	폭룡적	85
46	플러그엔비	80
47	구독플레이션	79
48	청정 경제 협정	79
49	토마토뿔나방	79
50	쿠키 컷	69
51	역슈링크	68
52	틱톡 강제 매각법	68
53	낙수과	64
54	이 머니 토큰	62
55	유스 앱	61
56	말따행따	60
57	선원 구하라법	60
58	비조지민	59

순위	신어 어휘	기사 빈도(회)
59	집단 항명 수괴죄	58
60	히어로노믹스	57
61	스키코어	56
62	케이인니팝	54
63	어싱족	53
64	그랜파코어	51
65	통뼈 캐슬	50
66	건생구팽	49
67	그린래시	49
68	다차원 피로도 척도	49
69	맵파민	49
70	외식 테크	47
71	원격 사격 무기 통제 체계	46
72	차일드 페널티	43
73	맵도르핀	39
74	이분 도체육	38
75	인태 대화	38
76	나체 추심	37
77	임차인 등록제	37
78	테무깡	37
79	규제 책임관	36
80	반려책	36
81	지역 필수 의사 제도	36
82	완전 전자 주주 총회	35
83	뉴 머니 룩	34
84	빈대믹	34
85	그랜파코어 룩	33
86	슬림 다이닝	33
87	스키코어 룩	32
88	법맥 경화	31
89	워크넥트	31
90	맛그레이드	30

순위	신어 어휘	기사 빈도(회)
91	서이초 특별법	30
92	온천 지도사	30
93	텀꾸	30
94	호주 런	29
95	인용 답글	28
96	비전 언어 모델	27
97	댕플루언서	26
98	위기 임신 보호 출산법	26
99	지국비조	26
100	초저온 회복 처치기	26
101	컨셔슈머	26
102	표틀막	26
103	수포당	24
104	노 탕후루 존	23
105	소득 이동 통계	23
106	연쇄 흡연	23
107	췌도 부전증	23
108	사탐 런	22
109	유 키즈 존	22
110	찐명횡재	21
111	집단 항명죄	20
112	빵 서기관	19
113	이음 연령	19
114	초일 가점	19
115	박스깡	18
116	순환 경제 사회법	18
117	식후탕	18
118	극험지	17
119	노 타투 존	17
120	노가완	17
121	사포당	17
122	탄핵 만능주의	17

순위	신어 어휘	기사 빈도(회)
123	해풍법	17
124	계약형 지역 필수 의사 제도	16
125	시간 가중 평균 환율	16
126	알리깡	16
127	종북 횡재	16
128	지갑비	16
129	맥마카세	15
130	남타커	14
131	의주빈	14
132	현생 공감	14
133	갈고리즘	13
134	알리 지옥	13
135	알테무	13
136	상세오	12
137	졸리 컷	12
138	쫀복이	12
139	채상병법	12
140	킥 스테이지	12
141	호랑무늬딱총새우	12
142	권역 의사 인력 뱅크	11
143	바이브세션	11
144	슈퍼에이징 시대	11
145	워터밤 룩	11
146	중심 지역 관서제	11
147	캐리오버템	11
148	탄핵 만능주의자	11
149	갓무직	10
150	비지상 통신망	10
151	안티알고리즘	10
152	온세뉴	10
153	의마스	10
154	주죽야스	10

순위	신어 어휘	기사 빈도(회)
155	탈팡족	10
156	투어플레이션	10
157	펫 파킹	10
158	스팔로미	9
159	장관 런	9
160	종합 방탄 세트	9
161	지민비민	9
162	초광역 특별시	9
163	탈쿠팡족	9
164	패놓괴	9
165	규제 책임관제	8
166	노 아줌마 존	8
167	스패무플라주	8
168	안러경중	8
169	언틀막	8
170	홀인투	8
171	빗살 모공	7
172	알테쉬톡	7
173	이형 두릅	7
174	테무 지옥	7
175	푹스 디스트로피	7
176	홈태교	7
177	교자성	6
178	동탄 룩	6
179	비전 파운데이션 모델	6
180	선금 특례제	6
181	세월호 참사 지원법	6
182	신바벨 시대	6
183	연체 지속률	6
184	커피크닉	6
185	키슐랭	6
186	김모족	5

순위	신어 어휘	기사 빈도(회)
187	엔시티피케이션	5
188	우유 사무관	5
189	중대 범죄 신상 정보법	5
190	지국비국	5
191	파묘들다	5
192	포괄 소득화	5
193	합가 보류	5
194	검수저	4
195	노년돌	4
196	대디 핏	4
197	벚꽃 개강	4
198	비침습 연속 혈당 진단기	4
199	엔시트화	4
200	우유 서기관	4
201	전관 용역	4
202	지민비정	4
203	편법 휴진	4
204	희소 비만증	4
205	가속주의자	3
206	교권 미투	3
207	교권 보험	3
208	깔끼하다	3
209	블로케트	3
210	생재수	3
211	세종 법원법	3
212	센극기	3
213	스카이코럴	3
214	스킵젠	3
215	엑사전자볼트	3
216	예산 탄핵	3
217	온 디바이스 폰	3
218	옴니 유즈	3
219	용산 로펌	3
220	주식 가치 연동 현금	3
221	통공매	3
222	동탄 미시 룩	2
223	러키비키	2
224	바이털뽕	2
225	브래키톨로지	2
226	스킵래깅	2
227	양자 비트 플랫폼	2
228	영아 피난제	2
229	젊공	2
230	제주남방밤달팽이	2
231	젠새너티	2
232	젤리쌈	2
233	주저 세대	2
234	질병 휴직 심사제	2
235	책태기	2
236	체이스퍼	2
237	캐시 펍	2
238	행동 후성 유전학	2
239	환형 유치율	2
240	간판템	1
241	감속주의자	1
242	국뽕 경제	1
243	국뽕 외교	1
244	굿짐당	1
245	귀가팟	1
246	뇌꾸	1
247	댈토	1
248	디토 사회	1

순위	신어 어휘	기사 빈도(회)
249	디토하다	1
250	리파운더	1
251	맑눈	1
252	문쿵	1
253	분유로이드	1
254	불꽃주	1
255	브러싱캠	1
256	비디오 언어 모델	1
257	삼쏘공	1
258	삼오더	1
259	서오녀01	1
260	서오녀02	1
261	선납후검	1
262	세종 지법 설치법	1
263	소세권	1
264	스페이스덴티티	1
265	싱글노믹스	1
266	암룡적	1
267	영탐탐	1
268	예타완박법	1
269	외국환 평형 관리 기금	1
270	우유 관리관	1
271	원형 알엔에이	1
272	웨장센	1
273	웹 시집	1
274	육아 친화 주택	1
275	의노예	1
276	의전 노동	1
277	지기비소	1
278	지차비소	1
279	짭투리	1

순위	신어 어휘	기사 빈도(회)
280	찐윤무사	1
281	치킨 노조법	1
282	킹무직	1
283	통꾸	1
284	트리플벌이	1
285	피드 블록	1
286	해밑섬	1
287	행정 카르텔	1
288	헥사하이드로칸나비헥솔	1
289	혐오 밈	1
290	흔싸귀비	1
291	강서용송	0
292	관계 포비아	0
293	교자성체	0
294	국고 만능론	0
295	나확행	0
296	내세가불	0
297	냥퀴벌레	0
298	네카엘스크	0
299	노 단체 존	0
300	노 썸바디 존	0
301	다산난사	0
302	댕쪽이	0
303	도너견	0
304	도장필	0
305	딩콰드	0
306	명언돌	0
307	미식주의자	0
308	범용 일반 인공 지능	0
309	보더리스족	0
310	봄 자살	0

순위	신어 어휘	기사 빈도(회)
311	북켓팅	0
312	블랙 키워드	0
313	비둘기 룩	0
314	비추템	0
315	빅 헬퍼	0
316	빗무원	0
317	빨벌튀	0
318	뻐말라약	0
319	상세오 노선	0
320	상세오 라인	0
321	세계뽕	0
322	숏 챗	0
323	순금 챌린지	0
324	스리가또	0
325	스위프톨로지	0
326	스팔완	0
327	슬로 에이징족	0
328	슬직생	0
329	신스파이스 루트	0
330	썩파트	0
331	어라랍스타	0
332	얼음 과식증	0
333	역사 보행 공간	0
334	역응원	0
335	연못 뷰	0
336	연어 핑크색	0
337	영아 피난 제도	0
338	영프스이	0
339	예스족	0
340	온 센서 에이아이	0
341	올콘족	0

순위	신어 어휘	기사 빈도(회)
342	월천 도사	0
343	유금무죄 무금유죄	0
344	유럽 녹색 꽃게	0
345	육아 몰입 기간	0
346	육아 이행률	0
347	을평성대	0
348	의준생	0
349	의한민국	0
350	익티오티탄 세베르넨시스	0
351	인류뽕	0
352	인솔 밴드	0
353	인스타그래니	0
354	인증 쇼츠	0
355	자랑질그램	0
356	자퇴 각	0
357	작먼귀	0
358	잔수박	0
359	재렉스	0
360	저축템	0
361	저출생세	0
362	전투템	0
363	제닌그라드	0
364	조비이락	0
365	조퇴 런	0
366	존재 지속심	0
367	주가 리튬 비율	0
368	주가 배터리 비율	0
369	중간선론	0
370	증빙 어음	0
371	집가락	0
372	찐명일색	0

순위	신어 어휘	기사 빈도(회)
373	채소 런	0
374	코스피 이백 위클리 커버드 콜 에이티엠 지수	0
375	쾌룡적	0
376	클린 임대제	0
377	탈핑크 타이드	0
378	테무 차단법	0
379	표준 학급 수	0
380	푸드 큐아르	0
381	푸드 큐아르 코드	0
382	푼타데바카스잎귀쥐	0
383	풀 더빙 툰	0
384	플레우로시스티티드	0
385	피코플레어	0
386	피코플레어 제트	0
387	하이볼족	0
388	한우 사업법	0
389	한토컴	0
390	핫끈하다	0
391	항로 표지 식별 장치	0
392	핸들밥	0
393	행복 분기점	0
394	향기멍	0
395	헬스테리어족	0
396	현기까	0
397	현미무스	0
398	협수용강	0
399	협틀막	0
400	혼쭐러	0
401	환절통	0
402	활성뇌	0
403	회생 저항 장치	0
404	휴식뇌	0
405	비명횡사	3+
406	서오남	3+

4. 신어 판별 및 집필을 위한 LLM 프롬프트

[신어 판별 프롬프트]

- 모델: OpenAI GPT-4o (API, temperature=0.2)
- 구성: RAG 체인 기반

※ <신어 DB>(2002-2023)에서 관련 신어 정보 5건 검색 후 제시

```
prompt_template = PromptTemplate(
   input_variables=["context", "input"],
   template="""
다음 항목은 2023년 7월 1일부터 2024년 6월 30일 사이에 네이버 뉴스에서 최초로 확인된 어형이다. 이 어형이 실제로 기존에 존재하지 않았던 새로운 신조어(neologism)인지 여부를 판별하라.

Ⅰ. 배제 기준
1. 기존 어형에 조사나 어미가 결합된 경우 (예: 우편서비스집배원+이)
2. 고유명사(인명, 지명, 기관명, 기업명, 브랜드명 등)
3. 그 밖의 사유로 명백히 신조어로 보기 어려운 경우

Ⅱ. 포함 기준
1. 2002-2023년 신조어 데이터베이스에 유사한 형태 또는 의미가 존재하는 경우
   (예: 빵플레이션)
2. 온라인 매체에서 새로운 형태나 의미로 사용되는 용례가 확인되는 경우
   (예: 중꺾마)

Ⅲ. 참고 자료
신조어 데이터베이스 일부 예시:
{context}

Ⅳ. 평가 대상
판별 대상 어형:
{input}

Ⅴ. 응답 형식
- 판단: 0 / 1 / 2
   (0 = 신조어, 1 = 비신조어, 2 = 판단 불가)
- 적용 기준: 배제 기준 또는 포함 기준의 번호 (예: 포함 기준 1)
- 근거: 한 문장으로 간결히 서술
"""
)
```

[신어 집필 프롬프트]
- 모델: OpenAI GPT-4o (API, temperature=0.2)
- 구성
  1단계: 신어 판별 메모 혹은 웹 용례를 바탕으로 정의문·설명문·용례 초안 작성
  2단계: RAG 체인 기반 정의문·설명문·용례 초안 수정
    ※ <신어 DB>(2002-2023)에서 관련 신어 정보 5건 검색 후 제시

```
def build_prompt(word, guideline_text, semantic_str,
    ref_text=None, web_examples=None, rag_examples=None):
    ref_text = ref_text or "(없음)"
    web_examples = web_examples or []
    rag_examples = rag_examples or []

    OUTPUT_JSON_EXAMPLE = """
{
  "의미 범주": "",
  "정의문": "",
  "설명문": "",
  "용례": "",
  "Perplexity": {
    "의미 범주": 0.0,
    "정의문": 0.0,
    "설명문": 0.0,
    "용례": 0.0
  }
}
""".strip()

  return f"""
다음 항목은 신조어 사전 구축을 위한 신어 정의문 작성 과제이다.
이 지침은 국립국어원의 표준국어대사전 집필 지침을 준수하며,
신조어의 의미 범주 분류와 정의문·설명문·용례 생성에 적용한다.
모든 결과는 반드시 JSON 형식으로 작성하며, 지정된 키만 포함해야 한다.

Ⅰ. 입력 정보
1. 신조어: {word}
2. 참고 메모:
{ref_text}
3. 웹 용례:
{chr(10).join(web_examples) if web_examples else "(없음)"}
4. Top-K RAG 결과:
{chr(10).join(rag_examples) if rag_examples else "(없음)"}
```

Ⅱ. 의미 범주 분류 지침
1. 모든 신조어에는 반드시 의미 범주를 부여한다.
2. 의미 범주는 제공된 딕셔너리의 대분류({semantic_categories})를 따른다.
3. 실제 작성 시, 아래 '의미 범주 분류표'의 항목 중 하나만 선택하여 사용한다.

Ⅲ. 정의문·설명문·용례 작성 지침

[1] 정의문 작성 규칙
- 정의문은 반드시 '유개념 + 종차' 구조를 따른다.
- 한 단어만으로 정의하지 않는다.
- 표제어(신조어)를 주어로 포함하지 않는다.
- 표제어의 유의어나 변형어를 그대로 사용하지 않는다. (순환 정의 금지)
- 품사별 종결 규칙:
  · 명사 → 명사형으로 끝낸다.
  · 동사 → 동사형 어미로 끝낸다.
  · 형용사 → 형용사형 어미로 끝낸다.
  · 부사 → 부사형으로 끝낸다.
  · 의성어 → "~소리" 형식 사용.
  · 의태어 → "~모양" 형식 사용.

[2] 설명문 작성 규칙
- 복잡한 신조어는 간결한 정의문 뒤에 설명문을 추가한다.
- 설명문은 반드시 완전한 문장으로 작성하며, "~다"로 종결한다.
- 사회·문화적 배경, 생성 원인, 유래 등을 구체적으로 기술한다.

[3] 용례 작성 규칙
- 신조어가 실제 사용되는 자연스러운 문맥을 제시한다.
- 문법적·의미적으로 완전한 문장만을 사용한다.
- 표제어가 들어갈 자리를 { }로 표시한다.
  (예: ¶세계적으로 이상 기후 현상이 나타나며 {슈거플레이션이} 심화될 수 있다는 전망이 나오고 있다.)

[4] 용어 및 표현 선택
- 쉬운 말을 우선 사용하고, 표준어 및 표제어 수록어를 따른다.
- 불필요한 한자어나 전문어는 풀어쓴다.

[5] 메타언어 사용 규칙
- '아울러'는 병렬 관계 표현에 사용한다.
- '통틀어'는 포괄적 총칭에 사용한다.
- 줄임말 정의: "'~'을 줄여 이르는 말."
- 비유적 표현 정의: "'~'을 비유적으로 이르는 말."

```
Ⅳ. 의미 범주 분류표
(대분류 15개 중 하나만 선택하며, 제시된 표기 그대로 사용할 것)
{semantic_str}

Ⅴ. 출력 지침
1. 결과는 반드시 유효한 JSON만을 출력한다.
2. 허용된 키: "의미 범주", "정의문", "설명문", "용례", "Perplexity"
3. "Perplexity" 내부 키: "의미 범주", "정의문", "설명문", "용례"
   - 각 값은 0-100 범위의 float(소수점 이하 2자리까지)
4. 정의문·설명문·용례는 위 지침을 반드시 준수할 것.
5. 참고 메모, 웹 용례, Top-K RAG는 단순 참고 자료이며, 결과(JSON)에는 포함하지 않는다.

Ⅵ. 출력 형식 예시
{OUTPUT_JSON_EXAMPLE}
""".strip()
```

5. 2024년 신어 색인 1: 가나다 순

ㄱ

ㄴ

ㄷ

ㅇ

ㅈ

ㅊ

ㅋ

ㅌ

ㅍ

ㅎ

6. 2024년 신어 색인 2: 단어 빈도순

7. 2024년 신어 색인 3: 역순

ㄹ

ㅁ

ㅂ

ㅅ

ㅇ

ㅈ

ㅊ

ㅋ

ㅌ

ㅍ

ㅎ

8. 2024년 신어 색인 4: 의미 영역 순

개념

경제생활

교육

동식물

문화

보건·의학

사회생활

삶

식생활

의생활

인간

자연

정보·기술

정치와 행정

종교

주생활

참고문헌

김현중(2019), “미등록단어 문제와 데이터 부족 현상을 해결하이 위한 비지도 학습 토크나이저와 추출 기반 문서 요약 기법”, 서울대학교 박사학위논문.

남길임·이수진·최준·서은영·강현아·백미경·정희윤·김해은·안진산(2021), 『신어 2020』, 한국문화사.

남길임·송현주·이수진·백미경·서은영·안진산·고예린·성민규·강현아(2022), 『신어 2021』, 한국문화사.

남길임·송현주·최준·이수진(2022), 『현대 신어 연구』, 한국문화사.

남길임·송현주·백미경·이수진·현영희·안진산·고예린·성민규(2023), 『신어 2022』, 한국문화사.

남길임·송현주·백미경·이수진·현영희·강범일·안진산·성민규(2024), 『신어 2023』, 한국문화사.

남길임·송현주·안진산·강범일(2024), “신어는 어디에서 탄생하고 확산하는가? -뉴스 중심 신어 추출에 대한 비판적 검토-”, 『언어사실과 관점』 (연세대학교 언어정보연구원) 63, 5-35.

남길임·안진산·이수진(2025), “말뭉치, LLMs, 인간 전문가의 협업을 통한 한국어 신어의 탐지 -신어 2023 의 신어 목록을 중심으로-”, 『한국어학』 (한국어학회) 108, 205-238.

이수진(2024), “현대 신어에 대한 말뭉치언어학적 연구: 신어 정착 양상에 대한 단기 통시적 분석을 중심으로”, 경북대학교 박사학위논문.

이수진·남길임(2024), “신어 연구의 현황과 쟁점에 대한 말뭉치언어학적 고찰 -단기통시적 연구를 중심으로-”, 『한국어학』 (한국어학회) 103, 35-70.

정찬우·정현준(2024), “한국어 NLP에서 형태소 기반 토크나이저와 형태소 기반 서브워드 토크나이저의 성능 비교”, Proceedings of KIIT Conference, 1171-1175.

최준(2020), “한국어 신어 탐색 방법론의 실제”, 『언어사실과 관점』 (연세대학교 언어정보연구원) 51, 151-172.

최혜원(2018), “사회 변동에 따른 어휘 변화 –국립국어원 신어 사업을 중심으로-”, 『국제한국어교육학회 춘계학술발표논문집』 (국제한국어교육학회) 2018, 37-50.

한송화 외(2015), 『한국어 교육 어휘 내용 개발(4단계)』, 국립국어원.

Algeo, J. (1993). Desuetude among new English words. *International Journal of Lexicography*, 6(4), 281-293.

Biber, D., Egbert, J., & Davies, M. (2015). Exploring the composition of the searchable web: A corpus-based taxonomy of web registers. *Corpora, 10(1),* 11–45.

Cook, C. P. (2010). *Exploiting linguistic knowledge to infer properties of neologisms,* Toronto: University of Toronto.

Ferrazzo, I. (2025). Are Large Language Models the future crowd workers of Linguistics?. *arXiv preprint arXiv:2502.10266.*

Freixa, J., & Torner, S. (2020). Beyond frequency: On the dictionarization of new words in Spanish. *Dictionaries: Journal of the Dictionary Society of North America, 41(1),* 131-153.

Klosa, A., & Lüngen, H. (2018). New German words: Detection and description. In *Proceedings of the XVIII EURALEX International Congress Lexicography in Global Contexts 17-21 July 2018*, Ljubljana. Znanstvena založba Filozofske fakultete Univerze v Ljubljani/ Ljubljana University Press, Faculty of Arts, 559-569.

Lew, R. (2024). Dictionaries and lexicography in the AI era. *Humanities and Social Sciences Communications, 11(1),* 1-8.

Lombard, A., Huyghe, R., & Gygax, P. (2021). Neological intuition in French: A study of formal novelty and lexical regularity as predictors. *Lingua, 254,* 103055.

McEnery, T., & Brezina, V. (2022). *Fundamental principles of corpus linguistics.* Cambridge University Press.

McKean, E., & Fitzgerald, W. (2024). The ROI of AI in Lexicography. *Lexicography, 11(1),* 7-27.

Nam, K. 2021. Overcoming issues in frequency-based extraction and lexicographic lnclusion of Korean neologisms. *Lexicography, 8(1),* 3-31.

Nam, K., Lee, S., & Jung, H. Y. (2025). Detection and Description of Neologisms in Korean Lexicography: Methodological Issues in Corpus Balance, Word Unit Bias and LLM Assistance. *Lexikos, 35(1),* 414-438.

Opitz, J., Wein, S., & Schneider, N. (2025). Natural language processing relies on linguistics. *Computational Linguistics,* 1-24.

Rey, A. (1976). Néologisme, un pseudo-concept?. *Cahiers de Lexicologie Paris, 28*(1), 3-17.

Rundell, M., & Kilgarriff, A. (2011). Automating the creation of dictionaries: where will it all end?. In *A taste for corpora: In honour of Sylviane Granger.* John Benjamins Publishing Company, 257-282.

Tomaszewska, A. et al. (2025). NeoN: A Tool for Automated Detection, Linguistic and LLMs-Driven Analysis of Neologisms in Polish. *arXiv preprint arXiv:2505.15426.*

Upadhayay, B., Behzadan, V., & Karbasi, A. (2024). Cognitive overload attack: Prompt injection for long context. *arXiv preprint arXiv:2410.11272.*

Zheng, J., Ritter, A., & Xu, W. (2024). Neo-bench: Evaluating robustness of large language models with neologisms. *arXiv preprint arXiv:2402.12261.*

신문 기사

조선비즈, 2025.05.07., "ChatGPT, 한국에서 1,000만 사용자 돌파."
https://biz.chosun.com/it-science/ict/2025/05/07/N4MY4QI4NZEAVGLX5TKV3LVWJE/